博士论文
出版项目

手机依恋的实证基础及形成机制

The Empirical Basis and Formation Mechanism of Mobile Phone Attachment

连帅磊　著

中国社会科学出版社

图书在版编目（CIP）数据

手机依恋的实证基础及形成机制 / 连帅磊著 . —北京：中国社会科学出版社，2022.6
ISBN 978 – 7 – 5227 – 0288 – 9

Ⅰ.①手… Ⅱ.①连… Ⅲ.①移动电话机—影响—大学生—研究—中国 Ⅳ.①G645.5

中国版本图书馆 CIP 数据核字（2022）第 091826 号

出 版 人	赵剑英
责任编辑	张　林　姜雅雯
责任校对	王　龙
责任印制	戴　宽

出　　版	中国社会科学出版社
社　　址	北京鼓楼西大街甲 158 号
邮　　编	100720
网　　址	http://www.csspw.cn
发 行 部	010 – 84083685
门 市 部	010 – 84029450
经　　销	新华书店及其他书店
印　　刷	北京君升印刷有限公司
装　　订	廊坊市广阳区广增装订厂
版　　次	2022 年 6 月第 1 版
印　　次	2022 年 6 月第 1 次印刷
开　　本	710×1000　1/16
印　　张	22
字　　数	309 千字
定　　价	128.00 元

凡购买中国社会科学出版社图书，如有质量问题请与本社营销中心联系调换
电话：010 – 84083683
版权所有　侵权必究

出 版 说 明

为进一步加大对哲学社会科学领域青年人才扶持力度，促进优秀青年学者更快更好成长，国家社科基金2019年起设立博士论文出版项目，重点资助学术基础扎实、具有创新意识和发展潜力的青年学者。每年评选一次。2020年经组织申报、专家评审、社会公示，评选出第二批博士论文项目。按照"统一标识、统一封面、统一版式、统一标准"的总体要求，现予出版，以飨读者。

全国哲学社会科学工作办公室

2021年

自　　序

随着智能手机的普及和移动互联网时代的到来，手机已渗透到了人类生活的方方面面，改变了人们的工作及生活方式，并塑造了移动互联网时代全新的社会、经济、政治、文化形态，对人类的生理及心理发展均产生了重要影响。因此，移动互联网时代的手机使用对个体心理社会适应的影响得到了诸多研究者的关注，并积累了大量的研究成果。然而，由于"危机意识"或"负性自动思维"的驱动，以往研究多关注手机作为信息科技的产物对个体生理及心理发展的威胁。多数研究表明，手机能够对个体的生理及心理社会适应产生消极影响，这与"信息技术革命改善人类生活质量"的事实和"适者生存的技术生态法则"是相违背的。首先，从现象学的角度来看，手机作为信息技术革命的产物的确为人们的生活带来了诸多便利，也在一定程度上提升了人们的生活质量，如基于手机的音乐、游戏等降低了人类休闲娱乐的成本；基于手机的网络购物、支付、出行预订等降低了人们的生活及出行成本等，这使得越来越多的人将手机视为服务于日常工作和生活的必需品。而这一事实与大多数研究所揭示的"手机给个体生理及心理发展带来了诸多潜在的威胁"是矛盾的。其次，手机作为信息技术的产物，其普及程度是人类使用并做出选择的结果。如果手机不利于人类生理和心理健康的发展，不利于个体物质及精神生活质量的改善，那么其自然会被用户淘汰。而事实是，手机自诞生以来，其受欢迎性及普及率逐年提高，甚至在一些地区已经达到"人手一机"。这说明，手机作为信息技术的产物和人类接入互联网或物联网的重要工具具有极大的技术生态适应性。这些矛盾暗示我们，手机作为信息技术革命的结晶是一把能够对个体生理及心理产生重要影响的"双刃剑"。受到"技术威胁论"的驱使，或受到保障人类进化的"危机意识"的驱动，面对手机这一信息技术革命的产物，以往研究者将目光聚焦在了手机对个体生理及心理发展的消极侧面，而忽视了对人与手机之间关系本质的深入探讨，也忽视了对作为信息化时代人与技术之间关系集中体现的人与手机的关系，与个体心理之间关系的系统研究。

为了深入了解移动互联网时代技术与人的关系，揭示人与手机关系的本质及手机依恋与人际依恋的关系，本书从三个方面对其进行了探讨。第一篇的第一章和第二章是对以往研究的梳理综述，在此基础上，笔者在第三章中对以往研究的不足以及本书拟探讨的问题进行了阐述。第二篇（第四—八章）从传统的依恋理论视角，结合多种研究方法，在分析人与手机之间关系的行为及情绪特征（第四章）的基础上，揭示了人与手机之间存在依恋关系的实证依据（第五—八章）。第三篇探讨了手机依恋的概念、结构，编制了适用于我国大学生的手机依恋测量工具（第九章），并考察了人际依恋与手机依恋的关系及内在作用机制（第十章）。具体而言：

1. 为初步明晰移动互联网时代人与手机之间关系的行为及情绪特征，判断人与手机的关系是否符合依恋关系存在的四个标准（趋近行为、分离焦虑、避风港及安全基地），第四章在对20名被试的访谈内容进行分析后发现：（1）人们具有维持手机的可接近性、可使用性，避免手机处于不可使用状态的行为倾向，这契合了依恋关系的"趋近行为"特征；（2）当手机无法使用或手机不在身边时，个体会体验到焦虑不安、无聊等消极情绪，这契合了依恋关系的"分离焦虑"特征；（3）当个体面对问题或经历消极情绪时，个体倾向于利用手机解决问题或宣泄、表达、分享个体的情绪，这契合了依恋关系的"避风港"特征；（4）手机在扮演"安全基地"角色，使个体体验到安全感，促进个体更好地探索、适应外部世界的同时，也给个体带来了烦恼。因此，"人机关系"可能存在安全型依恋，也可能存在回避型依恋。

2. 为了揭示人与手机的关系中存在依恋关系，第五—八章采用行为实验法，通过四个子研究，从"趋近行为""分离焦虑""避风港"及"安全基地"四个角度，对人与手机之间的关系是否属于依恋关系进行了探讨。

第五章以114名具有手机使用经验的在校大学生为被试，采用2（挫折感：挫折组/无挫折组）×3（词汇类型：手机相关词汇/安全人际依恋相关词汇/中性词汇）×2（反应类型：趋近/回避）的三因素混合实验设计，通过比较在改进后的"小人"范式中，被试趋近或回避三类词汇图片的反应时，考察了被试对三类词汇的趋近或回避效应。结果发现，所有被试趋近"依恋相关的词汇图片"与"手机相关的词汇图片"的反应时均显著小于趋近"中性图片"的反应时；所有被试远离"依恋相关的词汇图片"与"手机相关的词汇图片"的反应时均显著大于远离"中性图片"的反应时，且在挫折组中，上述差异更大。不同的是，在无挫折组中，被试远离"依恋相关的词汇图片"的反应时显著小于被试远离"手机相关的词汇图片"的反应时；而在挫折组中，这种差异并不显著。这表明，"人机关系"中存在依恋关系的"趋近行为"特征。

第六章以80名具有手机使用经验的在校大学生为被试，采用2（刺激类型：手机分离威胁刺激/中性刺激）×2（手机可接近性：手机随身携带/手机不随身携带）的二因素混合实验设计，通过比较线索暴露范式中的被试在观看不同类型的刺激后得出的状态焦虑的自评分数，考察了手机分离刺激对个体焦虑情绪的诱发作用。结果发现，无论手机是否随身携带，与观看中性刺激相比，在观看"手机分离"相关的刺激后，被试状态焦虑的自评分数更高，即"手机分离"相关的刺激对被试的状态焦虑具有诱发作用，且在手机不随身携带组中，这种诱发作用更大。这表明，"人机关系"中存在依恋关系的"分离焦虑"特征。

第七章以 105 名具有手机使用经验的在校大学生为被试，采用单因素（手机接触组：A 手机关机，接触作为物品的手机本身；B 手机开机，接触手机并体验手机的功能；C 休息，但不能拿出手机）完全随机实验设计，在诱发被试挫折体验的基础上，通过比较在不同类型的手机接触前后被试情绪自评分数的差异，考察手机接触对被试消极情绪的缓解作用。结果发现，经历挫折体验后，若接触作为物品的手机本身，被试的消极情绪自评分数显著下降，但积极情绪自评分数变化不显著；若接触手机并体验手机的功能，被试的消极情绪自评分数显著下降，且积极情绪自评分数显著提升。这表明，在"人机关系"中，手机具有"避风港"功能。

第八章通过比较不同类型的图片对个体情绪及自我评价的启动效应，对手机在人与其的关系中是否具有"安全基地"的功能进行探讨。具体而言，实验一以 128 名具有手机使用经验的在校大学生为被试，采用 2（手机接触：手机随身携带/手机不随身携带）×4（图片类型：人际依恋图片/"人机关系"图片/微笑图片/中性图片）混合实验设计，通过比较在观看不同类型的图片后被试对目标图片喜欢程度的差异，考察了"人机关系"图片对个体积极情绪的启动功能。结果发现，无论手机是否随身携带，与观看中性图片及微笑图片相比，在观看人际依恋图片和"人机关系"图片后，被试对目标图片喜欢程度的自评分数更高。不同的是，当手机不随身携带时，与观看人际依恋图片相比，在观看"人机关系"图片后，被试对目标图片的喜欢程度更高；而当手机随身携带时，这种差异不显著。这表明，"人机关系"图片与人际依恋图片一样能够启动个体的积极情绪，且当手机不随身携带时，这种启动效应更大。实验二以 176 名具有手机使用经验的在校大学生为被试，采用 2（手机可接近性：手机随身携带/手机不随身携带）×4（图片类型：安全人际依恋图片/"人机关系"图片/积极图片/中性图片）完全随机实验设计，通过比较在观看不同类型的图片前后被试内隐自尊差值之间的差异，考察"人机关系"图片对个体自我评价的启动功能。结果发现，无论手机是否在身边，观看人际依恋图片及"人机关系"图片的被试的前后测内隐自尊差值显著大于观看中性图片和微笑图片的被试；且观看人际依恋图片的被试的前后测内隐自尊差值与观看"人机关系"图片的被试的内隐自尊差值不存在显著差异。这表明，在"人机关系"中，手机具有"安全基地"的功能。

3. 为明晰手机依恋这一概念的内涵、结构，挖掘手机依恋的诱因、情绪感受和行为表现及其与人际依恋的区别与联系，第九章的研究一对 20 名大学生的访谈内容进行分析。研究发现：（1）手机依恋是指个体在使用手机的过程中，对手机产生的一种情感及认知联结。（2）手机依恋的诱因是指手机使用能够满足人们的多种心理需要，主要包括社交需要、娱乐需要及其他需要，如自我展示、记忆伙伴等。（3）手机依恋的经验感受及行为表现主要包含手机分离焦虑、手机安全感、趋近手机行为和避免与手机分离的行为。（4）手机依恋分为安全型手机依恋、焦虑型手机依恋和回避型手机依恋。（5）手机依恋与人际依恋的主要区别在于：人际依恋是相互的，而手机依恋主要指人们对手机的依恋。相似之处在于：作为依恋对象，手机和人均能够满足个体的心理需要。

4. 为编制适用于中国文化背景的手机依恋问卷，第九章的研究二分别在 455 名初测大学生样本和 454 名正式施测大学生样本中对自编手机依恋问卷进行探索性因素分析、验证性因素分析、相关分析及信度分析。最终形成的手机依恋问卷共包含 12 个项目，主要分为安全型手机依恋、焦虑型手机依恋、回避型手机依恋三个维度，各维度均包含 4 个项目。该问卷的内部一致性信度、结构效度以及校标效度均符合测量学的要求，表明手机依恋问卷适用于评估中国大学生在使用手机的过程中对手机产生依恋的经验感受及行为表现。

5. 为了明确"手机依恋是否是人际依恋在人与手机关系中的扩展或延伸"这一问题，第十章考察了人际依恋与手机依恋的关系及内在作用机制。研究结果发现，安全型人际依恋、焦虑型人际依恋均能直接或间接预测安全型手机依恋和焦虑型手机依恋，而不能直接预测回避型手机依恋。回避型人际依恋只能直接或间接预测安全型手机依恋和回避型手机依恋,而不能直接预测焦虑型手机依恋。这表明,虽然手机依恋与人际依恋存在一定的关系,但手机依恋并不是人际依恋在人与手机关系中的扩展和延伸。

本书聚焦移动互联网时代人与技术的关系,结合传统心理学理论,从依恋理论视角,揭示了移动互联网时代人与手机关系的本质——手机依恋,重点探讨了手机依恋的实证基础、内涵结构及其与人际依恋的关系。研究发现,移动互联网时代人与手机之间会形成不同类型的依恋关系,且这种依恋关系并不是人际依恋在人与手机关系中的扩展或延伸。这不仅有助于我们全面了解移动互联网时代人与手机的关系,而且有助于我们从依恋理论、自我决定理论及自我扩展理论视角理解人际依恋与手机依恋之间的关系。此外,本书将依恋理论的适用范围扩展到人与手机的关系中,为揭示移动互联网时代人与技术之间的关系提供了新的理论视角。

在研究的开展和本书的撰写过程中,笔者得到了诸多师长、同事和朋友的支持,在此表示感谢。首先,感谢华中师范大学心理学院教授、博士研究生导师周宗奎所给予的研究思路上的启发、研究方法上的指导、研究开展与实施上的支持以及书稿撰写上的建议;感谢华中师范大学心理学院孙晓军教授、田媛教授对于书稿撰写的建议和帮助;感谢我的同学、同事给予的帮助。其次,感谢爷爷、奶奶及父亲多年来的潜心培养;感谢爱人闫景蕾在我求学路上的陪伴与支持;感谢连心宝贝让我在书稿撰写之余收获更多快乐。最后,感谢中国社会科学出版社对于本书出版的支持。

本书凝聚了作者的研究心力,但是限于个体能力和精力有限,在研究设计和书稿写作上可能存在不足之处,恳请读者能对其中的错漏和不当之处提出宝贵的建议。

2021 年 8 月

摘　　要

随着智能手机的普及和移动互联网时代的到来,手机已渗透到人类生活的方方面面,改变了人们的工作及生活方式,并塑造了移动互联网时代全新的社会经济、政治、文化形态,对人类的生理及心理发展均产生了重要影响。因此,移动互联网时代手机使用对个体心理社会适应的影响得到了诸多研究者的关注,并积累了大量的研究成果,但个体与手机之间关系的本质及其与个体心理的关系研究还相对较少,并缺乏系统性。

为了深入了解移动互联网时代技术与人的关系,揭示人与手机关系的本质及其与人际依恋的关系,本书第一篇第一章和第二章对以往研究进行了梳理综述,在此基础上,在第三章中对以往研究的不足以及本书拟探讨的问题进行了阐述。本书第二篇(第四章—第八章)从传统的依恋理论视角,结合多种研究方法,在第四章分析人与手机之间关系的行为及情绪特征的基础上,揭示了人与手机关系中存在依恋关系的实证依据(第五章—第八章)。本书第三篇,探讨了手机依恋的概念、结构,编制了适用于我国大学生的手机依恋测量工具(第九章)。最后,考察了人际依恋与手机依恋的关系及内在作用机制(第十章)。具体而言:

(1) 为初步明晰移动互联网时代人与手机之间关系的行为及情绪特征,判断人与手机的关系是否符合依恋关系存在的四个标准(即趋近行为、分离焦虑、避风港及安全基地),第四章对20名被试的访谈内容进行分析发现:①人们具有维持手机可接近性、可使用性，避免手机不可使用状态的行为倾向，这契合了依恋关系的"趋近行为"特征；②当手机无法使用或手机不在身边时，个体会体验到焦虑不安、无聊等消极情绪，这契合了依恋关系的"分离焦虑"特征；③当个体面对问题或经历消极情绪时，个体倾向于利用手机解决问题或宣泄、表达、分享个体的情绪，这契合了依恋关系的"避风港"特征。④手机在扮演"安全基地"角色，使个体体验到安全感，促进个体更好地探索、适应外部世界的同时，也给个体带来了烦恼。因此，"人机关系"可能存在安全型依恋，也可能存在回避型依恋。

（2）为了揭示人与手机关系中存在依恋关系的实证依据。第五章至第八章采用行为实验法，通过4个子研究，从"趋近行为""分离焦虑""避风港"及"安全基地"四个角度，对人与手机之间的关系是否属于依恋关系进行了探讨。

第五章以114名具有手机使用经验的在校大学生为被试，采用2（挫折感：挫折组/无挫折组）×3（词汇类型：手机相关词汇/安全人际依恋相关的词汇/中性词汇）×2（反应类型：趋近/回避）的三因素混合实验设计，通过比较改进后的"小人"范式中，被试趋近或回避三类词汇图片的反应时，考察了被试对三类词汇的趋近或回避效应。结果发现，所有被试趋近依恋相关的词汇图片、与手机相关的词汇图片的反应时均显著小于趋近中性图片的反应时；所有被试远离依恋相关的词汇图片、与手机相关的词汇图片的反应时均显著大于远离中性图片的反应时，且在挫折组中，上述差异更大。不同的是，在无挫折组中，被试远离"依恋相关的词汇图片"的反应时显著小于被试远离"手机相关的词汇图片"的反应时，而在挫折组中，这种差异不显著。这表明"人机关系"中存在依恋关系的"趋近行为"特征。

第六章以80名具有手机使用经验的在校大学生为被试，采用2（刺激类型：手机分离威胁刺激/中性刺激）×2（手机可接近性：手机随身携带/手机不随身携带）的二因素混合实验设计，通过比较线索暴露范式中，被试观看不同类型的刺激后，状态焦虑的自评分数，考察了手机分离刺激对个体焦虑情绪的诱发作用。结果发现，无论手机是否随身携带，与观看中性刺激相比，观看"手机分离"相关的刺激后，被试的状态焦虑自评分数更高，即手机分离相关的刺激对被试的状态焦虑具有诱发作用，且手机不随身携带组中，这种诱发作用更大。这表明"人机关系"中存在依恋关系的"分离焦虑"特征。

第七章以 105 名具有手机使用经验的在校大学生为被试，采用单因素（手机接触组：A 关机，接触作为物品的手机本身；B 手机开机，玩手机，接触手机并体验手机的功能；C 休息，但不能拿出手机）完全随机实验设计，在诱发被试挫折体验的基础上，通过比较不同类型的手机接触前后被试情绪自评分数的差异，考察手机接触对被试消极情绪的缓解作用。结果发现，经历挫折体验后，接触作为物品的手机本身后，被试的消极情绪自评分数显著下降，但被试的积极情绪自评分数变化不显著；接触手机并体验手机的功能后，被试的消极情绪自评分数显著下降，且积极情绪自评分数显著提升。这表明"人机关系"中，手机具有"避风港"功能。

第八章通过比较不同类型的图片对个体情绪及自我评价的启动效应，对人与手机关系中，手机是否具有安全基地的功能进行探讨。具体而言，实验 1 以 128 名具有手机使用经验的在校大学生为被试，采用 2（手机接触：随身携带/不随身携带）×4（图片类型：人际依恋图片/"人机关系"图片/微笑图片/中性图片）混合实验设计，通过比较观看不同类型图片后被试对目标图片的喜欢程度的差异，考察了"人机关系"图片对个体积极情绪的启动功能。结果发现，无论手机是否随身携带，与观看中性图片及微笑图片相比，观看人际依恋图片和"人机关系"图片后，被试对目标图片的喜欢程度自评分数更高。不同的是，当手机不随身携带时，与观看人际依恋图片相比，观看"人机关系"图片后，被试对目标图片的喜欢程度更高。而当手机随身携带时，这种差异不显著。这表明"人机关系"

图片与人际依恋图片一样能够启动个体的积极情绪,且当手机不随身携带时,这种启动效应更大。实验2以176名具有手机使用经验的在校大学生为被试,采用2(手机可接近性:随身携带/不随身携带)×4(图片类型:安全人际依恋图片、"人机关系"图片、积极图片和中性图片)完全随机试验设计,通过比较观看不同类型的图片前后被试内隐自尊差值之间的差异,考察了"人机关系"图片对个体自我评价的启动功能。结果发现,无论手机是否在身边,观看人际依恋图片及"人机关系"图片的被试,前后测内隐自尊差值显著大于观看中性图片和微笑图片的被试;且观看人际依恋图片的被试前后测内隐自尊差值与观看"人机关系"图片的被试的内隐自尊差值不存在显著差异。这表明"人机关系"中,手机具有安全基地的功能。

(3)为明晰手机依恋这一概念的内涵、结构,挖掘手机依恋的诱因、情绪感受和行为表现及其与人际依恋的区别与联系,第九章的研究1对20名大学生的访谈内容进行分析。研究发现:①手机依恋是指个体在使用手机的过程中,对手机产生的一种情感及认知联结。②手机依恋的诱因:手机使用能够满足人们的多种心理需要。主要包括:社交需要、娱乐需要及其他需要,如自我展示、记忆伙伴等。③手机依恋的经验感受及行为表现主要包含:手机分离焦虑、手机安全感、趋近手机行为和避免与手机分离的行为。④手机依恋分为安全型手机依恋、焦虑型手机依恋和回避型手机依恋。⑤手机依恋与人际依恋的主要区别在于:第一,人际依恋是相互的,而手机依恋主要指人们对手机的依恋。相似之处在于:作为依恋对象,手机和人均能够满足个体的心理需要。

(4)为编制适用于中国文化背景的手机依恋问卷,第九章的研究2分别在455名初测大学生样本和454名正式施测大学生样本中对自编手机依恋问卷进行探索性因素分析、验证性因素分析、相关分析及信度分析。结果表明:手机依恋问卷共包含12个项目,主要分为安全型手机依恋、焦虑型手机依恋、回避型手机依恋三个维度,各维度均包含 4 个项目。该问卷的内部一致性信度、结构效度以及校标效度均符合测量学的要求，表明手机依恋问卷适用于评估中国大学生在使用手机的过程中对手机产生依恋的经验感受及行为表现。

（5）为了明确"手机依恋是否是人际依恋在人与手机关系中的扩展或延伸"这一问题，第十章考察了人际依恋与手机依恋的关系及内在作用机制。研究结果发现，安全型人际依恋、焦虑型人际依恋均能够直接或间接正向预测安全型手机依恋和焦虑型手机依恋，而不能够直接预测回避型手机依恋。回避型人际依恋只能够直接或间接预测安全型手机依恋和回避型手机依恋，而不能直接预测焦虑型手机依恋。表明虽然手机依恋与人际依恋存在一定的关系，但手机依恋并不是人际依恋在人与手机关系中的扩展和延伸。

本研究聚焦于移动互联网时代人与技术的关系，结合传统心理学理论，从依恋理论视角，揭示了移动互联网时代人与手机关系的本质——手机依恋，重点探讨了手机依恋的实证基础、内涵结构及其与人际依恋的关系。研究发现移动互联网时代人与手机之间会形成不同类型的依恋关系，且这种依恋关系并不是人际依恋在人与手机关系中的扩展和延伸。这不仅有助于我们全面了解移动互联网时代人与手机的关系，而且有助于我们从依恋理论、自我决定理论及自我扩展理论视角理解人际依恋与手机依恋之间的关系。此外，研究将依恋理论的适用范围扩展到人与手机的关系中，为揭示移动互联网时代人与技术之间的关系提供了新的理论视角。

关键词：手机使用；人机关系；依恋理论；人际依恋；手机依恋

Abstract

With the popularity of mobile phone and the arrival of mobile internet era, mobile phone has permeated every aspect of human life, changed the way of thinking, way of being, and way of living, and shaped the new social, economic, political and cultural forms in the Internet era. Mobile phone has an important impact on human physiological and psychological development. Therefore, the relationship between human and mobile phone has attracted many researchers' attention, and a large number of research results have been accumulated. However, relatively few studies have systematically examined the nature of the relationship between human and mobile phone and the role of human's interpersonal relationship in the development of the relationship between human and mobile phone.

In order to deeply understand the relationship between technology and individuals in the mobile Internet era, and reveal the essence of the relationship between individuals and mobile phones and its relationship with interpersonal attachment, chapters 1 and 2 of the first part of this book summarized the previous research. On this basis, Chapter 3 expounded the inadequacies of the previous research and the problems to be discussed in this book. Driven by the perspective of traditional attachment theory, the second part of this book combined with a variety of research methods, revealed the empirical basis for the existence of attachment in the relationship between individuals and mobile phones (chapters 5 – 8) based on the analysis of the behavioral and emotional characteristics of the relationship between individuals and mobile phones in Chapter 4. The third part of this book discusses the concept and structure of mobile phone attachment, and compiles a mobile phone attachment measurement tool for Chinese college students (Chapter 9). Finally, the present study investigated the relationship and internal mechanism between interpersonal attachment and mobile phone attachment (Chapter 10). Specifically:

(1) In order to preliminarily clarify the behavioral and emotional characteristics of the relationship between individuals and mobile phones in the era of mobile Internet, and judge whether the relationship between individuals and mobile phones meets the four standards of attachment relationship (i.e. approaching behavior, separation anxiety, safe haven and safety base), Chapter 4 analyzed the interview contents from 20 subjects. The results showed that: ① Individuals have the behavior tendency to make sure the mobile phone is accessible and usable, and tend to avoid situations where mobile phone cannot be used. This behavioral characteristic is consistent with that of approach behavior in interpersonal attachment. ② When individuals are separated from their mobile phone, they will experience anxiety, boredom and other negative emotions, and will take measures to make mobile phone available. This emotional characteristic is consistent with that of separation anxiety in interpersonal attachment. ③ When confronting problems or experiencing negative emotions, individuals tend to use mobile phone to solve problems or vent, express and share their negative emotions. This psychological characteristic is consistent with the psychological characteristic of a safe haven in interpersonal attachment. ④Mobile phone plays the role of secure base, which enables individuals to experience security and better explore and adapt to the outside world. At the same time, mobile phone also brings troubles to individuals. As a result, individual may develop not only secure attachment to their

mobile phone, but also avoidant attachment to them.

(2) In order to reveal the empirical basis of attachment relationship between individuals and mobile phones. From Chapter 5 to Chapter 8, through four sub studies, this book discussed whether the relationship between individuals and mobile phones belongs to attachment relationship from the perspectives of "approaching behavior", "separation anxiety", "safe haven" and "safety base".

In chapter 5, to investigate whether there is an approaching effect in the relationship between individual and mobile phone, a 2 (Frustration: frustration group/frustration-free group) ×3 (Word type: verbal stimulus related to mobile phone/verbal stimulus that describe secure attachment/ neutral verbal stimulus) × 2 (Response type: approaching/avoiding) three-factor mixed experimental design was employed. A sample of 114 undergraduate or graduate students with mobile phone use experience was recruited. This study adopted the modified "little man" paradigm to compare the reaction time when the subjects approached or avoided the three categories of verbal stimulus above-mentioned. The results showed that subjects' reaction time of approaching the verbal stimulus related to mobile phone and verbal stimulus that describe secure attachment was significantly faster than that of approaching the neutral verbal stimulus. Subjects' reaction time of avoiding the verbal stimulus related to mobile phone and verbal stimulus that describe secure attachment was significantly faster than that avoiding the neutral verbal stimulus. In addition, these differences were greater in the frustration group. Whereas, in the frustration-free group, subjects' reaction time of avoiding the verbal stimulus that describes secure attachment was significantly faster than that of avoiding the verbal stimulus related to mobile phone. These results indicate that there is an approach behavior characteristic of attachment in the relationship between individual and mobile phone.

4 Abstract

In chapter 6, to investigate whether there is a separation anxiety characteristic in the relationship between individual and mobile phone, a 2 (Stimulation type: mobile phone separation-related stimulation/neutral stimulation) ×2 (mobile phone condition: carry-on/not carry-on) two-factor mixed experiment design was employed. A sample of 80 undergraduate or graduate students with mobile phone use experience participated. The induced effects of mobile phone separation-related stimulation on individuals' status anxiety were investigated by comparing the self-rating scores of status anxiety after viewing different types of stimulation. The results showed that the status anxiety scores of all subjects who were exposed to the sentence stimulus describing the scene of separation from the mobile phone were significantly higher than those who were exposed to the neutral sentence stimulus. Moreover, this effect was more significant in the group of participants without mobile phones carried with them. These results indicate that there is separation anxiety characteristic of attachment in the relationship between individual and mobile phone.

In chapter 7, to investigate whether the mobile phone has the function of a safe haven in the relationship between individual and mobile phone, a single factor (Mobile phone contact groups: group A, turn off the mobile phone and touch the mobile phone itself as an object; group B, turn on the mobile phone and use the mobile phone casually; group C, take a break without mobile phone) completely randomized experimental design was employed. A sample of 105 undergraduate or graduate students with mobile phone use experience was recruited. The buffering effect of mobile phone on negative emotions of subjects was investigated by comparing the differences of self-rating emotional scores before and after different types of mobile phone contact. The results showed that after touching the mobile phone itself as an object, the subjects' self-rating score of negative emotion decreased significantly, but the subjects' self-rating score of positive emotion did not change significantly. After touching the mobile phone and using the mobile phone casually, the subjects' self-rating score of negative emotion decreased significantly, and the self-rating score of positive emotion increased significantly. These results indicate that the mobile phone has the function of a safe haven in the relationship between individual and mobile phone.

In chapter 8, two behavioral experiments were conducted to investigate whether the mobile phone has the function of a safe base in the relationship between individual and mobile phone.

In the experiment 1, a 2 (mobile phone condition carry-on/not carry-on) ×4 (Picture type: pictures describing secure interpersonal attachment/pictures describing human-mobile phone relationship/smiling pictures/neutral pictures) mixed experimental design was employed. A sample of 128 undergraduate or graduate students with mobile phone use experience was selected as subjects. The priming effect of pictures describing human-mobile phone relationship on individuals' positive emotions was investigated by comparing differences in the degree of liking for the target pictures after subjects watching these different kinds of pictures. The results showed that all the subjects liked the target pictures more after watching the pictures describing secure interpersonal attachment and human-mobile phone relationship than watching the neutral pictures and smiling pictures. What differed was that subjects without mobile phone carried with them liked the target pictures more after watching the pictures describing human-mobile phone relationship than pictures describing secure interpersonal attachment. However, this difference was not significant for subjects who carried mobile phone with them. These results indicate that pictures describing human-mobile phone relationship can trigger positive emotions just like pictures describing secure interpersonal attachment, and this effect is greater for individuals without mobile phone carried with them.

In the experiment 2, a 2 (mobile phone condition carry-on/not carry-on) ×4 (Picture type: same as experiment 1) completely randomized experimental design was employed. A sample of 176 undergraduate or graduate students with mobile phone use experience was selected as subjects. The priming function of pictures describing human-mobile phone relationship on individuals' self-evaluation was investigated through comparing the priming effects of different types of pictures on subjects' implicit self-esteem. The results showed that the difference of implicit self-esteem before and after the subjects watched the pictures describing secure interpersonal attachment and pictures describing human-mobile phone relationship was significantly greater than that of subjects who watched neutral pictures and smiling pictures. Moreover, there was no significant difference between the levels of implicit self-esteem before and after the subjects watched the pictures describing secure interpersonal attachment and those of the subjects who watched the pictures describing human-mobile phone relationship.

These results of experiment 1 and 2 indicate that the mobile phone has the function of a safe base in the relationship between individual and mobile phone.

The results of four sub-studies above provided empirical evidence for the rationality of the concept of mobile phone attachment from four perspectives, namely, approach behavior, separation anxiety, safe harbor and safe base.

(3) In order to clarify the connotation and structure of the concept of mobile phone attachment, and explore the inducement, emotional feeling and behavior of mobile phone attachment, as well as the difference and connection between mobile phone attachment and interpersonal attachment. In study 1 in Chapter 9, a collaborative qualitative research method was used to analyze the interview content from 20 undergraduate or gradu-

ate students with mobile phone use experience. The results showed that: ① Mobile phone attachment refers to a kind of emotional and cognitive connection gradually established between individual and mobile phone in the process of using mobile phone. ② The reason why individuals are attached to mobile phone is that individuals' various psychological needs (i. e. , social needs, entertainment needs and other needs, such as self-presentation, memory partner) can be satisfied in the process of using mobile phone. ③ The experience and behavioral characteristics of mobile phone attachment mainly include anxiety associated with separation from mobile phone, the sense of security induced by carrying mobile phone everywhere, as well as the behavioral tendency to approach mobile phone and avoid separation from mobile phone. ④Mobile phone attachment can be divided into three types: secure mobile phone attachment, anxious mobile phone attachment and avoidant mobile phone attachment. ⑤ There are differences between mobile phone attachment and interpersonal attachment. Interpersonal attachment is mutual, whereas, mobile phone attachment mainly refers to individuals' one-sided attachment to mobile phone. There are also some similarities between interpersonal attachment and mobile phone attachment, that is, as attachment objects, mobile phone and individual can both help meet people' various psychological needs.

(4) In order to develop the mobile phone attachment questionnaire applicable to the Chinese cultural background, study 2 in Chapter 9 compiled the initial questionnaire items. Then, exploratory factor analysis, confirmatory factor analysis, correlation analysis and reliability analysis were carried out on the questionnaire in initial test sample of 455 students and the formal test sample of 454 students. The results showed that the mobile phone attachment questionnaire consisted of 12 items, which were mainly divided into three dimensions: secure mobile phone attachment,

anxious mobile phone attachment and avoidant mobile phone attachment. Each dimension contained 4 items. The internal consistency reliability, structural validity and calibration validity of this questionnaire all met the requirements of a valid measurement. These results indicate that this mobile phone attachment questionnaire is applicable to evaluate the experience and behavioral characteristic of Chinese college students' attachment to mobile phone in the process of using mobile phone.

(5) To investigate whether mobile phone attachment is the expansion or extension of interpersonal attachment in the relationship between individual and mobile phone, the study in chapter 10 examined the relationship between interpersonal attachment and mobile phone attachment and the internal mechanism underlying this relationship. The results showed that secure interpersonal attachment and anxious interpersonal attachment could predict secure mobile phone attachment and anxious mobile phone attachment directly or indirectly, but could not directly predict avoidant mobile phone attachment. Avoidant interpersonal attachment could only predict secure mobile phone attachment and avoidant mobile phone attachment, but not anxious attachment. These results suggest that although interpersonal attachment can predict mobile phone attachment, mobile phone attachment is not an extension of interpersonal attachment in the relationship between individual and mobile phone.

Combining with traditional psychological theory, this study focuses on the relationship between individual and technology in mobile internet era and reveals the nature of the relationship between individual and mobile phone from the perspective of attachment theory. Specifically, this study puts emphasis on the empirical basis, connotation and structure of mobile phone attachment and its relationship with interpersonal attachment. It is found that different types of attachment can be formed between individual and mobile phone in mobile internet era, and the attachment is not the expansion and extension of interpersonal attachment in the relationship between individual and mobile phone. These results can not only deepen our understanding of the nature of relationship between individual and mobile phone, but also help us understand the relationship between interpersonal attachment and mobile phone attachment and the underlying mechanism from the perspectives of attachment theory, self-determination theory and self-expansion theory. In addition, this study extends the application of attachment theory to the relationship between individual and mobile phone, and provides a new theoretical perspective for revealing the relationship between individual and technology in the era of mobile internet.

Key Words: Mobile phone use; Human-mobile phone relationship; Attachment theory; Interpersonal attachment; Mobile phone attachment

目　录

引　言 ··· （1）

第一篇　依恋视域下人与手机关系的理论探析

第一章　依恋研究的回顾与展望 ································· （11）
第一节　依恋的内涵及内部工作模式 ····················· （12）
　　一　依恋的内涵 ··· （12）
　　二　依恋的内部工作模式 ······························ （13）
第二节　依恋研究的发展 ··································· （18）
　　一　人与人之间的依恋关系 ···························· （19）
　　二　人与其他事物之间的依恋关系 ··················· （25）

第二章　手机使用与依恋 ·· （33）
第一节　手机使用与个体的关系 ··························· （34）
　　一　手机使用对个体生理健康的影响 ················ （35）
　　二　手机使用对个体心理社会适应的影响 ·········· （37）
　　三　手机使用对个体认知的影响 ····················· （41）
第二节　手机使用与人际依恋、物品依恋的关系 ······ （43）
　　一　手机使用与人际依恋 ······························ （43）
　　二　手机使用与物品依恋 ······························ （44）
第三节　个体与手机之间依恋关系形成的理论基础 ··· （46）

一　传统依恋理论……………………………………………（46）
　　二　使用满足理论……………………………………………（48）
　　三　技术接受模型……………………………………………（50）
　　四　最佳体验理论……………………………………………（51）
　　五　自我扩展理论……………………………………………（52）
　　六　自我延伸理论……………………………………………（54）
　　七　自我决定理论……………………………………………（55）
　第四节　"手机依恋"的测量…………………………………（57）
　　一　用户—设备依恋问卷（UDAS）…………………………（57）
　　二　手机依恋问卷（MPAS）…………………………………（58）
　　三　手机依恋问卷（RSQ-SP）………………………………（59）
　　四　大学生手机依恋问卷（YAPS）…………………………（60）
　　五　感知手机依恋问卷（PAP）………………………………（61）
　　六　手机依恋问卷（MAS）……………………………………（62）
　　七　手机依恋问卷（AMDS）…………………………………（63）
　　八　手机情感依恋问卷（EAMP）……………………………（63）
　　九　消费者—手机依恋问卷（CMPAS）……………………（64）

第三章　述评：前人研究小结和实证研究设计………………（65）
　第一节　现有研究不足…………………………………………（65）
　第二节　本研究拟讨论的问题…………………………………（71）
　第三节　本研究总体设计………………………………………（72）

第二篇　人与手机之间存在依恋关系的实证依据

第四章　人与手机之间关系的特征……………………………（77）
　第一节　研究目的………………………………………………（77）
　第二节　研究方法………………………………………………（78）
　　一　参与者………………………………………………………（78）

二 访谈提纲……………………………………………………(79)
    三 数据收集……………………………………………………(79)
    四 数据分析……………………………………………………(80)
  第三节 研究结果……………………………………………………(80)
  第四节 讨论…………………………………………………………(84)
  第五节 结论…………………………………………………………(87)

第五章 挫折感对个体趋近手机行为的诱发效果检验…………(89)
  第一节 研究目的……………………………………………………(89)
  第二节 研究方法……………………………………………………(90)
    一 研究被试……………………………………………………(90)
    二 实验材料……………………………………………………(91)
    三 实验设计与程序……………………………………………(92)
    四 实验的实施…………………………………………………(92)
  第三节 结果与分析…………………………………………………(94)
  第四节 讨论：挫折感对趋近手机行为的诱发作用………………(96)
  第五节 结论…………………………………………………………(98)

第六章 手机分离刺激对个体焦虑情绪的诱发效果检验………(99)
  第一节 研究目的……………………………………………………(99)
  第二节 研究方法……………………………………………………(101)
    一 研究被试……………………………………………………(101)
    二 实验材料……………………………………………………(101)
    三 实验设计及程序……………………………………………(102)
  第三节 结果与分析…………………………………………………(104)
  第四节 讨论：手机分离刺激对个体焦虑情绪的
              诱发作用……………………………………………(105)
  第五节 结论…………………………………………………………(106)

第七章　手机使用对个体挫折体验的缓解效果检验 …………（107）
第一节　研究目的 ………………………………………………（107）
第二节　研究方法 ………………………………………………（108）
　一　研究被试 ……………………………………………（108）
　二　实验材料 ……………………………………………（108）
　三　实验设计及程序 ……………………………………（109）
第三节　结果与分析 ……………………………………………（110）
第四节　讨论：手机使用对个体挫折体验的缓解作用 ……（112）
第五节　结论 ……………………………………………………（113）

第八章　基于手机情景的依恋安全启动效应检验 …………（114）
第一节　研究目的 ………………………………………………（114）
第二节　实验一：基于手机情景的依恋安全启动对个体情绪的启动效应 …………………………………………（115）
　一　研究被试 ……………………………………………（115）
　二　实验材料 ……………………………………………（116）
　三　实验程序 ……………………………………………（117）
　四　结果与分析 …………………………………………（118）
第三节　实验二：基于手机情景的依恋安全启动对个体内隐自尊的启动效应 ………………………………………（119）
　一　研究被试 ……………………………………………（119）
　二　实验材料 ……………………………………………（119）
　三　实验程序 ……………………………………………（120）
　四　结果与分析 …………………………………………（121）
第四节　讨论：基于手机情景的依恋安全启动对个体情绪及内隐自尊的影响 …………………………………（122）
第五节　结论 ……………………………………………………（124）

第三篇 基于调查的理论模型建构

第九章 手机依恋的概念与结构 …………………………（127）
第一节 研究目的 …………………………………………（127）
第二节 研究一：手机依恋的概念与结构 ………………（130）
　　一 参与者 ………………………………………………（130）
　　二 访谈提纲 ……………………………………………（131）
　　三 数据收集 ……………………………………………（131）
　　四 数据分析 ……………………………………………（132）
　　五 研究结果 ……………………………………………（132）
　　六 讨论：手机依恋的概念内涵及结构 ………………（138）
　　七 结论 …………………………………………………（141）
第三节 研究二：手机依恋问卷的编制 …………………（142）
　　一 研究目的 ……………………………………………（142）
　　二 研究方法 ……………………………………………（144）
　　三 研究结果 ……………………………………………（146）
　　四 讨论：手机依恋测量工具的适用性 ………………（153）
第四节 结论 ………………………………………………（156）

第十章 人际依恋与手机依恋的关系及内在作用机制 ………（158）
第一节 问题提出 …………………………………………（158）
第二节 研究方法 …………………………………………（162）
　　一 研究被试与施测程序 ………………………………（162）
　　二 研究工具 ……………………………………………（162）
　　三 共同方法偏差检验 …………………………………（163）
第三节 研究结果 …………………………………………（164）
　　一 各变量的描述性及相关分析 ………………………（164）
　　二 社会排斥和手机自我扩展的中介效应检验 ………（165）

三　中介模型检验结果的比较与汇总 …………………… (176)
第四节　讨论 ……………………………………………………… (177)
第五节　结论 ……………………………………………………… (181)

第十一章　实证基础和理论模型的整合讨论 ……………… (183)
第一节　人与手机之间关系的特征 …………………………… (184)
第二节　手机依恋存在的实证依据 …………………………… (187)
　一　"趋近行为"存在的实证依据 ……………………… (187)
　二　"分离焦虑"存在的实证依据 ……………………… (189)
　三　"避风港"存在的实证依据 ………………………… (191)
　四　"安全基地"存在的实证依据 ……………………… (192)
第三节　手机依恋的概念与结构 ……………………………… (195)
　一　手机依恋的概念 …………………………………… (195)
　二　手机依恋的结构 …………………………………… (197)
第四节　手机依恋与人际依恋的关系 ………………………… (199)
第五节　结论 ……………………………………………………… (203)
第六节　理论意义及其对教育实践的启示 …………………… (205)
　一　理论意义 …………………………………………… (205)
　二　对教育实践的启示 ………………………………… (206)
第七节　创新和不足之处 ……………………………………… (219)
　一　特色与创新 ………………………………………… (219)
　二　不足与展望 ………………………………………… (221)

参考文献 ………………………………………………………… (223)

附　录 …………………………………………………………… (256)
　附录1　第四章"人与手机之间关系的特征"质性
　　　　　研究访谈提纲 …………………………………… (256)
　附录2　第四章"人与手机之间关系的特征"质性

　　　　　研究访谈结果 ……………………………………（257）
附录3　第二篇"人与手机之间存在依恋关系的实证
　　　　依据"的实验材料及工具 ……………………（274）
附录4　第九章研究一"手机依恋的概念与结构"的
　　　　访谈提纲及工具 ………………………………（280）
附录5　第九章研究一"手机依恋的概念与结构"的访谈
　　　　结果 ………………………………………………（286）
附录6　第十章"人际依恋与手机依恋的关系及内在作用
　　　　机制研究"的研究工具 ………………………（303）

索　引 ……………………………………………………（306）

Content

Introduction .... (1)

Part I Theoretical analysis of the relationship between people and mobile phones from the perspective of attachment

Chapter I Review and prospect of attachment research .... (11)
    Section I Connotation and internal working model of attachment .... (12)
        1. Connotation of attachment .... (12)
        2. The internal working model of attachment .... (13)
    Section II Development of attachment research .... (18)
        1. Attachment between people .... (19)
        2. Attachment between people and other things .... (25)

Chapter II Mobile phone use and attachment .... (33)
    Section I The relationship between mobile phone use and individuals .... (34)
        1. Effects of mobile phone use on individuals' physical health .... (35)

2. Effects of mobile phone use on individuals' psychosocial adaptation ……………………………………………… (37)
3. Effects of mobile phone use on individuals' cognition ……………………………………………………… (41)

Section II The relationship between mobile phone use and interpersonal attachment and object attachment …… (43)
1. Mobile phone use and interpersonal attachment …………… (43)
2. Mobile phone use and object attachment ………………… (44)

Section III The oretical basis for the formation of attachment relationship between individual and mobile phone ……………………………………………………… (46)
1. Attachment theory ………………………………………… (46)
2. Using and gratification theory …………………………… (48)
3. Technology acceptance model …………………………… (50)
4. Optimal-experimentation theory ………………………… (51)
5. Self-Expansion theory …………………………………… (52)
6. Self-Extended theory …………………………………… (54)
7. Self-Determination theory ……………………………… (55)

Section IV Measurement of "mobile phone attachment" …… (57)
1. User Device Attachment Scale (UDAS) ………………… (57)
2. Mobile Phone Attachment Scale (MPAS) ……………… (58)
3. Relationship Scales Questionnaire-Smartphone (RSQ-SP) ………………………………………………… (59)
4. Young Adult Attachment to Phone Scale (YAPS) ……… (60)
5. Perceived Attachment to Phone (PAP) ………………… (61)
6. Mobile Attachment Scale (MAS) ………………………… (62)
7. Attachment to Mobile Device Scale (AMDS) …………… (63)
8. Emotional Attachmentof Mobile phone Questionnaire (EAMP) …………………………………………………… (63)

9. Consumer Mobile Phone Attachment Scale (CMPAS) ...... (64)

Chapter III Review: Summary of previous research and empirical research design .... (65)
  Section I Defect of existing research .... (65)
  Section II Issues to be discussed in the book .... (71)
  Section III Overall design of this book .... (72)

Part II Empirical evidence of attachment relationship between people and mobile phones

Chapter IV Characteristics of the relationship between people and mobile phones .... (77)
  Section I Purposes of research .... (77)
  Section II Method of research .... (78)
    1. Participants .... (78)
    2. Interview outline .... (79)
    3. Data collection .... (79)
    4. Data analysis .... (80)
  Section III Results of research .... (80)
  Section IV Disussion .... (84)
  Section V Conclusion .... (87)

Chapter V Examination on the inducing effect of frustration on individuals' behavior of approaching mobile phone .... (89)
  Section I Purposes of research .... (89)
  Section II Method of research .... (90)
    1. Participants .... (90)

2. Experimental materials ……………………………………（91）
　　3. Experimental design andprocedure …………………………（92）
　　4. Implementation of experiment ………………………………（92）
　Section III　Results andAnalysis ………………………………（94）
　Section IV　Discussion: Inducing Effect of Frustration on
　　　　　　　Individuals' Behavior of Approaching Mobile
　　　　　　　Phone ……………………………………………（96）
　Section V　Conclusion ……………………………………………（98）

Chapter VI　Examination on the inducing effect of mobile fhone separation on individuals' anxiety ………（99）

　Section I　Purposes of research ………………………………（99）
　Section II　Method of research ………………………………（101）
　　1. Participants ……………………………………………（101）
　　2. Experimental materials ………………………………（101）
　　3. Experimental design and procedure ………………………（102）
　Section III　Results and analysis ………………………………（104）
　Section IV　Discussion: Inducing effect of mobile
　　　　　　　phoneseparation on individuals' anxiety …………（105）
　Section V　Conclusion ……………………………………………（106）

Chapter VII　Examination on the effect of using mobile phone to relieve individuals' frustration ……（107）

　Section I　Purposes of research ………………………………（107）
　Section II　Method of research ………………………………（108）
　　1. Participants ……………………………………………（108）
　　2. Experimental materials ………………………………（108）
　　3. Experimental design andprocedure …………………………（109）
　Section III　Results and analysis ………………………………（110）

Section IV Discussion: the effect of using mobile
　　　　　　phone to relieve individuals' frustration .... (112)
Section V Conclusion .... (113)

Chapter VIII Examinationof attachment security priming effect based on mobile phone .... (114)

Section I Purposes of research .... (114)
Section II Experiment 1: the priming effect of attachment
　　　　　　security priming based on mobile phone on individuals'
　　　　　　emotion .... (115)
　1. Participants .... (115)
　2. Experimental materials .... (116)
　3. Experimental design and procedure .... (117)
　4. Results and analysis .... (118)
Section III Experiment 2: the priming effect of attachment
　　　　　　security priming based on mobile phone on
　　　　　　individuals' implicit self-esteem .... (119)
　1. Participants .... (119)
　2. Experimental materials .... (119)
　3. Experimental procedure .... (120)
　4. Results and analysis .... (121)
Section IV Discussion: effect of attachment security
　　　　　　priming based on mobile phone on individuals'
　　　　　　emotion and implicit self-esteem .... (122)
Section V Conclusion .... (124)

Part III Construction of the oretical model based on investigation

Chapter IX The concept and structure of mobile phone attachment (127)

Section I Purposes of Research (127)
Section II Experiment 1: The Concept and structure of mobile phone attachment (130)
  1. Participants (130)
  2. Interview outline (131)
  3. Data collection (131)
  4. Data analysis (132)
  5. Research results (132)
  6. Discussion: the concept, connotation and structure of mobile phone attachment (138)
  7. Conclusion (141)
Section III Experiment 2: The development of mobile phone attachment questionnaire (142)
  1. Purposes of research (142)
  2. Method of research (144)
  3. Results of research (146)
  4. Discussion: Applicability of mobile phone attachment measurement tools (153)
Section V Conclusion (156)

Chapter X The relationship between interpersonal attachment and mobile phone attachment and its internal mechanism (158)

Section I Raised question (158)

Section II　Method of research ………………………… (162)
　　1. Participants and experimental procedure ……………… (162)
　　2. Measurement tools of research ………………………… (162)
　　3. Common method deviation test ………………………… (163)
Section III　Research results ………………………………… (164)
　　1. Descriptive and correlation analysis of variables ………… (164)
　　2. Test of mediating effect between social exclusion and mobile phone self expansion ………………………… (165)
　　3. Comparison and summary of mediating model test results ………………………………………………… (176)
Section IV　Discussion ………………………………………… (177)
Section V　Conclusion ………………………………………… (181)

Chapter XI　Discussion on the integration of empirical basis and the oretical model ………………… (183)

Section I　Characteristics of the relationship between people and mobile phones ……………………………… (184)
Section II　Empirical evidence of mobile phone attachment ………………………………………… (187)
　　1. Empirical evidence for the existence of "approaching behavior" ……………………………………… (187)
　　2. Empirical evidence for the existence of "separation anxiety" ………………………………………… (189)
　　3. Empirical evidence for the existence of "safety haven" …… (191)
　　4. Empirical evidence for the existence of "safety base" …… (192)
Section III　The concept and structure of mobile phone attachment ………………………………………… (195)
　　1. The concept of mobilephone attachment ………………… (195)
　　2. Structure of mobile phone attachment …………………… (197)

Section IV　The relationship between mobile phone attachment and interpersonal attachment ⋯⋯⋯⋯⋯⋯ (199)

Section V　Conclusion ⋯⋯⋯⋯⋯⋯⋯⋯⋯⋯⋯⋯⋯⋯⋯⋯ (203)

Section VI　Theoretical significance and its Enlightenment to educational practice ⋯⋯⋯⋯⋯⋯⋯⋯⋯⋯⋯ (205)

  1. Theoretical significance ⋯⋯⋯⋯⋯⋯⋯⋯⋯⋯⋯⋯⋯ (205)

  2. Enlightenment to educational practice ⋯⋯⋯⋯⋯⋯⋯ (206)

Section VII　Innovation and shortcomings ⋯⋯⋯⋯⋯⋯⋯⋯ (219)

  1. Characteristics and innovation ⋯⋯⋯⋯⋯⋯⋯⋯⋯⋯ (219)

  2. Deficiency and prospect ⋯⋯⋯⋯⋯⋯⋯⋯⋯⋯⋯⋯⋯ (221)

Reference ⋯⋯⋯⋯⋯⋯⋯⋯⋯⋯⋯⋯⋯⋯⋯⋯⋯⋯⋯⋯⋯⋯ (223)

Appendix ⋯⋯⋯⋯⋯⋯⋯⋯⋯⋯⋯⋯⋯⋯⋯⋯⋯⋯⋯⋯⋯⋯ (256)

Appendix I　The outline of qualitative research interview of "the characteristics of the relationship between people and mobile phones in chapter IV" ⋯⋯⋯ (256)

Appendix II　The qualitative research interview results of "the characteristics of the relationship between people and mobile phones in chapter IV" ⋯⋯⋯⋯⋯⋯ (257)

Appendix III　The experimental materials and tools of "empirical evidence for the attachment relationship between people and mobile phones in second part" ⋯⋯ (274)

Appendix IV　The interview outline and tools of "the concept and structure of mobile phone attachment in chapter IX study 1" ⋯⋯⋯⋯⋯⋯⋯⋯⋯⋯⋯⋯⋯ (280)

Appendix V　The interview results of "the concept and structure of mobile phone attachment in chapter IX study 1" ⋯⋯⋯⋯⋯⋯⋯⋯⋯⋯⋯⋯⋯⋯⋯⋯⋯⋯⋯ (286)

Appendix VI The research tools of "the relationship and internal mechanism of interpersonal attachment and mobile phone attachment in chapter X" ·················· (303)

Index ··· (306)

引　言

依恋是心理学研究中揭示人与人、人与物品及人与抽象概念之间关系本质的核心概念。依恋最初被用于解释个体早期的人际关系，如亲子关系，其本意是指个体与父母（其他主要抚养者）之间形成的相对持久的情感联结（Ainsworth，1974）。它是在幼儿社会认知发展的基础上，并在幼儿与抚养者的日常互动中逐渐形成的，是个体早期社会关系网的核心，也是个体与他人之间关系的原型，是个性成长的基础，对个体的社会性和人格发展均具有重要的影响，如影响个体社会技能的发展，影响个体的情绪管理、行为控制、人际信任、社会情绪、道德发展及关系图式等（Damon 和 Eisenberg，2013）。依恋理论不仅为揭示个体与自我、他人之间关系的本质提供了合理解释，而且为解释"早期亲子关系如何影响个体后期心理社会适应"提供了理论视角——内部工作模式，即早期依恋对个体后期心理社会适应的影响是通过依恋内部工作模式中两种成分（自我成分和他人成分）的作用实现的。其中，自我成分是指个体对自己所持有的态度和观念；而他人成分是指个体对他人所形成的相对稳定的观念和看法（王争艳等，2005；王争艳等，2006）。因此，研究者认为，依恋理论也可以用于揭示同伴关系、成人与亲密朋友或恋人之间关系的本质，即同伴依恋和成人依恋。其中，同伴依恋是指青少年在与同伴交流互动的过程中，经过长期的沟通、互动建立起来的个体与同伴之间的情感联结（钟歆等，2014）。它以满足同伴双方亲密感需要、给予双方温暖和支持为特征，对促进青少年的情绪健康、人格完善以及心理社会适应具有积极作用（Gorrese 和 Ruggieri，2012；连帅磊等，2016）。成人依恋是研究者在习性学的理论背景下研究婚恋关系时提出来的，是指成年人在与亲密朋友或恋人的社会互动中形成的一种相对稳定而持久的情感联结。它揭示了婚恋关系的本质，对成人的婚恋关系满意度及心理社会适应均具有重要影响（Hazan 和 Shaver，1987）。

随着研究的深入，研究者不再将目光局限于用依恋理论解释人与人之间关系的本质，而是将依恋理论应用于解释人与动物、人与物品以及人与地域（如家乡）之间关系的本质，提出了宠物依恋、物品依恋以及地方依恋等概念。其中，宠物依恋是指宠物主人在与其饲养的伴侣宠物进行互动的过程中，逐渐形成的一种亲密而持久的心理及情感联结（Johnson 等，1992）。物品依恋是研究者在试图用"依恋"解释幼儿与过渡物（如抱抱熊、毛毯、软质的玩具等）之间关系的本质时提出来的，它是指个体与其他软质物品之间形成的一种依恋关系，表现为个体在疲惫、不快活时玩弄、抚摸软质物体（Litt，1986）。地方依恋是指个体与地方之间形成的一种联系，这种联系包含情感（情绪、感觉）、认知（思想、知识、信仰）和行为三种因素，其中情感因素处于首位（Hidalgo 和 Hernández，2001；吴丽敏等，2015）。此外，依恋也被用于解释个体与抽象概念之间的关系，如品牌依恋。品牌依恋是研究者在探讨消费者与品牌之间的关系及消费者对品牌的忠诚度时提出来的，即消费者与品牌之间所形成的认知、情感纽带（姜岩、董大海，2008）。品牌依恋不仅有助于揭示消费者与品牌之间关系的本质，而且能够对消费者的品牌忠诚度及购买行为进行预测（Park，MacInnis 和 Priester，2008）。

作为第三次科技革命的主要标志之一，信息技术的迅猛发展不仅催生了全球经济、政治及文化的重大变革，而且改变了人类的生存、生活及思维方式。信息技术飞速发展的产物——智能手机，作为信息技术改变人类生活的重要媒介，在全球范围内具有较高的普及率。最新调查数据显示，全球 90% 的人拥有手机（Poushter 等，2018）。国内相关数据也显示，截至 2020 年 12 月，手机已经成为我国网民接入互联网的主要设备，手机网民规模已达 9.86 亿人，约占我国网民的 99.7%，占我国人口总数的 70.18%；手机即时通信（92.3%）、手机网络新闻（75.2%）、手机搜索（77.9%）、手机网络文学（46.5%）、手机网络音乐（66.6%）、手机网络游戏（52.4%）、手机网上支付（86.5%）、手机网络购物（79.2%）、手机订外卖（42.4%）以及手机在线教育（34.6%）的网民使用率均超过 30%（中国互联网络信息中心，2021）。由此可知，手机与人类生活的关系日益密切，渗透到了人类生活的方方面面。

随着信息技术的发展，互联网渗透到了人类赖以生存的社会生态环境的各个角落，手机等移动互联网终端也为人们的工作和生活带来了诸多便利，改变了人们社交互动、信息获取、休闲娱乐、理财购物、出行等生活方式，塑造了移动互联网时代全新的社会、经济、政治、文化形态。

第一，就社交互动而言，基于手机的网络社交为人与人之间的无缝交流、沟通创造了条件，使社交互动摆脱了时间、空间的束缚（Ellison 等，2007；周宗奎、刘勤学，2016）。这不仅有利于人们与现有朋友维持长期、稳定的人际关系，而且有助于人们与陌生人建立新的人际关系（连帅磊等，2017）。尤其是随着社交网站的兴起，基于便携式互联网终端——手机的网络社交弥补了线下社会交往所具有的时空局限性，逐渐成为移动互联网时代社会交往的重要形式（Contena 等，2015）。网络社交改变了人的社会交往形态，使"六度空间"降为"四度空间"。研究发现，在网络社交中，任何两个用户之间的"五度间隔"概率是 99.6%，"四度间隔"概率是 92%。据此，研究者提出了人际交往的"四度分隔理论"（Ugander 等，2011）。第二，就信息获取而言，互联网带来了信息获取方式的变革。基于手机的信息获取逐渐成为人们获取外界信息的重要渠道，这不仅改变了人们的阅读习惯（"碎片化阅读"），而且引起了信息编码、加工、提取方式的革新（"记忆的谷歌效应"）。"碎片化阅读"已经成为网络时代人们获取信息的重要特点，它是指个体基于手机、电脑等互联网终端进行的不完整的、断断续续的阅读模式，其大大降低了人们对信息的思维加工深度（刘露，2017）。"记忆的谷歌效应"是指个体将互联网视为记忆交互伙伴，将部分记忆内容存储于互联网的现象（Sparrow 和 Wegner，2011）。研究发现，随着手机等互联网设备的增多，个体在对信息进行编码、存储的过程中，倾向于关注编码、存储获取信息的方式或途径，而非信息内容本身（Sparrow 和 Wegner，2011）。第三，就休闲娱乐而言，手机已经成为人们休闲娱乐的重要工具，它能够满足个体多种休闲娱乐的需要，如听音乐、看视频、玩游戏等（Gökçearslan 等，2016）。国内相关调查数据表明，71.7%的被试认为自己的休闲娱乐多半与智能手机相关；42.3%的被试享受手机游戏所带来的乐趣；66.1%的被试对手机娱乐休闲乐在其中；35.3%的被试认为移动互联网为自己带来了新的兴趣爱好（于婷婷、刘一帆，2016）。第四，就理财购物而言，随着互联网金融、电子商务的发展，网络理财、购物为人们进行闲置资金投资、购买生活用品提供了方便。这改变了我国金融及商业的发展模式，引起了我国经济发展形态的重大变革（赵胜民、刘笑天，2018）。第五，就出行而言，手机不仅能够满足个体预定出行日程的需求，而且能够协助个体完成机票、车票、酒店的预订。这在一定程度上提升了个体对日程安排的控制感，促进了旅游业的发展。研究者认为，互联网旅行扩大了旅游业的受众群体，使旅行过程更加便捷，改善了旅行者的旅行体验，促进了旅游业的快速发展（钱建伟和 Law，2016）。

手机等移动互联网设备在改变人类的行为方式及生活习惯的同时，对人类的生理健康、认知、自我概念、社会性发展及适应也产生了重要影响。首先，从生理健康的视角来看，过度的手机使用不仅是导致个体肥胖（Kenney 和 Gortmaker，2017）、视力和睡眠质量下降的重要原因（Gawit 等，2017；刘庆奇等，2017），也是诱发

"干眼病"(Moon 等，2016；王益蓉，2017)、颈椎病(Kim，2015；Lee 等，2015)、手部肌肉疼痛(Lee 等，2015)等生理疾病的关键因素。其次，从认知发展的视角来看，手机使用是移动互联网时代个体认知发展的重要影响因素(Jongstra 等，2017)，它不仅会使个体产生"认知吝啬"风险(手机代替思考)(Barr 等，2015)，而且会对个体注意控制(林悦等，2018)、记忆(Henkel，2013)等认知过程产生重要影响。最后，从自我概念的发展来看，手机使用不仅有利于个体自我的延伸以及自我概念的扩展，而且会对个体自我概念的形成和发展产生重要影响(Clayton 等，2015；Hoffner 等，2015)。从社会性发展及适应的视角来看，手机使用不仅有利于个体与他人建立或维持良好的人际关系，而且有助于个体获取线上社会资源，并因此促进个体的心理社会适应(Cho，2015；Kang 和 Jung，2014；Seidman，2013；Xie，2014)。

综上，虽然以往研究从不同的视角对手机使用与个体生理发展及心理社会适应之间的关系进行了探讨，并积累了大量的研究成果，但关于个体与手机之间关系的本质及其与个体心理的关系的研究还相对缺乏。依恋不仅是揭示人与人之间关系本质的核心概念，也是揭示个体与动物、物品或其他抽象概念之间关系本质的重要理论视角，对我们理解人与物之间关系的本质及其与个体心理之间的关系具有重要意义。因此，本书拟在以往研究的基础上，聚焦于移动互联网时代技术与人的关系，从依恋理论视角，揭示人与手机之间关系的本质及人际关系在其发展中的作用，以此拓展传统依恋理论的边界，即将依恋理论的适用范围扩展到人与手机的关系中，为揭示移动互联网时代技术与人的关系提供新的理论视角。具体而言，首先，采用质性研究和实验研究相结合的方法，探讨人与手机的关系中是否具备依恋关系的四个特征，即趋近行为、分离焦虑、避风港和安全基地；其次，采用质性研究及问卷研究的方法，探讨"手机依恋"的概念、结构和测量方法；最后，采用问卷调查法，探讨人际依恋风格在手机依恋形成和发展中的作用及内在机制。

第一篇

依恋视域下人与手机关系的理论探析

我国著名的思想家、教育家、哲学家梁漱溟认为，人类面临三大主要问题，即人与自然（物）的关系问题、人与人的关系问题以及人与自己内心的关系问题，并指出，人首先要处理好与自然（物）之间的关系问题，其次要明了人与人之间的关系问题，最后一定要解决人与自己内心的关系问题（Alitto，1986）。这一论断表明，人与物、人与人以及人与自己内心的关系在人类生存发展中具有重要意义。心理学研究者也认为，个体是在关系环境中逐渐成长起来的，个体所处的关系环境是影响个体心理发展的核心因素（Damon 和 Eisenberg，2013）。因此，个体所拥有的关系及其对个体社会性及人格发展的影响一直是心理学研究者关注的核心问题。为了对个体所拥有的关系及其心理社会适应功能进行探讨，研究者提出了"依恋"及依恋理论，并先后对人与人的关系及人与其他事物之间的关系展开了一系列研究。"依恋"及依恋理论不仅被用于探讨亲子关系之外的其他人际关系，如同伴关系（Gorrese 和 Ruggieri，2013）、婚恋关系（Hazan 和 Shaver，1987），还被用于揭示人与物品、地方以及其他抽象概念之间的关系，如宠物依恋（Johnson 等，1992）、物品依恋（Litt，1986）、地方依恋（Hidalgo 和 Hernández，2001）以及品牌依恋（Park 等，2010）。由此可知，"依恋"已经成为揭示人与他人及其他事物之间关系本质的核心概念，依恋理论也因其较强的生命力，成为不同领域的研究者探讨人与人、人与事物之间关系问题的重要框架和视角。随着信息技术的发展，手机等移动互联网设备逐渐改变了人类的生存环境及生活方式，为人类的心理及行为提供了介于物理空间和精神空间之间的"第三空间"——网络空间（周宗奎、刘勤学，2016）。网络空间的共享性、智能性和渗透性，在很大程度上改变了人类所处的关系环境，塑造了基于互联网的全新的关系环境（Gosling 和 Mason，2015；周宗奎、刘勤学，2016），对人类的生存、发展及适应均产生了深远影响。人与手机之间的关系作为移动互联网时代背景下影响人类生存和发展的重要关系，也为网络心理学研究者所关注。

为了更加全面地阐释人与手机的关系，依恋理论再次进入研究者的视野。依恋视域下人与手机的依恋关系是否存在实证依据及其与人际依恋的关系逐渐成为亟待阐释的重要问题。为了更加全面、深刻地对这一问题做出回应，本书在第一篇"依恋视域下人与手机关系的理论探析"中将对传统的依恋理论及依恋研究的进展进行回顾，以此为阐述人与手机之间关系的本质做铺垫。在此基础上，将对手机使用对个体的影响及其与依恋的关系、手机依恋形成的相关理论以及手机依恋的测量进行详细介绍，并对以往研究进行述评，以此为本书的第二篇"人与手机之间存在依恋关系的实证依据"奠定理论基础。

第 一 章

依恋研究的回顾与展望

第二次世界大战造成了诸多家庭的破裂，无数失去亲人的孤儿被送往孤儿院，然而充足的物质资料、安全的生活环境并不能满足儿童心理健康发展的需要，多数孤儿出现了严重的心理障碍。在这一背景下，英国心理学家 Bowlby 对孤儿院儿童心理障碍产生的原因进行了探讨，他认为，母爱被剥夺是造成孤儿心理问题严重的重要原因。在此基础上，他通过动物分离的研究证实了母爱分离的危害，提出了依恋的概念，并从生态学、心理学、精神病学等多种理论视角对早期的社会依恋理论进行了阐述（Bowlby，1969）。

随着依恋研究的不断增多，研究者对依恋的内涵及内部工作模式进行了深入研究，并在此基础上，从内在、外在等多种视角对依恋形成的因素进行了广泛而深入的探讨。且随着研究的深入，研究者逐渐将依恋概念及依恋理论扩展到了除亲子关系外的其他人际关系中，提出了同伴依恋、成人依恋的概念，揭示了个体在不同成长阶段中人与人之间关系的不同形态及其本质，并采用依恋理论对不同发展阶段中人与人之间关系（同伴关系、婚恋关系）的本质及其与个体心理之间的关系进行了深入探讨。与此同时，依恋也被研究者用于对人与其他事物之间关系的研究，并提出了"物品依恋""地方依恋"及"品牌依恋"等概念，为揭示个体与其他事物之间关系的本质及其与个体心理之间的关系提供了新的视角。基于本书的研究主题，本章将对传统依恋的内涵及内部工作模式、传统依恋形成的因素及依恋研究的进展进行梳理，重点从揭示人与其他事物之间关系本质的视角，对物品依恋、地方依恋以及品牌依恋进行介绍，以期为揭示人与手机之间关系的本质、提出手机依恋的概念做铺垫。

第一节 依恋的内涵及内部工作模式

一 依恋的内涵

依恋（attachment）这一概念是英国心理学家 Bowlby 在对动物分离的研究中提出来的，它是一种个体在与重要他人互动的过程中，逐渐建立起来的具有特定含义的情感联结，对满足个体的安全感需要具有积极意义（Bowlby，1969）。由于依恋这一概念一经提出便成了儿童心理研究领域的热点，所以研究者围绕亲子依恋展开了大量研究，这使得依恋逐渐成为"亲子依恋"的代名词，即狭义的依恋。而 Bowlby 认为，依恋不是仅仅存在于早期亲子互动过程中的狭义依恋，而是存在于各种人际关系中的社会依恋。随着研究者对其他发展阶段人际依恋研究的不断增多，"广义的依恋"逐渐为研究者所关注。

广义的依恋没有人际关系形态的界限，即依恋并不局限于亲子关系中，也会发生在其他多种人际关系形态中，如同伴关系、婚姻关系等，它是个体与同伴、伴侣在进行社交互动的过程中逐渐建立起来的一种情感及认知联结。国内外研究者也对依恋关系的特征进行了深入探讨。Bowlby（1969）认为，趋近行为、分离焦虑、避风港和安全基地是依恋关系的四种基本特征。其中，趋近行为是指个体倾向于接近依恋对象，回避与依恋对象的分离；分离焦虑是指一旦个体与依恋对象分离，个体会体验到痛苦、不安等消极情绪；避风港是指当个体在生活中遇到挫折或不愉快时，依恋对象能够为个体提供帮助和安慰，以缓解个体的消极情绪，即依恋对象具有"避风港"功能；安全基地则是指个体在依恋对象存在时会感到更加安全，更加主动地探索外部世界。我国学者张春兴（1992）从"安全感和自我效能感""安全基地""安全和安慰的源泉"三个视角对依恋关系的特征进行了说明：（1）依恋关系具有为个体提供安全感和自我效能感的功能，即良好的依恋关系不仅能够使个体体验到充足的安全感，而且能够使个体在探索其他社会情境时充满信心和胜任力，相信自己能够在陌生的环境或问题情境中通过探索解决问题。（2）良好的依恋关系中，依恋对象是个体的"安全基地"，它是保护个体不受"压力""焦虑"等因素伤害的保护伞，也是个体勇于探索外界事物的坚强后盾。（3）依恋关系（依恋对象）与其他社会关系（社会支持者）的区别在于，在个体感知到压力时，依恋关系是安全和安慰的第一源泉，具有鲜明的心理支持性。换言之，当个体感受到威胁或压力时，个体会在第一时间寻求依恋对象的情感及认知支持，即寻求依恋对象的情感安慰，咨询依恋对象应对威胁情境的策略和方法。

综上，无论是狭义的依恋还是广义的依恋，都强调：（1）在感受到压力、遇到困难时，个体是否会寻找特定的依恋对象以获得保护、支持或安慰；（2）个体会倾向于接近依恋对象，且当个体与依恋对象分离时，是否会体验到焦虑、不安等消极情绪；（3）依恋对象是否具有"安全基地"的功能，即依恋对象的存在是否会促进个体积极探索外部世界。依恋关系的这些特征也已成为判断人与人、人与其他事物之间是否存在依恋关系的重要标准。基于这一标准，研究者提出了同伴依恋、成人依恋、宠物依恋、物品依恋、地方依恋以及品牌依恋等概念，使依恋理论得到了广泛发展，本章第二节将对此进行详细阐述。

二 依恋的内部工作模式

（一）依恋内部工作模式的性质、结构

在陌生社交情境下与他人进行互动时，个体对该情境中人、事、物的理解并不是自下而上加工的过程，而是自上而下的认知加工过

程（Collins 和 Allard，2004）。换言之，个体在对初次接触的人、事、物做出社会认知判断时，并不是依据个体观察到或感知到的信息，而是以既有的社会交往经验及人际互动认知模式为脚本对陌生社交情境中他人的言语、行为以及事、物等信息进行理解。依恋理论称这种"既有的社交经验及人际互动的认知模式"为内部工作模式，它是个体在早期与父母或其他重要他人进行交流互动的过程中逐渐形成的对自己和他人的认知或情感模式，对个体心理的毕生发展具有深远影响（Bowlby，1969）。依恋理论认为，亲子互动所塑造的依恋的内部工作模式不仅会对个体与同伴的交往互动产生重要影响，也会对个体与伴侣的依恋质量产生重要影响。因此，研究者对依恋内部工作模式的性质、结构进行了深入探讨。

从依恋内部工作模式的性质来看，依恋的内部工作模式是个体在早期的亲子互动中逐渐形成的对自己和他人的心理表征，是一种兼具认知和情感双重性质的心理构造，对个体毕生思想、情感及行为的发展均具有重要影响（Bowlby，1969；Collins 和 Allard，2004）。依恋的内部工作模式主要包含两种成分，即自我模式和他人模式。其中，自我模式是指个体在早期亲子互动经历和体验（主要是个体在发出需求信号时，重要他人对自己的反馈数量和质量等）的基础上形成的对自己的情感和态度，即个体对自己是否值得被关爱、被呵护、被接纳等问题的认识；他人模式是指个体根据早期亲子互动中他人的行为表现对他人形成的情感和态度，即个体对"当个体发出需求信号时，他人对自己的需求信号是否敏感，是否会给予回应，以及个体是否可得到他人的支持"等问题的判断（Collins 和 Allard，2004）。高质量的人际互动（人际互动双方对对方的需求信号敏感，且能够得到对方高质量的回应）会使个体形成积极的自我模式（自己值得被关爱）和他人模式（他人的支持性回应是可获得的，他人是值得信赖的）；相反，低质量的人际互动则会使个体形成消极的自我模式（自己不值得被关爱）和他人模式（他人的支持性回应是不可获得的，他人是不可靠的）（Bowlby，1969）。此外，依恋内部工作模式中的两种成分是相互影响的，自我模式会影响个体对他人行为的感知，进而影响他人模式的形成。例如，闫景蕾（2017）研究发现，自尊能够正向预测个体对伴侣支持性回应的感知。周宗奎等（2017）的研究也发现，自尊能够影响个体在社交网站的使用过程中对线上社会资本的感知；相反，他人模式会影响个体对自己的态度和评价，并因此影响个体的自我模式（Bowlby，1969；Collins和Allard，2004）。例如，连帅磊等人（2016）研究发现，感知朋友的社会支持能够正向预测个体的自尊水平。

为了进一步明确依恋内部工作模式的性质及本质，研究者从多种理论视角对其进行了深入阐释。事件表征理论和事件图式理论认为，个体记忆中的经历和体验是形成事件表征和事件图式的基础。这些事件表征和事件图式不仅会影响个体对新事件或新刺激的感知与获取，而且会影响个体对新事件或新刺激的编码和加工，甚至决定了个体对这一事件或刺激的情感及行为反应（Bretherton，1988）。因此，依恋的内部工作模式与事件表征及事件图式具有相同的认知结构。关系图式理论和摹本理论认为，在个体的认知结构中，个体关系状态模式的规律是以摹本或关系图式的形式存在的，即个体的人际关系模式是由一系列条件推理（如果……那么……）形成的人际关系的摹本或关系图式构成的，主要包括自我图式和他人图式两种成分。这种关系摹本或图式以认知结构的形式贮存于个体记忆中，影响个体对新信息的感知与理解（Baldwin，1992）。依恋的内部工作模式与关系图式和摹本理论相似，内部工作模式是由个体与依恋对象在互动过程中形成的一系列"可执行"模板构成的，它是个体早期与主要看护人在互动过程中形成的关系模式的表征，且这种表征具有自动化和无意识的特点。Bowlby也认为，内部工作模式是一种针对社会交往信息的无意识过滤器，这种过滤器不仅会影响个体人际关系和相关社交经验的建立，还会影响个体对自我的理解和认识（Bowlby，1969）。

依恋内部工作模式的结构是复杂的，它会受到依恋内容的抽象程度的影响。根据抽象程度的不同，研究者将依恋内部工作模式的结构分为"以亲子依恋关系为模板的一般化工作模式""具有关系特异性的工作模式"以及"具有普遍性的多维多层工作模式"。其中，"以亲子依恋关系为模板的一般化工作模式"是指，个体早期经验形成的依恋工作模式随着个体抽象认知能力的发展而逐渐丰富和细化并纳入高级认知过程形成的一般化的内部工作模式（Bretherton，1988）。研究者认为，亲子依恋的内部工作模式仅仅是建立在亲子互动经验上的，即看护者是否及时满足了幼儿或儿童的需要。随着个体的成长，个体会把更加详细、精确的人际互动信息纳入个体的依恋内部工作模式中，形成更高一级的抽象认知结构，即一般化的内部工作模式（Bretherton，1988）。"具有关系特异性的工作模式"是指个体在特定的人际互动（同伴关系、婚恋关系）中形成的内部工作模式（Gorrese 和 Ruggieri，2012；Hazan 和 Shaver，1987），如基于同伴依恋的内部工作模式和基于成人依恋关系的内部工作模式。值得注意的是，与亲子依恋的内部工作模式不同，基于同伴依恋和成人依恋的依恋行为系统具有一定的交互性，即个体不能仅仅做"依恋主体"，还要做"依恋对象"，且个体在同伴交往和婚恋关系中的角色会随着交往情景的变化而发生转换。换言之，当同伴或恋人感受到压力或威胁而向个体寻求情感安慰和帮助时，个体将充当"依恋对象"；反之，个体便是"依恋主体"。此外，与亲子依恋的内部工作模式相比，同伴依恋和成人依恋的内部工作模式往往会包含更多的机能，如同伴友谊和共享经历、体验等（王争艳等，2005）。随着研究的不断深化，研究者认为，"以亲子依恋关系为模板的一般化工作模式"和"具有关系特异性的工作模式"并不是相对独立的，依恋的内部工作模式是具有多个维度、多个层次的认知或情感结构（Collins 和 Allard，2004）。其中，概括水平较低的工作模型处于最底层，如亲子依恋和成人依恋；而概括水平较高的工作模式处于最高层，即在依恋经验的基础上形成的抽象规则或假设（Pietromonaco 和 Barrett，2000）。不同层级的依恋内部工作模式之间存在着相关关系，且个体的依恋风格并不是单一的，而是在不同的人际关系中表现出不同的依恋风格，但个体也会存在一种普遍的依恋风格，同时存在于多种人际关系中（Baldwin 等，1996）。

（二）依恋内部工作模式的启动效应

依恋理论认为，依恋实质上是一种以"趋近依恋对象，避免与其分离"为目标的动机系统，即依恋系统。当个体的心理或生理受到威胁时，该系统就会被自动激活（Bowlby，1969）。社会认知理论认为，在依恋系统中，危险信号、个体的需要和目标以及相应的行为倾向均是以图式和表征的形式贮存于记忆中的。随着个体心理的发展成熟，个体的依恋系统可以被与危险相关的内在表征激活，而无须亲身体验危险。同时，积极的刺激，如"我妈妈喜欢我""母亲怀抱婴儿的温馨画面"也会激活个体对依恋对象的亲近感（Baldwin 等，1993）。根据这一观点，依恋模式中的两种成分均可以通过启动效应的实验技术激活。当依恋对象表征被激活时，个体依恋内部工作模式中的他人模式就会被激活，个体会自动地对他人可得性做出判断。同时，自我模式也会随着他人模式的激活而活跃，即个体对自身是否值得被关爱做出无意识的判断。实证研究也表明，当让被试想象自己的恋人离开时，被试的焦虑、愤怒、悲伤等情绪就会被激活，并伴随着相应的生理反应；相反，亲子互动的温馨画面也会唤起被试的积极情绪（Mikulincer 等，2002）。

此外，研究者认为，个体的依恋类型并不是绝对稳定的，它会受到新的关系、情境及社交经验的影响（Sibley 和 Overall，2010）。积极的关系状态、互动情境或社交经验能够重塑个体的依恋行为系统，使个体形成安全性依恋；而消极的关系状态、互动情境或社交经验则会对已有的安全型依恋行为系统造成威胁，并使个体形成非安全型依恋。在这一观点的基础上，研究者对依恋的启动效应展开了一系列研究。

根据启动效应的实验技术不同，依恋的启动效应主要可以分为单词启动、句子启动、依恋对象的名字启动和图片启动四种。单词启动效应是指以单词（心理威胁词和中性词）为启动材料，让被试完成后续的 Stroop 任务或词汇抉择任务。其特点在于，不同的被试在接受不同的启动词汇后会产生多种启动效应。关于单词启动效应的研究表明，心理威胁词汇能够增加依恋对象心理表征的易接近性（Mikulincer 等，2002；侯静，2008）。句子启动效应是指描述依恋情境相关的句子（如我的妈妈拒绝我）所引起的依恋启动效应。关于句子启动效应的研究表明，个体在依恋工具（如成人依恋访谈，Adult Attaehlnent Interview，AAI）上的得分会受到依恋启动的影响。随着依恋启动效应研究的不断增多，依恋对象的名字、与依恋情境相关的图片对个体依恋的启动效应也得到了研究者的关注。研究发现，以依恋对象的名字为启动材料会增加个体的自我表露意愿和支持寻求倾向，且能够提高个体对"与安全相关的目标词"的识别速度（Gillath 等，2006）。以依恋情境图片为材料的依恋启动主要可分为依恋威胁情境启动和依恋安全情境启动两种。其中，依恋威胁情境启动是指个体的依恋系统被依恋威胁情境相关的刺激激活的现象，它能够唤起个体的焦虑不安等消极情绪，并会对个体的认知功能产生消极影响（Crisp 等，2009）。依恋安全情境启动是指个体的安全感因依恋对象的心理表征被激活而提升的现象，它能够唤起个体的积极情绪，并对个体的认知功能产生积极影响（Mikulincer 和 Shaver，2007）。

第二节 依恋研究的发展

马克思认为，人是一切社会关系的总和，社会性是人的本质属性（马克思、恩格斯，1992）。人类生理及心理的发展离不开其所处的人际社会环境（侯静，2008）。为了揭示人际关系对个体心理发展的影响及其作用机制，研究者以人际关系的复杂性为标准，将人际关系分为一对一的人际关系和一对多的社会关系网络两种，并在此基础上提出了相应的依恋理论和社会关系网络理论。其中，依恋理论最为研究者所重视，它阐述了个体依恋关系的来源及其本质，并用依恋的内部工作模式理论解释了早期依恋关系对个体后期人际关系及心理社会适应发展的影响机制（马原啸等，2016；王争艳等，2005）。依恋理论是一个具有极强生命力的理论，在对亲子依恋进行深入研究的基础上，研究者也对其他人际交往情景中的依恋关系进行了研究，如同伴依恋、成人依恋等（钟歆等，2014；周春燕、黄希庭，2004）。此外，随着依恋研究的不断扩展，依恋理论逐渐被用于解释人与其他事物之间的关系，主要有宠物依恋（Johnson 等，1992）、物品依恋（Litt，1986）、地方依恋（Hidalgo 和 Hernández，2001）以及品牌依恋（Park 等，2010）。本节通过对"人与人之间的依恋关系"（亲子依恋、同伴依恋、成人依恋）和"人与其他事物之间的依恋关系"（宠物依恋、物品依恋、地方依恋、品牌依恋）进行详细介绍，以此梳理依恋研究的发展脉络，为在移动互联网时代背景下引入人与手机的依恋关系奠定前期的研究基础。

一 人与人之间的依恋关系

根据个体发展阶段的不同，人与人之间的依恋关系主要可以分为亲子依恋、同伴依恋以及成人依恋三种。

（一）亲子依恋

亲子依恋是在幼儿"客体永久性"形成的基础上逐渐发展起来的，它是幼儿在与其父母（主要是母亲）进行社会互动的过程中逐渐形成的一种情感或认知联结，主要表现为幼儿希望亲近母亲，避免与母亲分离的倾向（Bowlby，1969）。

亲子依恋的形成与发展对儿童的心理社会适应具有重要影响。因此，研究者从不同的理论视角对亲子依恋形成的基础进行了探讨。第一，Bowlby（1969）的依恋理论认为，依恋是一种需要和目标的平衡系统。安全需要是幼儿最根本的需要，获得安全感是幼儿的主要目标。当幼儿在特定的对象那里获得安全需要的满足后，依恋系统就会出现一种内平衡的状态，即相对安逸、舒适且有利于生存发展的和谐状态。当依恋对象能够随时满足幼儿的安全需要，使其依恋系统长期处于"内平衡状态"时，个体就会形成安全型情感联结；否则，幼儿会形成不安全的情感联结。因此，幼儿"安全需要"的满足是亲子依恋形成的基础。这一观点与精神分析理论对亲子依恋形成基础的论述相似，也得到了著名的"恒河猴"实验的证实。研究者以幼年恒河猴为研究对象，将其分为两组，分别放进两个房间，每个房间中均有两只铁丝制成的"母猴"，其中一只铁丝母猴包裹着绒布，另一只则没有。不同的是，在房间 A 中，"铁丝母猴"身上装备了奶瓶，而"绒布母猴"没有奶瓶；房间 B 中则正好相反，即"绒布母猴"身上装备了奶瓶，而"铁丝母猴"没有奶瓶。结果发现，在两个房间中，幼猴与"绒布母猴"待在一起的时间均更长。这一结果表明，决定幼猴和母猴之间形成依恋关系的因素不是"奶水"，而是柔软、舒适的触感带来的安全感。

第二，社会学习理论认为，强化是亲子依恋形成与发展的主要机制。具体而言，由于母亲是满足幼儿生理需要的主体，母亲及母亲的表情、行为在重复满足幼儿生理需要的构成中，逐渐拥有了"二级强化物"的功能，即母亲及母亲的表情、行为在一定程度上预示着幼儿生理需要的满足，这使得幼儿与母亲之间形成了一种特殊的情感联结。例如，当婴儿发出饥饿的信号时，母亲一边说"妈妈来了，妈妈喂宝宝"，一边将婴儿抱起，然后开始哺乳，此时婴儿得到满足。久而久之，婴儿便会将母亲的声音及动作与饱腹带来的满足感联系起来，并因此对母亲产生情感上的依恋。同时，社会学习理论也对母亲或其他看护者对婴儿的情感依恋进行了阐释。该理论认为，母亲或看护者对婴儿的情感依恋起源于婴儿在生理或心理需要得到满足后产生的积极反应，如微笑等。这种积极的情绪反应能够作为一种精神强化物强化母亲或其他看护者的养育行为，并使母亲或看护者产生积极的养育体验，进而诱发母亲或看护者对婴儿的情感依恋。

第三，习性学理论认为，依恋实质上是一种先天带来的本能反应，是人类在漫长的进化过程中逐渐形成的一种生存适应机制，其目的在于使幼儿获得安全感并适应生存环境。习性学理论起源于洛伦兹（Konrad Lorenz）对刚出生的小鹅对移动物体的尾随行为的观察。洛伦兹将这种"尾随行为"称为"印刻"，并指出，印刻具有自动化、关键期和不可逆转三个特点。自动化是指"尾随行为"是与生俱来的，不需要学习；关键期是指"尾随行为"只出现在出生后的短暂的关键期中；不可逆转是指尾随行为的目标往往是固定的。洛伦兹认为，这种尾随行为是一种适应性反应，具有本能适应的特征，它能够促进幼鸟对母亲的依恋，并因此提升幼鸟生存的可能性。基于此，洛伦兹也从习性学的理论视角对人类依恋关系的起源进行了阐释。他认为，婴儿的某些特征也具有生存适应性，并提出了"丘比特娃娃效应"，即婴儿的丘比特外表（圆圆的脸蛋，肉嘟嘟、滑嫩嫩的身体，奶声奶气的声音）促使母亲或其他看护者认为他们是可爱的，并因此对他们产生情感上的依恋。除此之外，婴儿的一系列反射行为，如觅食反射、吮吸反射、抓握反射，也会引起母亲或其他看护者对他们的怜爱，并因此促进母亲或其他看护者对他们的情感依恋。

第四，依恋的认知理论认为，认知能力（如"观察力""客体永久性""辨别能力""记忆能力"）的发展是依恋形成与发展的前提和基础。具体而言，"客体永久性"和"辨别力"是依恋关系形成的基础，即只有获得了客体永久性，幼儿才会在母亲离开时产生分离焦虑等消极情绪；只有获得了"辨别力"，儿童才会对不同的人做出不同的反应，进而对特定的对象产生依恋。虽然，不同的理论从不同的视角对依恋的形成与发展基础进行了合理解释，但目前研究者普遍认为，依恋的习性学理论是相对系统、完善的。

（二）同伴依恋

同伴依恋是青少年在与同龄人交往的过程中，经过长期的言语交流、行为互动建立起来的情感联结，它以满足双方亲密感需要、给予双方温暖和支持为特征，对青少年的情绪健康、人格完善以及心理社会适应均具有积极作用（Gorrese 和 Ruggieri，2012；连帅磊等，2016）。Ainsworth 指出亲密感寻求（proximity seeking）、安全基地行为（secure base behavior）、避风港行为（safe haven behavior）以及分离焦虑（separation distress）是依恋区别于其他社会关系的关键特征（Ainsworth，1989）。其中，亲密感寻求是指个体试图亲近依恋关系的另一方，并从中获得亲密感的行为倾向；安全基地行为是指当依恋关系中的另一方在场时，个体更加积极地探索外部世界的行为；避风港行为是指在遇到困难或消极情绪时，个体向依恋关系的另一方寻求情感支持和安慰的行为倾向；分离焦虑是指当个体与依恋关系中的另一方分开时，个体会体验到焦虑、不安等消极情绪。基于此，研究者认为，只要某一社会关系满足上述依恋关系所具备的四种必要特征，就可以称该社会关系为依恋关系。

根据这一观点，研究者对同伴互动过程进行了深入分析，并指出，同伴之间如果具备了上述依恋关系的特征即可称为同伴依恋。从"亲密感寻求"的角度来看，随着社会性的发展，尤其是进入青春期以后，青少年逐渐脱离父母，走向同伴，同伴逐渐成为青少年人际交往的主要对象，同伴关系也逐渐成为青少年获取情感支持或亲密感的主要源泉。因此，同伴关系具有"亲密感寻求"特征。从"安全基地行为"来看，随着同伴关系的建立与发展，同伴逐渐成为个体获取安全感的重要来源，同伴的鼓励和帮助更是促进青少年积极探索外部世界的重要因素。当遇到困难或陌生情境时，同伴在场会促进个体更加积极主动地解决问题。即使同伴不在场，同伴的支持和鼓励也会促使个体勇于面对困难和挑战。因此，同伴关系也具有"安全基地行为"特征。从"避风港行为"来看，随着个体进入青春期，个体身心状态的急剧变化所带来的各种成长危机成为青少年面临的共同问题。当遇到困扰或消极生活事件时，青少年更倾向于向同伴求助，以获取更加直接、有效的情感支持或心理安慰。因此，同伴交往也具有"避风港行为"特征。从"分离焦虑"来看，随着同伴关系的不断发展，同伴之间的情感联结不断加强，当个体因某种原因不得不与同伴分离时，个体会体验到离别的痛苦。因此，同伴关系也具有"分离焦虑"特征。综上，同伴关系在一定意义上也属于依恋关系的一种。

与亲子依恋相同，同伴依恋具有强大的社会适应功能，对青少年的社会性发展具有重要意义。首先，良好的同伴关系有助于提高个体的人际适应能力。琚晓燕等（2011）的研究发现，良好的同伴依恋不仅能够直接提升个体的人际适应能力，而且有助于个体获得自我价值感，形成积极的自我概念（高自尊），并因此促进个体的人际适应健康发展。张国华等（2009）的研究也认为，良好的同伴依恋能够促进个体通过网络扩展自己的人际关系网，使个体获得更多社会支持资源，而同伴依恋关系不良的个体则可以通过网络社交与他人建立良好的人际关系，以弥补线下社会支持资源的不足。其次，良好的同伴关系具有一定的情绪适应功能。连帅磊等（2016）的研究发现，良好的同伴关系不仅能够直接缓解青少年的抑郁情绪，而且能够通过提升青少年的社会支持和自尊水平来降低个体抑郁情绪产生的可能性，促进青少年的情绪健康发展。最后，良好的同伴依恋有助于个体的行为适应。良好的同伴依恋不仅能够减少青少年的越轨行为，而且能够促进个体亲社会行为的发展（钟歆等，2014）。

（三）成人依恋

与同伴依恋相同，成人依恋也是在亲子依恋的基础上发展起来的。换言之，成人依恋是亲子依恋的内部工作模式在婚恋关系中的发展与演变。Hazan 和 Shaver（1987）在其著作中首次指出，婚恋关系也是依恋关系中的一种。他们认为，婚恋关系包含了依恋关系的四种特征，即亲密感寻求（proximity seeking）、安全基地行为（secure base behavior）、避风港行为（safe haven behavior）以及分离焦虑（separation distress）。由于研究视角不同，不同的心理学取向对成人依恋的理解也不尽相同。发展临床学取向（又称核心家庭取向）认为，成人在对早期经验进行回顾的基础上，会对这些早期经验对其心理社会适应功能的影响进行评价，并因此形成一种相对稳定的心理状态（state of mind），这种心理状态被称为成人依恋的内在心理表征（Main 等，1985）。社会人格心理学取向（又称同伴—恋人取向）认为，成人依恋是在亲子依恋内部工作模式的基础上，个体在人际互动中建立的一种"认知—情感—动机模型"，它会影响个体的行为以及个体对伴侣行为的解释（Bretherton 和 Munholland，2008）。我国学者吴薇莉和方莉（2004）认为，成人依恋是个体对早期依恋经验的回忆、再现及评价，它会对个体亲密关系的建立和发展以及个体的心理社会适应产生重要影响。

综上，同伴依恋和成人依恋是在亲子依恋的基础上发展起来的，但又不同于亲子依恋。亲子依恋的内部工作模式为同伴依恋、成人依恋的发展奠定了基础。个体在亲子互动中形成的自我表征和他人表征会影响个体对同伴、伴侣行为的感知与理解，进而影响个体同伴依恋及成人依恋内部工作模式的形成（Gorrese 和 Ruggieri，2012；Hazan 和 Shaver，1987；王争艳等，2005）。例如，在亲子依恋中形成消极自我表征的个体在同伴依恋或成人依恋中也会对自己持有消极的评价，认为自己是不值得被关爱的，从而怀疑同伴或恋人对自己的支持性回应的可靠程度。而在亲子依恋中形成消极他人表征的个体在同伴依恋或成人依恋中也会对他人持有消极的评价，认为他人都是不可靠的、不值得信赖的，并因此无法彻底融入同伴依恋或成人依恋关系中，进而感知到较差的依恋关系质量。

值得注意的是，与亲子依恋不同，同伴依恋和成人依恋中依恋关系双方的地位是对等的，即个体既要扮演依恋对象的角色，也要扮演依恋主体的角色。换言之，个体不仅具有向同伴或伴侣寻求社会支持、情感安慰的权利，而且也承担了为伴侣提供情感支持、安慰、安全感的责任与义务（Gorrese 和 Ruggieri，2012；Hazan 和 Shaver，1987）。此外，与亲子依恋和成人依恋这种一对一的依恋关系不同，同伴依恋可以是一对多的，即个体在同伴交往过程中能够与多个同伴建立依恋关系（钟歆等，2014）。

二 人与其他事物之间的依恋关系

根据依恋对象的不同，人与其他事物之间的依恋关系主要包含宠物依恋、物品依恋、地方依恋以及品牌依恋。

（一）宠物依恋

在人类的进化过程中，随着人类文明的发展，人与动物的关系从最初的狩猎关系，逐渐发展到驯化、圈养关系，且日益密切、和谐。宠物，正是在这种背景下逐渐产生的。宠物又被称为伴侣动物，是指人类为了获得精神上的满足而豢养的动物，它不仅不会对人类的生存产生威胁，而且能够与人类和谐相处（程艳丽，2016）。

作为人类生活的伴侣动物，宠物对人类心理及社会适应的发展具有重要影响。它不仅能够对个体的身心健康产生积极影响，而且能够对个体的人格发展产生重要影响。首先，从身体健康的角度来看，宠物不仅有助于特殊病患（如老年痴呆等）迅速康复（Friedmann 等，2015），而且个体在与宠物互动的过程中，大脑会分泌某种激素，促进个体身体放松，并增强个体的免疫力（Charnetski 等，2004）。其次，从心理健康的角度来看，个体能够在饲养宠物的过程中获得心理上的支持或安慰，缓解个体的焦虑、孤独、抑郁等消极情绪，提升个体的自尊水平及幸福感（张茂杨等，2015）。最后，有研究发现，饲养宠物也会对个体的人格发展产生一定的影响，如使个体更具责任感，更加外向等（Mcconnell 等，2011）。在探讨饲养宠物对人类身心健康影响的基础上，研究者重点考察了宠物在个体情感需要满足、安全感获得中的作用。研究发现，宠物不仅有助于个体情感需要的满足（Albert 和 Bulcroft，1987），而且有利于个体获得心理安全感，促进个体的心理及社会适应（Bryant，1990；Calvert，1989）。基于此，研究者提出了宠物依恋这一概念。

宠物依恋是指宠物主人在与其饲养的伴侣动物进行互动的过程中，逐渐形成的一种亲密而持久的心理及情感联结（Johnson 等，1992）。在对宠物依恋进行概念界定的基础上，不同的研究者从不同的视角对宠物依恋的测量进行了探讨。目前，国内外学者广泛认可并使用的测量工具是美国学者 Johnson 等（1992）编制的宠物依恋量表（Lexington Attachment to Pets Scale，LAPS）。该量表分为一般依恋、人际替代、宠物地位三个维度，共 23 个项目，所有项目均采用 0—3 四级评分。我国学者郑日昌等（2005）对该问卷进行了汉化研究（见表 1－1）。其中，一般依恋维度包括第 10、11、12、13、15、17、18、19、21、22、23 题；人际替代维度包括第 1、2、4、5、6、7、9 题；宠物地位维度包括第 3、8、14、16、20 题。

表 1－1　宠物依恋量表（Lexington Attachment to Pets Scale，LAPS）

题目	题号	非常不同意	比较不同意	比较同意	非常同意
1	对我来说，我的宠物比我任何的朋友都要重要。	1	2	3	4
2	我信赖我的宠物，常常会和它分享我的小秘密。	1	2	3	4
3	我认为宠物应该享有和家庭成员同样的权利和特权。	1	2	3	4
4	我认为我的宠物是我最好的朋友。	1	2	3	4
5	通常，别人怎样对待我的宠物会影响我对他们的印象。	1	2	3	4
6	我爱我的宠物，因为它比我生活中的大多数人对我更忠诚。	1	2	3	4
7	我喜爱向他人展示自己宠物的相片。	1	2	3	4
8	我觉着我的宠物仅仅是宠物罢了。	1	2	3	4
9	我爱自己的宠物是因为它从来不会评判我。	1	2	3	4
10	当我难过的时候我的宠物是知道的。	1	2	3	4
11	我经常向别人谈起自己的宠物。	1	2	3	4
12	我的宠物理解我。	1	2	3	4
13	我认为爱自己的宠物可以让我保持健康。	1	2	3	4
14	宠物应该和人一样受到尊重。	1	2	3	4
15	我和我的宠物关系很亲密。	1	2	3	4
16	我会尽全力照顾我的宠物。	1	2	3	4
17	我常和自己的宠物玩耍。	1	2	3	4
18	我认为我的宠物是一个很好的同伴。	1	2	3	4
19	我的宠物让我觉得开心。	1	2	3	4

续表

题目	题号	非常不同意	比较不同意	比较同意	非常同意
20	我觉得我的宠物是家庭的一部分。	1	2	3	4
21	我不是很依恋我的宠物。	1	2	3	4
22	拥有一只宠物增加了我的幸福感。	1	2	3	4
23	我把自己的宠物当成朋友。	1	2	3	4

（二）物品依恋

Donald Winicott 于 1953 年首次从客体理论的视角对儿童与外部客体（如毛绒玩具、毛毯、布娃娃等）的关系进行了探讨。他认为，儿童感知到的内部现实和外部现实之间存在一个中间领域，即"过渡物"（Transitional Object，T. O.）或"过渡现象"（Transitional Phenomena）。这两个概念的提出不仅为研究者更加精确地剖析物品依恋现象奠定了基础，而且为客体理论的发展做出了重要贡献（杨丽玲，2010）。在不断探索外界事物的过程中，儿童逐渐会对某些软质物品产生偏好，表现为"爱不释手"或"恋恋不舍"，这是除亲子依恋外儿童与物品之间形成的一种新的依恋现象，即"过渡物"依恋（Litt，1986；李晓文，1991）。

在对"过渡物"依恋进行概念界定的基础上，研究者对"过渡物"依恋产生的基础及其对儿童心理发展的意义进行了深入探讨。第一，"过渡物"依恋是个体独立性发展的重要基础。"过渡物"是母亲的"替代品"，当母亲离开时，"过渡物"能够被儿童赋予母亲的意义，使儿童感知到其与母亲的联结，缓解其焦虑情绪，促进其独立探索世界。因此，"过渡物"依恋有助于儿童独立意识的发展（Winnicott，1953）。Donald Winicott 也认为，"过渡物"依恋是个体自我意识萌芽和自我概念发展的一个重要阶段，儿童将自身区别于外部世界的自我感就是在这一阶段产生的。他还指出，良好的亲子关系是儿童将母亲的抚慰特征迁移到特定物品上，并因此产生自我抚慰能力的基础（杨丽玲，2010）。第二，"过渡物"依恋是自我意识发展的表现。研究者认为，儿童对皮肤或身体接触外部事物的体验的需要或用身体体验外部事物的本能是儿童对"过渡物"爱不释手或恋恋不舍的重要原因（Brody，1980）。第三，"过渡物"依恋有助于个体心理组织能力的发展。研究者认为，"过渡物"依恋的形成与发展是建立在儿童赋予特定物品以母亲特征的能力基础之上的。在这一过程中，"过渡物"不仅是个体心理组织（想象、象征、替代和置换等）的媒介，而且成了"准唤起性刺激"，这促进了儿童唤醒性记忆的发展（Metcalf 和 Spitz，1978）。且有研究者指出，"客观现实"和"主观现实"之间的领域是"过渡物"依恋产生的基础，而创造性活动的基础即是处理"客观现实"和"主观想象"之间的领域。因此，"过渡物"依恋是个体创造性活动能力发展的原型（Miller，1978）。第四，"过渡物"依恋的发展与个体认知能力的发展是相辅相成的。正如客体永久性是亲子依恋形成的基础一样，客体永久性也是儿童"过渡物"依恋产生的基础（Litt，1986）。且有研究认为，"过渡物"依恋与儿童的再认、回忆及有意记忆能力的发展相辅相成（Kagan，1982）。

　　随着年龄的增长，个体的"过渡物"依恋并不会消失，而是以另一种形式存在，即"物品依恋"（Wallendorf 和 Arnould，1988）。物品依恋是个体与所有物之间所形成的一种心理或情感联结，成人的物品依恋是建立在自我延伸的基础上的。研究者从不同的理论视角对物品依恋进行了解释。自我延伸理论（Self-Extended Teory）认为，无论个体是否意识到、是有意或无意，所有物都会成为个体自我的延伸（Belk，1988）。当个体具备支配某一物品的权利时，该物品就会被视为个体"自我"的一部分；当个体失去该物品时，个体的"自我"也会受到损失（Belk，1988）。例如，当其他人把我们的水杯损坏时，即使他人赔偿我们一个一模一样的水杯，我们依然会觉得不舒服，这是因为被损坏的水杯作为我们自我的延伸被我们赋予了超出水杯价值之外的认知或情感意义。自我扩展理论（Self-Expansion Teory）认为，物品依恋也是个体将所有物纳入自我概念的结果，即个体将物品的性质、特征及功能等属性纳入自我概念，并因此对其产生依恋（Razmus 等，2017）。例如，当我们对我们的汽车产生依恋时，我们会将汽车所具有的性能等其他重要特征（如汽车的档次）纳入我们的自我概念，致使拥有豪车的我们自己也认为我们的社会地位更高。此外，传统的依恋理论也认为，当个体亲近抚养者的需要得不到满足时，个体会采取次要依恋策略，即寻求与其他潜在依恋对象的接近，如兄弟姐妹、老师、治疗师，甚至是非生命物体等，以获得心理需要的满足（Ainsworth，1989；Cassidy 和 Kobak，1988）。研究表明，无生命的物体同样可以被个体视为安全基地，并因此对其产生依恋（Litt，1986）。例如，儿童会对婴儿期陪伴自己的布娃娃、毛绒毯子产生强烈的情感依恋，即使布娃娃、毛绒毯子已经非常陈旧，儿童依然会随身携带；即使是在外出旅行时，也必须将其作为随行物品带在身边，因为有儿童离开婴儿期陪伴自己的布娃娃和毛绒毯子便无法入睡。

（三）地方依恋

地方依恋是指个体与地方之间形成的一种联系，突出了人们因感到舒适和安全而不愿离开某地的心理状态，这种联系包含情感（情绪、感觉）、认知（思想、知识、信仰）和行为三种因素，其中情感因素是地方依恋的核心成分（Hidalgo 和 Hernández，2001；吴丽敏等，2015）。具体而言，地方依恋的情感成分主要包括：（1）由于长期居住于某地，个体会对该地形成一种"内部人士"的感觉，例如，"我是洛阳人"等以所在地区标定身份；（2）该地方能够让个体感到舒适，且能够满足个体的安全感，例如，"月是故乡明"所传达的诗人对故乡的深厚情感；（3）个体认为该地方能够更好地满足个体达成目标的条件，例如，"我是中国人，我骄傲"；（4）该地方能够满足个体休闲及亲近自然的需要（吴丽敏等，2015）。地方依恋的认知成分包括：（1）个体对地方的态度和判断，例如"月是故乡明"；（2）个体对地方的信仰、价值观；（3）在个体心目中地方的象征意义（Hidalgo 和 Hernández，2001）。地方依恋中的行为成分主要是个体接近该地方、不愿离去的行为倾向（Kyle 等，2004）。

地方依恋的概念结构也得到了诸多研究者的关注，且不同的研究者对地方依恋概念的维度划分也存在差异。持二维结构观点的研究者认为，地方依恋主要包括地方依赖和地方认同。其中，地方依赖强调人们对地方功能（如满足安全需要、休闲需要等功能）的依赖；地方认同强调人们在情感上对地方的认同，即感觉自身是地方的"内部人士"（Williams 等，1992）。持三维结构观点的研究者对三个维度的划分也不一致。有研究者认为，地方依恋包括地方依赖、地方认同以及生活方式三个维度（Bricker 和 Kerstetter，2000）；另外一些研究者认为，地方依恋包括地方依赖、地方认同以及社会联系三种成分（Kyle 等，2005）；还有研究者认为，地方依恋主要包括"人""心理过程"以及"地方"三个维度。其中，"人"包括个体和集体；"地方"主要是指地方的特点；"心理过程"则包括"人"对地方所持有的情感、认知及行为（Scannell 和 Gifford，2010）。持五维结构观点的研究者认为，地方依恋包括爱（love）、悲伤（grief）、快乐（pleasure）、安全（security）、认同（identity）五个维度（Morgan，2010）。

在对地方依恋的概念维度及测量方法进行研究的基础上，研究者认为，地方依恋的强度存在个体差异。持强度阶段性观点的研究者认为，地方依恋的强度从低到高可以分为熟悉感（familiarity）、归属感（belonging）、认同感（identity）、依赖感（dependence）以及根深蒂固感（rootedness）五种等级（Hammitt 和 Stewart，1996）。个体首先要通过长期在某地生活充分了解一个地方并产生熟悉的感觉，然后才会对这个地方产生情感上的归属感。在建立稳固的归属感后个体才会对这个地方形成强烈的认同感，在言行上维护这个地方。而强烈的认同又是个体对一个地方产生"非你不可"的依赖感的基础。持该观点的研究者还认为，地方依恋的强度是连续的，且个体地方依恋的强度是处于不断变化中的（Morgan，2010）。同时，个体对地方依恋的产生是潜移默化、循序渐进的，并不是从一个阶段步入更高的阶段。

（四）品牌依恋

随着商品经济的发展，人们与品牌的关系逐渐成为企业或营销学者关注的焦点，且成为关系营销理论探讨的核心问题。关系营销理论认为，人与企业或品牌之间长期而稳定的关系是开展营销活动、建设企业品牌的重要基础。因此，研究者借鉴起源于发展心理学的依恋理论对人与品牌之间关系的本质进行了深入探讨，并提出了品牌依恋这一概念。品牌依恋（Brand Attachment）是指消费者与品牌之间建立起来的一种认知和情感联结（姜岩、董大海，2008），它是一种基于关系过程的心理构念，对揭示较高层级的特定消费行为产生的心理机制具有重要意义（C. W. Park 等，2006）。

虽然研究者在探讨消费者与品牌之间的关系时采用了品牌依恋这一概念，但不同的研究者对品牌依恋的概念定义存在差异。Thach 和 Olsen（2006）认为，品牌依恋是单维结构，其实质是消费者与品牌之间形成的一种情感联系。Park，Macinnis 和 Priester（2006）认为，品牌依恋是消费者与品牌之间认知和情感联结的强度，其包含两个维度，即品牌—自我关联性和认知及情感联结强度。Thomson，Macinnis 和 Whan Park（2005）认为，品牌依恋是消费者与品牌之间形成的一种富有情感的纽带关系，其包含关联、热情和情感三个维度。Mcewen（2005）认为，品牌依恋是一种在消费者与品牌之间形成的综合性的情感联系，主要包含信心、诚实、自豪和热情四个维度。

在提出品牌依恋这一概念的同时，研究者对品牌依恋这一概念的理论基础进行了探讨，并指出，"依恋理论""品牌关系理论"以及"自我一致性理论"是品牌依恋的重要理论基础。如前文所述，依恋理论（Attachment Theory）最初探讨的是亲子之间的依恋关系（Bowlby，1969）。随着依恋现象研究的不断深入，依恋理论逐渐被用于解释人与物之间的关系（Schultz，1989）。在此基础上，营销学者对消费者与商品之间的关系进行了深入研究，发现依恋关系不仅存在于消费者与具体商品的关系中，而且存在于消费者与品牌的关系中，是影响营销关系中消费者品牌忠诚、购买行为的关键因素（Houston 和 Walker，1996；Thomson 等，2005）。品牌关系依恋理论（Brand Relationship）认为，品牌关系不仅包含消费者对品牌的态度和情感，也包含品牌对消费者的态度和情感，是品牌依恋建立或发展的重要影响因素，也会对企业的品牌建设和消费者的购买行为产生重要影响（Chang 和 Chieng，2010）。当品牌对消费者持积极的态度和情感时，品牌会为消费者提供高质量的产品和服务，促进消费者对品牌形成积极的态度和情感，进而建立良好的品牌依恋关系。当消费者对品牌持有积极的态度和情感时，消费者会通过言行维护品牌的形象并购买品牌产品，在促使品牌发展的更好的同时，也会对品牌产生高质量的认知及情感依恋。例如，青少年会在购买某品牌的鞋服后，在同伴群体中宣传该品牌的质量和性价比，并因此强化了其对品牌的积极态度和情感，进而促进其对品牌的认知及情感依恋。Fournier（1998）认为，品牌依恋是一种高级营销构念，并指出，消费者与强势品牌之间关系的核心是依恋感（feeling of attachment）。"自我一致性理论"认为，消费者的自我概念和品牌特性的吻合程度是品牌依恋形成的决定性因素。研究发现，消费者对与其自我概念相似的品牌的态度和情感更加积极，对这些品牌的依恋感也更加强烈（Aaker，1999；Sirgy，1982；张立荣等，2007）。例如，朴实、大方、低调的消费者往往会选择朴素无华、简单大方的鞋服款式，并与某个主打简约大方的品牌建立长期的消费关系。这种品牌构念和消费者自我概念的契合不仅会诱发消费者的购买行为，而且会促使消费者对品牌产生积极的认知及情感态度，建立并提升消费者对品牌的忠诚度，甚至会促使消费者对该品牌产生强烈的情感依恋。

第 二 章

手机使用与依恋

"人与自然（物）的关系问题""人与人的关系问题"以及"人与自己内心的关系问题"，作为人类面临的三大关系问题，一直是哲学家、思想家、教育家工作的焦点（Alitto，1986）。依恋理论以其强大的生命力对"人与自然（物）的关系问题"和"人与人的关系问题"做出了全面而深刻的回应。它不仅为我们全面而深刻地理解亲子关系、同伴关系以及伴侣关系的本质、内涵及适应功能奠定了重要基础，而且为我们理解人与其他事物（如宠物、物品、地方、品牌）之间的关系及适应机制提供了全新的视角。随着移动信息技术的发展，手机作为第三次科技革命的产物，已经成为"三大关系"的信息技术载体。首先，作为数字化时代最具代表性的信息化产品，手机已经成为人类工作、生活中不可或缺的随身物品。手机与人类的关系作为"人与自然（物）的关系"在移动信息技术时代新的表现形式已经成为信息技术、心理学等诸多研究领域关心的焦点问题。其次，手机作为信息化时代人们交流互动的重要工具，改变了人类的信息沟通或社会交往方式，已成为我们揭示信息技术生态环境中"人与人的关系问题"的重要载体。最后，随着移动信息技术的发展，手机以及以手机为接入设备的云存储空间或互联网空间逐渐成为"自我展示""自我表露"的理想空间，这使得以手机为接入设备的互联网空间成为"自我塑造""自我实验"的自由场所。个体不仅可以将这一"自由空间"作为一面镜子，将真实的自我映射到互联网空间，也可以将这一"自由空间"作为自我塑造的"实验室"，通过有选择性地发布相关信息塑造一个理想自我。无论个体在网络空间中建构的是真实自我还是理想自我，这都为我们重新认识并理解"人与自己内心的关系问题"创造了新的问题空间。

综上，人与手机的关系已经不仅是人与物品的关系，而是"三大关系"的集合体。鉴于依恋理论在揭示人与人、人与物品以及人与自己之间关系问题中所体现出的强大生命力，本章将在回顾依恋研究的基础上，对手机使用与依恋的关系进行阐释。本章第一节将对手机使用与个体之间的关系进行介绍，以期为揭示人与手机之间的依恋关系奠定现象学基础。第二节将对手机使用与人际依恋、物品依恋的关系进行介绍，以期为阐述人与手机之间的依恋关系奠定概念关系基础。第三节将对以往研究者阐释个体与手机之间关系的理论进行介绍，为揭示人与手机之间的依恋关系奠定理论基础。第四节将对现有研究中"手机依恋"的概念结构及测量方法进行梳理，以期为编制手机依恋问卷奠定理论基础。

第一节 手机使用与个体的关系

随着互联网的普及以及手机功能的多样化发展，手机与人们工作和生活的关系越来越密切，"机不离身"的手机使用习惯也日益普遍，"手机在个体心理发展中扮演何种角色""手机会对个体的身心健康产生怎样的影响"等问题逐渐成为移动互联网时代医学、社会学、心理学、认知神经科学等研究领域的焦点问题。不同领域的研究者从不同的视角对手机使用在个体生理健康、社会性发展及适应、认知、自我概念发展中的作用进行了探讨，并取得了一系列研究成果。

一　手机使用对个体生理健康的影响

手机使用对个体生理发展的影响主要体现在饮食、睡眠质量、视力、颈椎病、手部肌肉疼痛等方面。第一，有研究发现，长时间使用手机会影响个体的饮食习惯，增加个体肥胖的风险（Kenney 和 Gortmaker，2017）。这可能是因为长时间使用手机的个体往往会在吃饭的同时使用手机，这会降低其饱腹感的知觉，进而产生过度饮食，并导致肥胖。例如，目前一些青少年习惯于边吃饭边用手机追剧，或边追剧边吃零食。追剧带来的沉浸感会使其"食不甘味"，他们可能会因为味蕾体验未得到满足而选择吃刺激性的事物，致使味觉麻木而多吃，也可能会因为无法感受到饱腹感而多吃，进而导致肥胖。但也有研究认为，基于手机 App 的饮食管理不仅有助于个体养成健康的饮食习惯，提升个体的饮食健康水平，而且有利于个体与其他手机用户建立互助小组，促进饮食障碍的治疗与康复（Inauen 等，2017；Juarascio 等，2014）。

第二，手机使用会影响个体的睡眠习惯，导致个体睡眠时间不足，睡眠质量降低（刘庆奇等，2017）。手机已经成为移动互联网时代重要的"睡眠杀手"。首先，睡前手机使用会使个体沉浸于手机内容而忘却时间，导致晚睡，进而诱发睡眠时间不足。其次，睡前手机使用所引起的情绪波动不仅会增加个体的觉醒程度，而且会诱发情绪性失眠，并导致入睡困难等睡眠障碍；再次，睡前手机使用所诱发的强烈的情绪反应会导致个体产生情绪性梦境，甚至提高个体夜半惊醒的可能性，进而对其睡眠质量产生消极影响。最后，有研究表明，睡前手机使用不仅会影响大脑的血液流动及机能代谢，而且会抑制与睡眠相关的褪黑素的分泌，并因此导致睡眠障碍（Kwon 等，2011；Shrivastava 和 Saxena，2014）。

第三，研究者发现，当个体在执行任务时使用手机会降低个体的手眼协调能力，这可能是手机使用导致交通事故的主要原因（Gawit 等，2017）。例如，一边开车一边打电话或刷短视频，不仅会阻碍司机将注意力集中在路况上，而且会降低司机应对突发路况时的肢体反应速度，并因此酿成交通事故。此外，长时间地使用手机不仅会导致视疲劳，而且会诱发结膜炎等眼部疾病（王益蓉，2017）。且有研究表明，使用手机不仅会导致个体的眨眼频率及泪膜稳定性降低，而且会引起瞬目间隔期暴露的眼表面积增大且瞬目减少，泪液蒸发加速，眼睛泪腺分泌泪液功能下降，并因此导致眼睛干涩、发痒、灼痛、畏光等"干眼病"症状（Moon 等，2016；王益蓉，2017）。

第四，手机使用也是移动互联网时代个体颈椎病发作的重要原因。研究发现，手机使用会改变人们的颈部姿势，尤其是在低头玩手机的时候，颈部前倾会导致颈椎变形（Kim，2015）。且有研究表明，人们在使用手机时颈椎弯曲的角度会增加颈部上斜方肌肌肉疲劳的可能性（Lee 等，2015），甚至会导致颈椎病（Seidel，2015）。

第五，长期的手机使用也会导致个体手腕劳损，出现手麻、手部无力等症状。Lee 等（2015）采用肌电图（EMG）对两种手机使用状态（单手操作和双手操作）中被试的上斜方肌、拇长伸肌和拇展肌的肌肉活动进行了记录。结果显示，与双手操作手机相比，单手操作手机的被试的上斜方肌、拇长伸肌和拇展肌的肌肉活动更加活跃；使用手机（尤其是单手操作手机）后，上斜方肌的压力诱导痛觉阈限降低，上斜方肌的疼痛增加。

第六，有研究发现，基于手机的运动监控 App 能够对个体的运动量进行监控，并促进个体改善日常生活习惯，保持科学规律的运动锻炼强度，这对于个体维持、改善身体健康具有积极意义（Kirwan 等，2012）。

综上，虽然基于手机的运动监控 App 和饮食管理能够对个体的身体健康产生积极影响，但"机不离身"或长时间的手机使用习惯也会对个体的身体健康产生严重的消极影响。因此，为了使手机服务于个体的身体健康，个体应该有意识地控制手机使用时间、手机使用姿势以及手机使用场所，以避免或降低手机使用对个体身体健康造成威胁的可能性。

二 手机使用对个体心理社会适应的影响

随着互联网的普及以及手机功能的多样化发展,手机与人们工作和生活的关系日益密切。基于手机的人际交往、新闻阅读、信息搜索、网络文学阅读、音乐、视频、游戏、网上银行、网上支付、网络购物、地图导航、旅行预订以及网络订餐更是拓展了人们的工作和生活空间,为人们的工作、居家、出行等创造了便利,这势必会对个体的社会性发展及适应产生重要影响。同时,过度的手机使用或不恰当地使用手机也会对个体的心理社会适应产生消极影响。

(一) 手机使用与情绪适应

首先,手机使用有助于满足个体阅读文学作品、听音乐、看视频、玩游戏等休闲娱乐的需要,并因此促进个体的情绪适应。中国互联网中心的调查数据显示,手机网络文学、手机网络音乐、手机网络视频、手机网络游戏在我国网络用户中的使用率均已超过40%,其中手机音乐的用户使用率(66.6%)最高(中国互联网络信息中心,2021)。由此可知,手机已经成为人们阅读文学作品、听音乐、看视频、玩游戏的重要工具。相关实证研究表明,手机对满足个体阅读文学作品、听音乐、看视频、玩游戏等的休闲娱乐需要具有积极意义。手机音乐和游戏能够满足个体休闲、放松的需要,手机游戏还能够满足个体竞技、获取成就感等需要(Guā Tin 等,2016;Lin 等,2011)。休闲娱乐需要的满足是提升个体生活满意度及主观幸福感的重要基础(Steinkamp,1987)。因此,手机使用会通过满足个体的休闲娱乐需要,对个体的情绪适应产生积极影响。

其次,基于手机的人际交往有助于满足个体的归属需要,并因此促进个体的情绪适应。随着即时通信、社交网站的普及,基于手机的网络社会交往已经成为人们社交互动的主要形式,它不仅为个体与他人之间的交流互动创造了便利,使人际沟通跨越了时间和空间的限制,而且有助于个体维持或建立良好的人际关系,提升个体的社会资本，满足其人际归属及社会支持需要（Cho，2015；Kang 和 Jung，2014；Seidman，2013；Xie，2014）。归属及关系需要的满足是个体生活满意度提升的关键因素（Chui，2015）。因此，手机使用会通过满足个体的关系需要对个体的情绪适应产生积极影响。例如，周宗奎等（2017）研究发现，基于手机的社交网站使用不仅能够直接正向预测青少年的生活满意度，而且能够通过黏接型社会资本的间接作用对青少年的生活满意度产生积极影响。这一研究结果表明，基于手机的社交网站已经成为移动互联网时代个体获取社会支持、提升其生活满意度的重要途径。

但随着研究的不断深入，研究者发现，手机使用对个体情绪适应的影响后效并不一致。一些研究表明，手机使用有助于个体的情绪适应。例如，Park 和 Lee（2012）认为，手机使用有助于缓解个体的孤独、抑郁情绪，进而对其情绪健康产生积极影响。且有研究表明，手机使用会提升员工的主观幸福感（Kim 和 Park，2017）。相反，不恰当的手机使用也会对个体的情绪适应产生消极影响。研究发现，睡前使用手机会导致个体睡眠不足，睡眠质量下降，并因此诱发个体的抑郁、焦虑等消极情绪（Demirci 等，2015）。另外，过度使用手机（手机成瘾）也是诱发个体抑郁、焦虑的重要因素（El-hai 等，2016）。我国学者也认为，过度的手机使用不仅会直接诱发个体的心理困扰（抑郁、焦虑、压力），而且能够通过诱发个体的反刍思维进而提升个体产生心理困扰的可能性（Lian 等，2021）。针对这种不一致，研究者认为，这可能是以往研究在探讨人与手机的关系时，只关注到了手机使用的消极侧面，并在此基础上提出了片面描述人与手机关系的概念，如手机成瘾、问题性手机使用等，而忽略了手机使用对个体心理社会适应的积极意义。因此，未来探究应更加全面地看待人与手机的关系，为更加全面地理解手机对人类情绪的适应意义奠定基础（Bock 等，2016；Konok 等，2016）。另外，研究还认为，人与手机的关系质量取决于个体对手机的认知和情感态度。当个体将手机视为"服务于个体工作和生活的工具"时，个体会有意识地与手机保持良性的利用与被利用关系，并与手机保持一种安全距离，在利用手机为其心理社会适应提供服务的同时，避免或将手机使用给其心理社会适应带来的风险降到最低。而当个体将手机视为"个体工作和生活必不可少的物品"时，个体会过度依赖手机，离不开手机，并被手机"束缚"，进而沉迷于手机无法自拔，与手机建立非适应性"人机关系"（手机成瘾），并因此受到非适应性"人机关系"的威胁。

（二）手机使用与人际适应

网络为个体的社会交往创造了相对自由、宽松、舒适的理想空间，即第三空间，并重塑了人们的社会交往行为（周宗奎、刘勤学，2016）。作为个体接入"第三空间"并与同处于"第三空间"中的他人进行沟通、交流的重要工具，手机为个体的人际交往提供了便利，促进了个体的人际适应。首先，基于手机的网络社交具有跨时空性。个体可以通过手机即时通信与远在他乡或家乡的亲人和朋友进行即时互动，这大大降低了个体与他人进行社交互动的时间及空间成本，为个体维持与重要他人的情感联系带来了便利，也为个体获取重要他人的情感社会支持创造了良好条件。其次，基于手机的网络社交具有开放性和平等性。个体可以和更加广泛的群体进行一对一、一对多的交流互动，这为个体建立或拓展人际关系网络创造了有利条件，使个体获取更广泛的他人的支持性回应成为可能。纵观以上特性，基于手机的网络社交为个体的社交互动创造了理想空间。最后，基于手机的网络社交也是个体进行信息分享、自我展示的重要平台。个体可以在社交网站上分享信息、发布与个人相关的信息资料，如自拍等，这不仅能够满足个体信息分享及自我展示的需要（Kim，2016；Kim 等，2017；Seidman，2013），而且有助于促进交往双方的了解，降低人际不确定性，提升人际关系质量（Jin 和 Pe A，2010）。我国学者连帅磊等人的研究也发现基于手机主动性的社交网站的使用不仅有助于个体获得好友的积极反馈，而且有助于降低人际关系中的不确定性，进而提升个体的友谊质量或生活满意度（连帅磊等，2017；Lian 等，2020）。

同时，基于手机的社交网络平台允许个体对所发布的信息进行编辑和修饰，这有助于个体塑造理想的自我形象，为建立或维持良好的人际关系奠定了基础（Abeele 等，2016；Oh 和 Larose，2016；Zettler 等，2015）。此外，基于手机社交网站所提供的点赞、转发、评论等功能，还可以满足个体受欢迎的需要（Chen 等，2015；Utz 等，2012）。总之，基于手机的社会交往能够提高个体的社会联结感，并因此对个体的人际适应产生重要影响（Kardos 等，2018）。

不幸的是，手机使用在为个体人际交往创造便利，促进个体人际关系健康发展的同时，也对个体的人际关系产生了极大的消极影响。研究者认为，基于手机的人际交往会导致"在场和缺席"的悖论（David 和 Roberts，2017），即虽然个体与朋友和家人在物理空间上是相近的（如聚餐、家庭会议时），但是每个人的注意力可能完全被手机所吸引。因此，即使物理空间上，个体是在场的，但是从心理感受的角度看，个体仍是"缺席"的。由此可知，这种手机使用行为会对个体的人际关系发展产生不利影响。实证研究也表明，"低头行为"，即当个体和朋友在一起时低头看手机的行为，能够负向预测个体的人际关系满意度（Roberts 和 David，2016）。研究还发现，过度的手机使用或手机依赖也会给个体带来人际关系困扰（廖慧云等，2016）。

此外，手机使用也会导致个体行为适应不良。例如，不恰当地使用手机会诱发个体的拖延行为。Kibona 和 Mgaya（2015）研究发现，过度使用手机会诱发个体的学业拖延行为。我国学者连帅磊等（2018）的研究也表明，手机成瘾不仅能够直接预测个体的非理性拖延，而且能够通过降低个体的注意控制能力进而诱发个体的非理性拖延。研究还发现，手机使用会诱发危险驾驶——开车时使用手机（Weller 等，2013）。

三　手机使用对个体认知的影响

手机使用是认知发展的重要影响因素，它不仅会对个体的"注意过程""记忆过程"产生重要影响，也会对个体的"思维过程"产生重要影响。

首先，研究者对步行、开车时使用手机的现象进行了研究。结果显示，步行时使用手机不仅会增加个体对视觉或听觉信号的反应时，而且会降低个体步伐的长度和频率，从而提高个体发生交通事故的风险（Masuda 和 Haga，2015）；开车时使用手机会增加个体的认知负荷，消耗个体的认知资源，进而对个体的注意控制产生消极影响，即分散个体的注意力，使个体产生"忽视性视觉缺失"，增加个体在处理突发路况时的反应时间，并因此增加交通事故风险（Sadeghian 等，2018；Samost 等，2015）。基于手机成瘾被试的研究（林悦等，2018）也表明，手机成瘾会对个体的注意执行控制产生重要影响。智能手机成瘾被试更容易受到心智游移的影响处于反应分离状态，即无法意识到心智游移产生的状态。这可能是因为，智能手机成瘾与酒精和香烟这类物质成瘾一样也比较容易造成元意识的降低，导致执行控制的失败。此外，相关横断研究也表明，手机成瘾与个体的注意控制能力存在显著负相关（连帅磊等，2018）。研究者认为，这可能是因为手机成瘾不仅会提高个体对手机相关刺激的选择性注意偏向，而且会提高个体对手机相关刺激的注意维持偏向，进而导致个体的注意控制能力下降；也可能是因为手机成瘾所诱发的消极情绪会导致个体走神儿，注意控制能力下降。

其次，手机使用也会对个体的记忆过程产生重要影响。手机已经成为人们获取信息资讯的重要工具，中国互联网信息中心的调查数据显示，我国网民手机搜索的使用率为 77.9%。手机搜索对满足个体信息资讯获取需要的积极作用也得到了相关研究的证实。研究认为，手机信息检索是手机使用的重要动机，其不仅有助于满足个体的信息需求，而且能够提升个体的工作及学习效率（Chang 等，

2016)。此外，由于手机具有强大的信息存储功能，手机已经成为个体的记忆伙伴，承载了个体的诸多记忆（Han 等，2017）。基于互联网的研究表明，网络使用存在谷歌效应，即在网络使用过程中，个体更容易存储或提取获取信息的途径和方法，而非信息内容本身（Sparrow 和 Wegner，2011）。研究者认为，手机是人们接入互联网的重要工具，也是网络使用的重要载体，因此手机使用也会对个体的记忆产生重要影响（Barr 等，2015）。相关研究也表明，手机可以作为个体的"记忆伙伴"，为个体提供记忆支持（Routhier 等，2011）。手机拍照对个体记忆的消极影响也得到了相关研究的关注，研究发现，手机拍照会影响博物馆游客对物品的记忆效果，即与不拍照的游客相比，拍照的游客对物品及其细节、位置的记忆更少（Henkel，2013）。此外，还有研究表明，手机阅读会影响个体对阅读内容的记忆效果，即手机阅读会影响个体对所看内容的理解速度，进而不利于个体对内容的记忆（野原尚美等，2015）。基于手机的数字囤积行为的研究也表明，手机为数字囤积行为创造了条件，个体倾向于将浏览过的数字化信息保存或收藏于以手机为载体的云存储或个人账户中（郭海辉等，2020；Neave 等，2019）。这为个体收集信息带来了诸多便利，但同时也使个体暴露于"谷歌效应"的风险之中，即个体对内容的记忆效果越来越差，这会对个体的学习和生活带来消极影响。

最后，研究发现，手机是移动互联网时代个体认知发展的重要影响因素（Jongstra 等，2017）。手机作为移动互联网时代"放在个体口袋里的大脑"正在吞噬着人们的认知能力。个体越来越依赖这个"口袋里的大脑"进行认知活动，并造成严重的"认知吝啬"，即人们在解决问题时倾向于依赖手机"思考"解决问题的策略和途径，而不是通过深入的逻辑分析解决问题（Barr 等，2015）。这虽然会降低个体偏见或非理性思维对问题解决的消极影响，但也会在一定程度上导致个体逻辑思维能力的退化（Barr 等，2015；Kahneman，2013）。例如，家里的水龙头坏了，我们的第一反应是用手机搜索如何修理，而不是认真查找水龙头坏的原因，然后采取可行的修理措施。甚至，一些人的第一反应是打电话找维修师傅，而不去思考如何修理。又如，当其他人告诉我们一个手机号码时，我们会拿出手机记下来，而不是自己动脑记下来，哪怕是先动脑记下来，然后再存储于手机。

第二节　手机使用与人际依恋、物品依恋的关系

一　手机使用与人际依恋

人际依恋是个体在与他人进行社会互动的过程中逐渐形成的一种情感联结，根据依恋对象的不同，人际依恋可分为亲子依恋、同伴依恋以及成人依恋（Bowlby，1969；Gorrese 和 Ruggieri，2013；Hazan 和 Shaver，1987）。根据 Bowlby（1969）的观点，人类和许多动物生来就有一种依恋动力系统，这种系统促使他们寻求并保持与重要他人接近，并建立安全的依恋关系。当依恋对象无法接近或依恋对象的应答性较低时，个体则会形成非安全依恋（焦虑型或回避型依恋），并会寻求依恋对象的替代品以获得心理需要的满足。

随着手机的普及，手机在个体与他人建立或维持良好的人际关系、获得归属需要的满足中起着重要作用，是个体人际关系的概括（Kang 和 Jung，2014；Kardos 等，2018）。因此，当依恋对象无法接近或依恋对象的应答性较低时，个体的依恋补偿策略（Compensatory Attachment Strategies）便会被激活，个体会将手机视为依恋补偿目标，将手机视为依恋对象的替代品，通过玩手机弥补依恋需要的缺失（Konok 等，2016）。例如，当个体需要情感抚慰而依恋对象不在身边时，或当依恋对象无法与个体产生情感共鸣，无法为个体提供高质量的情感抚慰时，个体会通过玩手机以缓解其消极情绪，并通过手机获得线上情感支持，这会使个体对手机产生依恋。相关研究

也认为，人际依恋的类型可能会被扩展到个体与手机的关系中，即个体对手机产生依恋（Bodford 等，2017）。基于手机的网络社交为人际依恋的类型扩展到人与手机的关系中提供了天然的土壤，其已经成为移动互联网时代人们社交互动的重要载体或空间，且已成为个体与依恋对象维持依恋关系的重要纽带。焦虑型依恋的个体因害怕与依恋对象分离，会利用手机时刻关注依恋对象的动态，同时，他们也会担心依恋对象联系不到自己而选择将手机随身携带或强迫性地查看手机消息，这会在一定程度上使他们离不开手机。相关研究也认为，焦虑型依恋的个体更容易高估手机来电的重要性，并产生较高的手机分离焦虑，甚至会在不恰当的场合使用手机（Bodford 等，2017）。相反，回避型依恋的个体较少打电话（Jin 和 Pe A，2010）。因此，人和手机的关系可能是个体在人际依恋的基础上发展起来的个体与手机之间的依恋关系。

二 手机使用与物品依恋

物品依恋是在"过渡物"依恋的基础上发展起来的，它是个体与所有物之间所形成的心理或情感联结（Wallendorf 和 Arnould，1988）。物品依恋是在自我延伸或自我扩展的基础上发展起来的。根据自我延伸理论（Self-Extended Teory），个体总会有意、无意地将所有物视为自我的延伸（Belk，1988）。因此，自我在所有物上延伸的程度是衡量物品依恋的重要指标（Wallendorf 和 Arnould，1988）。手机是个体所拥有的重要的私人物品，个体对手机具有支配权，个体不仅可以对手机进行相应的装饰、设置，而且能够利用手机提升自己工作、社交等的能力、效率或自我效能感，并因此将手机视为自我的延伸，对手机产生依恋（Clayton 等，2015）。例如，手机已经成为工薪阶层处理工作事务的重要工具，其不仅极大地提高了工薪阶层的工作效率，也对其自我效能感和价值感产生了积极影响。因此，工薪阶层会对手机产生强烈的依恋，时刻关注手机。根据自我扩展理论（Self-Expansion Theory），物品依恋也是个体将所有物纳入自我概念的结果，即个体将物品的性质、特征及功能等属性纳入自我概念，并因此对其产生依恋（Razmus 等，2017）。手机使用为个体的自我扩展提供了多种信息资源，如虚拟人际关系、昵称等，极大地丰富了个体的自我概念，甚至手机所携带的品牌信息也会被个体纳入自我概念（Hoffner 等，2015）。如国产手机所传达的"爱国主义"理念，使得使用国产手机的个体认为自己更加爱国。且有研究认为，基于手机的自我扩展能够诱发个体对手机的依恋，即个体将手机纳入自我概念后，个体会将手机视为自我概念中不可分割的一部分，并因此对手机产生强烈的情感依恋（Hoffner 等，2015）。因此，人与手机的关系也可能是个体在物品依恋的基础上发展起来的人与手机的依恋关系（Weller 等，2013）。

人与手机之间的依恋关系的内涵比物品依恋的内涵更加丰富。物品依恋是个体在将所有物视为自我的延伸或将所有物纳入自我概念的一部分时，个体与所有物之间形成的一种认知纽带（Belk，1988；Razmus 等，2017）。而人与手机之间的依恋关系不仅包含"自我延伸"或"自我扩展"等认知成分，也包含个体与手机之间形成的情感联结（Clayton 等，2015；Meschtscherjakov 等，2014）。手机已经成为移动互联网时代个体人际关系的整合，是个体与社交网络连接的重要纽带。因此，在个体与手机之间的依恋关系中，依恋对象并不仅是作为物品的手机本身，也包含手机的社交信息及功能（Warr，2013）。且有研究表明，个体与手机之间形成的依恋关系比物品依恋具有更多的情感成分（Kolsaker 和 Drakatos，2009）。此外，以往研究也表明，手机使用存在"自由和奴役悖论"（David 和 Roberts，2017；Sukenick，2012），即个体在享受手机所提供的便利，满足心理需要的同时，也受到了手机的"奴役"，即个体不得不随时随地、及时地对来电或消息做出反应。因此，当手机存在时，个体也会体验到一种负担或束缚感。相反，当个体与手机分离时，个体会产生解脱感（Trub 和 Barbot，2016）。

综上，与人与其他物品之间的依恋关系相比，个体与手机之间的依恋关系更加复杂。个体不仅会害怕与作为物品的手机分离，也会害怕与作为"人际关系整合体"的手机分离，即害怕与朋友失去联系或错过朋友发布的社交动态。因此，个体与手机之间可能会形成强烈的焦虑型手机依恋。同时，"被手机奴役"的个体又会想办法让手机离自己远一点儿或将手机关机，以逃避人际"束缚感"，这会使其与手机之间形成回避型依恋关系。

第三节 个体与手机之间依恋关系形成的理论基础

一 传统依恋理论

依恋理论（Bowlby，1969）最初被用于描述和解释抚养者与幼儿之间的依恋关系。随着研究的不断拓展和深入，依恋理论也被用于描述和解释其他重要事物的关系，既包括人与同伴、伴侣的关系，也包括人与非生命物体的关系。随着移动互联时代的到来，人与信息基础产物（如互联网、手机、移动社交媒介等）之间的关系日益密切，传统的依恋理论再次被网络心理学研究者引以为全面而深刻地揭示人与手机等信息技术产物之间关系本质的重要理论视角（Litt，1986；Trub 和 Barbot，2016）。首先，以往研究从侧面表明，人与手机的关系模式存在 Ainsworth（1989）提出的依恋关系的四种行为特征，即趋近行为、分离焦虑、避风港和安全基地。从"趋近行为"来看，消极的生活体验能够诱发个体使用手机（趋近手机）的行为。研究发现，压力、无聊等消极情绪体验已经成为手机使用的重要诱因。当感受到压力、无聊等消极情绪体验后，个体会不自觉地通过使用手机来逃避或缓解消极体验（Wang 等，2015，童媛添等，2019）。从"分离焦虑"来看，"机不离身"作为人们使用手机的典型行为特征从侧面表明，人与手机分离后会诱发焦虑情绪。相关研究也表明，人与手机的关系中存在分离焦虑（Bodford 等，

2017）。从"避风港"来看，手机所具备的休闲娱乐功能及社交功能已经成为人们逃避或缓解生活压力及消极情绪体验的重要工具，手机及其功能所营造的理想化的休闲娱乐及社交空间，已经成为移动互联网时代手机用户的避风港（Bock等，2016）。从"安全基地"来看，手机分离焦虑的相关研究表明，手机已经成为手机用户的"安全基地"。手机不在身边会诱发个体产生焦虑情绪等消极心理状态，相反，手机在身边则会给自己带来安全感等积极心理状态（Clayton等，2015）。其次，从依恋理论的视角分析，依恋是一种内在的驱动系统，它包括依恋激活策略和依恋抑制策略。其中，依恋激活策略是指个体努力接近抚养者，并确保抚养者可用性的倾向；而依恋抑制策略则是指个体抑制被照顾的需要，倾向于自力更生的信念（Shaver和Mikulincer，2007）。当个体在感知到危险或痛苦时，依恋驱动系统就会被激活，促使个体接近抚养者（Bowlby，1969）。值得注意的是，当个体亲近抚养者的需要得不到满足时，个体会采取次要依恋策略，即寻求与其他潜在的依恋对象接近，如兄弟姐妹、老师、治疗师，甚至是非生命物体等，以获得心理需要的满足（Ainsworth，1989；Cassidy和Kobak，1988）。无生命的物体同样可以被视为安全基地（Litt，1986）。最早的研究发现，在父母缺席的情况下，毛毯可以被儿童视为安全基地（Winnicott，1953）。且有研究表明，成人也会对物品产生情感依恋（Steele，2009）。

随着手机的普及，手机逐渐成为个体赖以满足多种心理需要的重要工具（Trub和Barbot，2016）。首先，手机具有一定的象征性功能，是个体社会地位的象征（Walsh等，2009；Wehmeyer，2007）。使用手机不仅能够凸显青少年的社会地位，而且有助于改善同伴对青少年的社会态度，进而满足青少年被他人接纳、欢迎的需要。其次，研究发现，基于手机的社交网站使用能够满足个体的自我保护和归属需要（Nadkarni和Hofmann，2012）。这一结果表明，基于手机的社会交往不仅能够缓解个体的社交焦虑，而且有助于满足个体的归属需要。因此，人们会对手机产生依恋，即人与手机之间的关系可能发展为依恋关系。最后，手机作为网络购物、网络支付、信息搜索、网络学习、休闲娱乐的重要工具已经渗透到了人们生活的方方面面，成为人们生活的必需品，这极大地提升了手机的感知必要性，即越来越多的人开始意识到手机的必要性，这会在一定程度上增加个体对手机的认知或情感依恋（Wehmeyer，2007）。

依恋理论不仅对"人们为什么会对手机产生认知或情感依恋"这一问题做出了详细的阐释，而且对不同个体与手机建立的不同模式进行了相应的解释。研究发现，不同人际依恋类型的个体使用手机进行在线社交互动的策略也不同（Trub 等，2014）。安全型依恋的个体倾向于利用手机巩固已有的人际关系，即自我提升策略；焦虑型和回避型依恋的个体往往基于自我保护策略而使用手机。焦虑型依恋的个体倾向于利用手机进行印象管理，缓解个体的社交焦虑，并与他人建立良好的人际关系，以获得归属需要的满足；回避型依恋的个体倾向于利用手机控制人际互动时间、地点以及发展关系的可能性（Trub 等，2014）。随着研究的深入，研究者认为，手机作为人们社会交往的工具，在人际互动过程中扮演着重要角色。由于不同个体的需要满足程度不同，其与手机所建立的关系模式也存在差异，进而形成不同类型的依恋（Konok 等，2016）。当个体依恋需要得不到满足时，个体倾向于将手机视为依恋对象的替代品，并对手机产生强烈的情感依恋，进而形成焦虑型依恋；当个体的依恋需要已经得到满足时，个体会将手机视为巩固依恋关系、提升自身能力的辅助工具，并习惯性地使用手机为自己的工作及生活服务，进而对手机产生安全型依恋。当个体为人际交往中的琐事所累，即手机已给个体带来束缚感的时候（Trub 和 Barbot，2016），个体会与手机建立回避型依恋关系，表现为将手机放一边、静音或关机等。

二　使用满足理论

使用满足理论（Uses and Gratifications Theory，UGT）是研究者在探讨人们使用报纸、广播、电视等媒体的动机时提出来的，它是以用户为中心来解释"为什么个体会使用特定媒体"的理论（Ruggiero，2000）。该理论认为，人们之所以使用某一媒体是基于特定的心理需要。基于"电视媒体"使用的研究表明，电视使用能够满足个体的四种基本需要，即休闲娱乐需要、人际关系需要、自我确认需要以及环境监测需要（Rubin，1983）。其中，休闲娱乐需要是指电视作为个体休闲娱乐的工具，能够满足个体消遣、娱乐的需要，并使个体产生积极情绪；人际关系需要是指个体在观看电视的过程中，会对演员或主持人产生一种"朋友"的感觉；自我确认需要是指电视为个体的自我评价和确认提供了参考信息及参考框架，对个体的自我确认具有积极意义；环境监测需要是指个体可以通过电视获得与个体工作和生活息息相关的信息。个体从媒体使用中获得的心理需要满足能够促进个体长期使用该媒体（Katz 等，1974）。

　　随着手机等移动互联网终端的普及，该理论也被用于解释"为什么人们会使用手机"这一问题。研究发现，放松、逃避问题、缓解消极情绪、降低无聊感是个体使用手机的关键动机（Smetaniuk，2014）。随着人类与手机之间关系研究的不断深入，使用满足理论也被用于解释"为什么人们会对手机产生依恋"的问题（Fullwood 等，2017）。如前所述，手机不仅能满足个体社会交往、信息获取的需要，而且能满足个体休闲娱乐、自我展示等多种心理需要。首先，手机已经成为移动互联网时代人与人交流互动的重要纽带，其不仅有助于个体维持已有的人际关系，而且有助于个体拓展人际关系网络，与更广泛的他人建立人际联系。同时，以手机为载体的网络社区也能够满足个体的爱和归属需要（Kang 和 Jung，2014；Kardos 等，2018）。其次，手机作为信息化时代个体接入网络或云平台获取信息的重要媒介，为人们获取信息资讯提供了诸多便利。个体不仅能获取信息，而且能利用手机对信息进行存储和管理，极大地降低了个体获取信息的成本，满足了个体对信息的渴求（Fullwood 等，2017）。再次，以手机为载体的社交网站为个体的自我暴露和自我展示创造了理想空间。个体不仅可以进行真实的自我展示以获得高质量的支持性回应，而且可以根据理想中的自我塑造更加积极、完美的自我形象，提高个体的受欢迎度（牛更枫等，2015）。最后，手机的休闲娱乐功能极大地降低了个体休闲娱乐的成本，拓展了个体休闲娱乐的内容和方式。个体不仅可以利用手机听音乐、看小说、看视频、打游戏，而且可以利用手机进行多人互动游戏，如组队"吃鸡"、玩"桌游"等（Gökçearslan 等，2016）。由此可知，手机已经成为移动互联网时代个体多种心理需要得以满足的重要工具，这契合了使用满足理论的主要观点，即个体基于特定的心理需要去使用手机等媒介工具。Fullwood 等（2017）也认为，在手机使用过程中，心理需要的满足是个体持续使用手机，并对手机产生依恋的重要原因。

三　技术接受模型

使用满足理论从内在动机的视角揭示了"人们为什么会对手机产生依恋"的问题，但并没有对其外在动机进行相应的阐述。因此，研究者采用"技术接受模型"对手机依恋的外在动机因素进行了相应的说明。

技术接受模型（Technology Acceptance Model，TAM）认为，人们对新技术的接纳是由新技术的感知易用性以及感知有用性决定的。其中，感知易用性是指个体在适应新技术的过程中所需要付出的努力水平；感知有用性是指新技术能够改善工作和生活质量的程度（Davis，1986）。首先，随着信息技术及工业设计技术的发展，手机开发者对手机外观及功能进行的设计均是以大量的用户研究为基础的（Bock 等，2016），这在一定程度上提高了手机的感知易用性。手机用户群体的低龄化或高龄化趋势也从侧面表明，手机的感知易用性在日益提高。例如，幼儿仅仅通过观察父母玩手机，就能拿起电话，装作打电话的样子与想象中的亲人通话，甚至能够解锁手机，打开想要看的动画片或玩游戏。而老人则会在儿女的简单讲解后迅速掌握使用手机的技巧，利用手机与儿女进行视频通话或观看短视频资源。其次，随着手机软件、硬件技术的不断发展，手机的功能日益丰富，尤其是随着智能手机的出现与普及，手机在人们的工作和生活中所扮演的角色越来越重要，手机的感知有用性也日益提升。例如，每天早晨，我们拿起枕边的手机查看天气情况，然后选择适合的衣服；吃早饭的时间利用手机看新闻；出门前看路况信息，选择最快捷的路线；上班时间利用手机处理工作事务；午饭时间利用手机订餐；午休时间利用手机听音乐放松；下班时间利用手机进行购物、支付等。由此可见，手机为我们的工作和生活带来了极大的便利。Fullwood 等（2017）认为，手机的感知易用性及感知有用性为手机依恋创造了外在条件。

四 最佳体验理论

最佳体验理论（The Optimal Experience Theory），又被称为心流体验理论（Flow Experience Theory），也被翻译为"沉浸理论"（戴姜，2011）。该理论是 Csikszentmihalyi 在对用户的消费体验进行研究时提出来的。他认为，"心流体验"是个体在完全投入某种活动时的经历或感受，它以"清晰的目标""即时反应""个人技能与任务挑战相匹配""行动与知觉融合""专注于所做的事情""潜在控制感""失去自我意识""时间感变化"以及"自身有目的体验"为特征（Csikszentmihalyi，1990）。

随着网络及移动信息设备的普及，该理论也被用于解释用户使用网络及信息设备的动机（丁倩等，2018；衡书鹏等，2018；张冬静等，2017）。研究认为，使用信息技术（如手机等）的积极经历或体验能够促进个体与信息技术之间形成一种强烈的联系（Csikszentmihalyi，1990；Salehan 和 Negahban，2013）。首先，手机使用往往具有"清晰的目标"，如利用手机进行信息检索时，个体以获取更加准确的信息为目标，继而带着这一目标沉浸于以手机为载体的互联网所提供的信息海洋中；又如利用手机玩游戏时，个体以获取游戏胜利为目标，为了达到这一目标，个体会将所有的注意力集中在游戏活动中，并因此丧失时间感，进而产生高峰体验。其次，手机能够为个体提供"即时反应"，个体在手机上的任何操作都会得到手机的即时反馈。例如，个体点击音乐播放按键，手机便立即播放音乐。再次，手机虽然具有易用性，但以手机为载体的游戏等任务往往具有一定难度，这会使个体产生"技能与任务挑战相匹配"的心理。且随着私人定制功能技术的普及，以手机为载体的游戏会为不同技能的个体匹配不同难度的任务，以达到"技术与任务难度相匹配"的效果，最大限度地抓住游戏者的注意力，使个体的行动和知觉密切融合，失去自我意识和时间感，进而为游戏者带来高峰体验。相关研究也表明，手机使用所带来的沉浸感、高峰体验或最佳体验是个体对手机产生认知或情感依恋，甚至产生习惯化手机使用、手机成瘾的重要原因（张雪凤等，2018）。最后，以往研究还发现，在基于手机的社交网站使用过程中，个体点赞、发布照片、评论、听到熟悉的来电或消息铃声时，大脑会分泌一种多巴胺，使个体体验到类似于面对面拥抱或微笑的快感（Soat，2015）。因此，David 和 Roberts（2017）认为，个体在使用移动社交媒体与他人进行交流互动时所产生的"心流体验"，也是个体持续使用移动社交设备（手机），并对其产生情感依恋的主要原因。David 和 Roberts（2017）研究还发现，当个体体验到社会排斥时，个体会通过使用基于手机的社交媒体，获得积极的经历和体验，满足关系需要，并因此对基于手机的移动社交媒体产生依恋。

五 自我扩展理论

自我扩展理论（Self-Expansion Theory）认为，自我成长、自我提升或自我完善是个体的基本动机（Aron 等，2003）。个体在日常生活中不仅可以通过获取物质或社会资源、视角和身份，而且能够通过提升个体的知识量、能力、自我效能感、人际关系质量以及个体在宇宙中的位置感等使个体的自我概念获得扩展（Aron 等，2003）。该理论最初被用于解释关系情境中的自我扩展（Aron 等，

2003；E. N. Aron 和 A. Aron，1996），即个体在人际关系建立或发展的过程中，将他人的能力、资源、观点及角色纳入自我，使之成为个体自我概念中的一部分的现象。Aron 及其同事将这种现象称为"将他人纳入自我"，并认为，这种"将他人纳入自我"的倾向有助于人际关系的发展和延续，并提升个体的关系满意度（Lewandowski 等，2010）。此外，自我扩展也具有一定的心理社会适应功能，它有利于个体更好地适应新的人际关系或社交环境，并促进个体心理健康发展（Aron 等，2003；Leary，2007）。

尽管自我扩展理论是研究者在探讨人际关系中的自我扩展时提出来的，但是，随着研究的不断深入，研究者认为，自我扩展存在多种途径，如获得新的身份、经历新体验及参与创造性活动等（Leary，2007）。相关研究还认为，自我扩展理论可以用于解释"人与品牌之间的关系"，并指出，个体与品牌之间形成的关系能够促进个体自我概念的扩展，即个体会将品牌的特性、风格及理念等纳入自我概念中（Razmus 等，2017），并因此对品牌或物品产生依恋（Mi 等，2014）。随着手机等移动互联网终端的普及，个体在网络使用过程中获取的经历和体验、信息、身份、虚拟人际关系、昵称等逐渐成为个体自我扩展的重要资源，手机也成为个体自我扩展的重要途径（Hoffner 等，2015）。首先，基于手机的社交网站为个体的自我展示创造了条件。个体不仅可以进行真实的自我呈现，还可以对自我呈现的内容进行修饰和完善，即积极的自我呈现（牛更枫等，2015）。研究发现，个体可以通过积极自我呈现，塑造积极的自我形象，并促进个体形成积极的自我概念（牛更枫等，2015）。因此，基于手机的自我呈现能够促进个体自我概念的扩展。其次，手机对移动互联网时代人际关系的建立或发展具有积极意义。个体不仅可以利用手机与异地的亲人或朋友维持稳定的人际关系，而且可以通过手机与陌生人建立新的人际关系（Kang 和 Jung，2014），而人际关系是个体自我扩展的重要来源（Aron 等，2003）。因此，基于手机的人际互动所形成的人际关系也能促进个体自我概念的扩展。最后，手机不仅能使个体随时随地与他人保持联系，而且能为个体的工作和生活带来多种便利。因此，手机使用能提高个体的自我效能感，并因此促进个体的自我扩展（Kim 等，2013）。研究还发现，基于手机的自我扩展是手机依恋及手机分离焦虑的重要预测因素（Hoffner 等，2015；Tams 等，2018）。综上，基于手机的自我扩展也是个体对手机产生依恋的重要原因。

六　自我延伸理论

Belk 最先对所有物及自我意识的关系进行了研究。他认为，个体倾向于将其所拥有的物品视为自我的延伸，例如，我们所拥有的工具能使我们做到无法做到的事情。因此，自我的内涵应该是个体身体、精神、拥有物、从事的工作及身份角色的总和。在此基础上，他于 1988 年提出了自我延伸的概念，即个体将拥有物、工作及身份角色视为个体自我延伸的倾向，并基于这一概念对人与物的关系进行了深入研究，形成了自我延伸理论（Self-Extended Teory）（Belk，1988；潘琼，2016）。该理论认为，个体所拥有的物品、所做的事情以及个体想要成为的人不仅是个体自我的重要表征，也是个体自我概念的重要构成要素，这些要素决定了"我们是谁"，对个体如何定义自我具有重要影响。此外，基于青少年的研究表明，只有特定的物品才会被青少年视为自我的延伸，他们更倾向于通过所做的事情来定义自我（Snyder，1972）。

自我延伸理论最初被用于描述和解释消费者的行为及消费者与产品之间的关系（Belk，1988）。研究发现，个体倾向于将商品作为个体身份的象征，并使商品所传达的理念成为个体自我的表征，即将其视为自我的延伸（Hamilton 和 Hassan，2010）。例如，个体会将运动品牌"李宁"的品牌理念"我能"视为自我概念的一部分，并形成较高的自我效能感。

随着网络的普及，Belk 对虚拟网络世界中的自我延伸进行了研究。他认为，在虚拟的网络世界中，个体的"所有物"具有非物质化的特点，数字化的信息、交流、照片、影像、音乐、计算、短信等数据信息均会被用户视为自我的延伸（Belk，2013）。研究还发现，与老年人相比，青年人更容易将个体所拥有的数字化产品视为自我的延伸（Cushing，2012）。手机不仅是移动互联网时代个体进行自我展示、维持人际关系的工具，也逐渐成为个体社会地位的象征（Abeele 等，2014）。同时，个体在使用手机的过程中，通过网络自我呈现塑造的虚拟自我，构建的虚拟人际关系以及个人主页都被视为自我的一部分（Belk，2013；Cushing，2012）。以往的研究还发现，个体将所拥有的品牌或产品视为自我的延伸能使个体与品牌或产品之间形成一种强烈的情感和认知纽带，即品牌依恋或产品依恋（Park 等，2006；Schifferstein 和 Zwartkruis-Pelgrim，2008）。且有研究认为，个体将手机视为自我的一部分，即"手机自我延伸"是个体与手机之间形成的重要纽带，也是个体对手机产生依恋的重要预测因素（Bodford 等，2017；Meschtscherjakov 等，2014）。

七 自我决定理论

自我决定理论（Self-Determination Theory，SDT）是从动机的角度揭示个体人格发展的宏观理论。该理论认为，在个体发展过程中，个体具有积极能动性，即个体具有不断学习、自我整合、完善及提升的倾向。但这种"积极能动性"会受到各种外部社会环境因素的影响，外部环境中充足的支持和给养能够促进个体的"积极能动性"，即促进个体积极行为和健康心理的形成和发展（Deci 和 Ryan，1985；Lawman 和 Wilson，2002；刘靖东等，2013）。随着研究的不断拓展，自我决定理论逐步发展成由五个分支理论构成的自我决定理论框架，即认知评价理论（Cognitive Evaluation Theory，CET）、有机整合理论（Organismic Integration Theory，OIT）、因果定向理论（Causality Orientations Theory，COT）、目标内容理论（Goal Content Theory，GOT）及基本心理需求理论（Basic Psychological Needs Theory，BPNT）。该理论框架对下列问题进行了阐释：（1）社会环境影响内部动机的心理机制问题；（2）基本心理需求满足对个体心理发展、完善的作用及内在机制问题；（3）个体动机、行为的内化及整合问题；（4）不同目标内容对个体情绪健康及行为适应影响的内在机制问题。其中，基本心理需求理论认为，个体具有三种基本的心理需求，即自主性需要（Autonomy Needs）、胜任感（Competence Needs）以及关系需要（Relatedness Needs）。自主性需要是指根据自己的意愿进行自由选择的需要；胜任感需要是指个体控制环境，并胜任某种工作的需要；关系需要则是指个体希望得到社会环境中他人的关爱、理解、支持的需要。这三种需要是与生俱来的，是促进个体成长、发展的基本内驱力，对个体认知结构的发展及人格完善具有重要意义。

随着手机等移动互联网终端的普及，手机也逐渐成为个体获得基本心理需要满足的主要工具（Elhai 等，2016；Ohly 和 Latour，2014）。首先，手机具有个性化的特点。个体的手机里不仅包含个性化的信息，而且包含多种私人定制的功能，如系统界面设置、来电铃声设置等。个体可以根据自己的意愿设置具有个性化的系统界面等（Kolsaker 和 Drakatos，2009），这有助于个体在手机使用的过程中获得自主需要的满足。同时，个体还可以在使用手机进行游戏或社交的过程中根据自己的意愿对虚拟化身或社交资料进行私人定制（Oh 和 Larose，2016；魏华等，2014），这也会在一定程度上促进自主需要的满足。其次，手机是个体与他人建立或维持良好的人际关系的重要工具（Kang 和 Jung，2014）。且有研究指出，当个体的归属需要（关系需要）得不到满足时，个体会使用手机与他人保持联系，以获得归属需要（关系需要）的满足（Kardos 等，2018）。另有研究表明，基于手机的社会交往有助于个体获得社会资本（Park 等，2013）。因此，手机已经成为个体关系需要得到满足的重要途径。最后，手机使用也能够提升个体的自我效能感及控制感（Kim 等，2013；Ohly 和 Latour，2014），这对于个体胜任感需要的满足具有积极意义。基本心理需求的满足也是个体依恋风格形成和发展的重要预测因素。La Guardia 等（2000）的研究认为，安全型依恋形成和发展的决定性因素——依恋对象的敏感性和应答及时性可以被理解为依恋对象对个体三种心理需要的满足程度，并指出，个体在依恋关系（亲子依恋、同伴依恋等）中三种心理需要获得满足的程度是个体形成和发展安全型依恋的重要条件。基于品牌或产品依恋的研究也表明，当某一产品或品牌能够满足个体的三种基本心理需要时，个体就会对该品牌或产品产生依恋（Thomson，2006）。因此，自我决定理论也是理解个体与手机之间关系的重要理论视角。该理论指出，个体在手机使用过程中基本心理需求的满足是促使个体对手机产生依恋的关键因素（Kim 等，2013）。

第四节 "手机依恋"的测量

一 用户—设备依恋问卷（UDAS）

用户—设备依恋问卷（User-Device Attachment Scale，UDAS）是 Wehmeyer（2007）基于市场营销学、人机交互及社会学理论视角编制的。Wehmeyer 认为，个体之所以会对手机产生依恋是因为手机不仅具有象征性功能、美学价值，而且在人际沟通和社会交往过程中发挥着重要作用。因此，"用户—设备依恋"应包含象征性（Symbolism）、美感（Aesthetics）以及感知必要性（Perceived Necessity）三种成分。其中，象征性是个体在认识到手机的外延意义的基础上，推断出其内涵意义的认知过程，即个体意识到手机象征意义的程度越高，个体就越容易对手机产生依恋。例如，手机已经成为青少年社会地位的象征，拥有手机不仅有助于维护青少年的社会地位，而且有助于使同伴对其持有积极的社会态度，进而提升青少年被接纳、受欢迎的程度，个体在意识到手机的这一象征意义后，便会对手机产生特殊的情感依恋。美感是指手机外观诱发个体积极情感的程度，即个体越在意手机的外观，并根据个人喜好来"装饰"手机外观，个体的"用户—设备依恋"程度就越高。感知必要性是指个体意识到手机在人际沟通和社会交往中的重要性的程度，即个体对手机重要性的判断水平及使用手机的频率反映了个体的手机依恋水平。在此基础上，Wehmeyer 编制了用户—设备依恋问卷，该问卷包含象征性、美感以及感知必要性三个维度，共 12 个项目。其中，象征性维度包含 5 个项目（例如，"时尚的人会用最新款的手机""手机是个体人格的外在表现"）；美感维度包含 3 个项目（例如，"我的手机的外型和颜色都很吸引人"）；感知必要性维度包含 5 个项目（例如，"当手机不在身边时，我会感到不安"）。问卷采用 5 点计分，所有项目得分相加后求平均，分数越高，表明个体的"用户—设备依恋"程度越高。

二　手机依恋问卷（MPAS）

以往研究者对手机与人之间的关系进行了探讨，并编制了相应的测量问卷，但多数问卷都是基于"问题性使用"的视角，如"问题性手机使用""过度性手机使用"。然而，手机也为人们的工作和生活创造了诸多便利。因此，在探讨人与手机之间的关系、编制手机依恋问卷时，不仅要关注手机使用所带来的问题，也应关注手机在人们工作和生活中所具有的积极作用（Bock 等，2016）。基于这一观点，Bock 及其同事编制了手机依恋问卷（Mobile Phone Attachment Scale，MPAS），该问卷包含四个维度，即"手机的有用性"（8 个项目）、"焦虑型依恋"（7 个项目）、"成瘾"（6 个项目）以及"7 天 24 小时开机"（5 个项目）。"手机的有用性"关注的是手机的积极侧面，即手机在人们工作和生活中的积极作用，例如，"我的手机是我的私人助理"。"焦虑型依恋"和"成瘾"关注的是手机的消极侧面。其中，"焦虑型依恋"侧重于测量个体与手机分离或手机不能正常使用时个体的焦虑情绪，例如，"当我没有带手机时，我会感到焦虑"；而"成瘾"侧重于测量个体过度使用手机的行为表现，例如，"夜里醒来，我会查看我的手机消息"。"7 天 24 小时开机"

关注的是手机使用的"中立面",即个体使用手机的习惯,例如,"我的手机 24 小时开机"。问卷采用 5 点计分,各维度内项目得分相加求平均值即为该维度的得分。"焦虑型依恋""成瘾""7 天 24 小时开机"与消极情绪(焦虑、抑郁)存在显著正相关,而"手机的有用性"与消极情绪的相关不显著。值得注意的是,"手机的有用性"与"焦虑型依恋""成瘾""7 天 24 小时开机"均存在显著正相关,这可能是个体之所以认为"手机是有用的",是因为当手机不可用时,个体会产生消极情绪(Bock et al.,2016)。

三 手机依恋问卷(RSQ-SP)

Bodford 等(2017)认为,手机在人际关系建立或维持中发挥着重要作用,它可以被视为移动互联网时代人际联结的概括和象征。因此,手机依恋是个体的人际依恋在手机上的拓展和延伸。根据依恋动力学理论的观点,当个体的依恋需要得不到满足时,个体会从非生命物体中寻求依恋需要的满足,即与非生命物体建立依恋关系,如"过渡物"依恋(Winnicott,1953)。因此,Bodford 及其同事认为,当个体的依恋需要得不到满足时,个体会通过手机与他人建立依恋关系,并因此对手机产生依恋,且指出,个体的人际依恋风格会延伸到个体与手机的依恋关系中。由于安全型依恋的个体的依恋需要在人际依恋关系中已经获得满足,手机对依恋需要的"弥补作用"会被减弱。因此,与安全型依恋的个体相比,非安全型依恋(焦虑型依恋和回避型依恋)的个体更容易将手机视为依恋对象的替代品,以获得依恋需要的满足,且更容易将人际依恋的风格扩展到个体与手机的依恋关系中。基于以上观点,Bodford 及其同事在 Bartholomew 编制的关系评定问卷(Relationship Scales Questionnaire,RSQ)的基础上,将依恋对象替换为手机,并对关系评定问卷的项目进行了删除、修订,同时采用探索性因素分析和验证性因素分析对问卷的结构效度进行了检验,最终形成了手机依恋问卷(Relationship Scales Questionnaire-Smartphone,RSQ-SP)。该问卷包含安全型手机依恋、焦虑型手机依恋、回避型手机依恋三个维度，每个维度包含 4 个项目。例如，"我比较容易对手机产生依赖""我觉得依赖手机是很舒服自在的事情""我容易对手机形成依恋/感觉自己和手机是融合在一起的""我乐于爱护我的手机""我经常担心我的手机会坏掉""我常常担心会把手机弄丢""我担心我的手机无法满足我的需求""我常常过度使用手机，导致手机崩溃或死机""我不想依赖我的手机""对于我来说，在没有手机的情况下依然能自得其乐很重要""我不想被手机俘虏""手机不在身边时，我会有一种解脱感"。问卷采用 7 点计分，各维度内项目得分相加求平均值即为该维度的得分。三个维度中得分最高的维度即为个体的手机依恋类型。相关分析结果显示，被试的人际依恋类型与手机依恋类型呈对应的正相关，即安全型人际依恋与安全型手机依恋呈显著正相关，焦虑型人际依恋与焦虑型手机依恋呈显著正相关，回避型人际依恋与回避型手机依恋呈显著正相关。

四　大学生手机依恋问卷（YAPS）

皮尤研究中心（Pew Research Center, 2015）的相关调查数据显示，一些成年人（46%）认为生活不能没有手机，而另一些成年人则不这么认为。数据还表明，70% 的人认为手机在一定程度上是"自由"的代名词，30% 的人则认为手机像是一把"枷锁"，限制了他们的自由。另外，72% 的人认为手机是个体与他人保持社会联结的纽带，28% 的人则认为手机会导致"分心"。由此可知，手机使用给人们的社会交往带来了诸多便利，使人们更加自由，但同时也提高了个体被访问的可能性，个体可能因他人的一个电话或信息被动卷入社交过程，这会在一定程度上增加个体的负担，使人们体验到束缚感（Trub 和 Barbot，2016）。因此，Trub 和 Barbot（2016）认为，手机既有可能是个体的"避难所"（Refuge），也有可能是个体的"负担"（Burden）。其中，"避难所"与焦虑型依恋相对应，它是指当个体可以使用手机时，个体会有安全感，相反，当个体不能接触手机时，个体会感到焦虑或不适。例如，在陌生的环境中，当手机没电、手机无法使用或手机不在身边时，个体会感到不安，相反，当手机能够正常使用时，个体会感到舒适和安全。"负担"与回避型依恋相对应，它是指当手机存在时，个体会觉得手机带来了一种负担，当个体在与手机分离时会产生解脱感，并感觉手机的存在削弱了你"活在当下"或享受某一时刻的能力。例如，一些手机用户认为，手机是信息化时代的"电子锁链"，所有的手机用户都被这条无形的锁链束缚着。基于此，Trub 和 Barbot（2016）编制了大学生手机依恋问卷（Young Adult Attachment to Phone Scale，YAPS），该问卷包含"避难所"（Refuge）和"负担"（Burden）两个维度，每个维度包含 3 个项目。例如，"携带手机让我感到更安全""当我不能查看我的手机时，我会感到焦虑或不适""手机不在身边时，我会有一种解脱感""我会故意把手机放在一边，沉浸在我正在做的事情中""手机不在身边，我觉得自己就像光着身子一样""与手机在身边时相比，手机不在身边时，我感觉很更好"。问卷采用 5 点计分，各维度内项目相加求平均值即为被试在该维度上的得分。

五　感知手机依恋问卷（PAP）

根据 Bowlby 的依恋理论，依恋行为系统实质上是一种内在平衡控制系统，维持接近依恋对象的状态是依恋行为系统的目标（Bowlby，1969）。当个体无法接近依恋对象时，个体也会对所有物产生依恋（Lehman 等，1995）。且有研究指出，当某一所有物被认为无可替代时，个体会高估物品的价值，并因此对该物品产生依恋（Park 等，2008）。手机在人们工作和生活中的重要性日益突出，因此，Weller 等（2013）认为，个体会感知到其对手机的依恋，并在此基础上编制了感知手机依恋问卷（Perceived Attachment to Phones，PAP）。该问卷共包含 5 个项目，主要测量了个体所感知到的其对手机的依恋感，例如，"如果长时间不带手机，我会觉得不舒服""如果没有手机，我会感到失落""如果没有手机，我会觉得与朋友疏远了""如果没有手机,我会感到很难过""我宁愿丢钱包也不愿丢手机"。问卷采用5点计分,所有项目得分相加求平均值即为手机依恋得分,得分越高表明个体感知到的手机依恋程度越高。

六 手机依恋问卷（MAS）

根据 Bowlby 的观点,人类和许多动物生来就有一种依恋动机系统,这种系统促使他们寻求并保持与其他重要他人接近（Bowlby, 1969）。当依恋对象可靠或具备应答性时,个体会形成安全依恋;当依恋对象不可靠或不具备应答性时,个体会激活或抑制依恋系统,形成焦虑型依恋或回避型依恋,并会通过寻求依恋对象的替代品以获取生理及心理需要的满足（Bowlby, 1969）。当人际依恋得不到满足时,个体也会对物品产生依恋（Winnicott, 1953）。手机在人际关系的建立或发展过程中扮演着重要角色,并会对个体的情绪健康产生重要影响。相关研究表明,当个体与手机分离时,个体会产生焦虑情绪（Clayton 等,2015）。且有研究指出人际依恋特征,如寻求接近、避免分离,也存在于个体与手机的关系中（Vincent, 2006）。因此,Konok 等（2016）认为,手机可以作为依恋对象的替代品,满足个体的依恋需要,即手机依恋是一种类人际依恋。基于这一观点,Konok 等（2016）在成人依恋（Adults Attachment Scale, AAS）量表的基础上编制了手机依恋问卷（Mobile Attachment Scale, MAS）。该问卷基于手机使用过程中的类人际依恋特征,如寻求接近手机、避免与手机分离等,编制了包含10个项目的手机依恋问卷。探索性因素分析结果显示,剔除1个双重载荷的项目后,其余9个项目分属于3个维度,即寻求接近手机（4个项目）、人际沟通需要（3个项目）、手机沟通偏好（2个项目）。例如,"我经常检查我的手机,即使它不响""当我把手机忘在家里/手机没电时,我感到很难过""即使在晚上我的手机也放在我触手可及的地方""如果我把手机忘在家里,我愿意回家取""当我坐在某个地方（如咖啡馆、讲座、餐桌等）时,我会将手机放在伸手可及的可见位置""如果别人打电话找不到我,我会很紧张""如果我不能马上联系上某人,我会很紧张""如果一个亲密的朋友/家人不接电话,我就会开始担心/有不好的感觉""我更喜欢在电话里谈论尴尬的事情,而不是面对面""我更喜欢通过电话(与伴侣、家人等)而不是面对面地解决争端"。所有项目均采用5点计分,各维度内项目得分相加求平均值即为维度得分,所有项目得分相加求平均值即为手机依恋问卷得分,得分越高表明个体对手机的依恋程度越强。

七 手机依恋问卷(AMDS)

手机依恋问卷(Attachment Mobile Devices Scale,AMDS)是Kolsaker和Drakatos(2009)编制的。Kolsaker及其同事认为,手机依恋主要包含四个要素,即人际关系(Personal relationship)、生活中的一部分(Part of life)、保持联络(Keep in touch)以及私人的物品(Customized)。在此基础上,Kolsaker等人编制了手机依恋问卷,该问卷共包含"人际关系""生活中的一部分""保持联络"以及"私人物品"四个维度。其中,"人际关系"是指个体认为自己和手机之间有一种"人际关系"的感觉;"生活中的一部分"是指个体认为手机是其生活中必不可少的一部分;"保持联络"是指个体认为手机在其与家人和朋友保持联络的过程中的重要价值;"私人物品"是指个体认为手机是其私人物品的程度。问卷采用5点计分,各维度内项目得分相加求平均值即为维度得分,所有项目相加求平均值即为问卷总分,分数越高表明个体对手机的依恋程度越强。各维度得分及总分两两之间均呈显著正相关。

八 手机情感依恋问卷(EAMP)

手机情感依恋问卷是Warr(2013)在Kolsaker和Drakatos(2009)提出的四因素("人际关系""生活中的一部分""保持联络"以及"私人物品")手机依恋结构的基础上编制的。不同的是,Warr(2013)认为手机依恋问卷应包含:依恋手机(Attachment to

Mobile Phone)、依恋责任（Obligational Attachment）、个性化（Personalization）以及依恋功能（Services Attachment）四个部分。"依恋手机"主要测量个体离不开手机或手机嵌入个体工作和生活的程度；"依恋责任"主要测量个体所感知到的手机带来的"责任"（个体有责任或义务对他人的来电或消息做出及时回应）的程度；"个性化"主要测量手机代表个体个性和风格的程度；依恋功能主要测量个体依恋手机所具有的功能（如打电话、发短信等）的程度。值得注意的是，Warr（2013）认为这四个部分是相对独立的变量，且计分方式也不尽相同。例如，个体性化部分所包含的项目为"是/否"两点计分。

九 消费者—手机依恋问卷（CMPAS）

消费者—手机依恋问卷（Consumer-Mobile Phone Attachment Scale，CMPAS）是 Tlhabano 等（2013）在 Schifferstein 和 Zwartkruis-Pelgrim（2008）以及 Tlhabano 等（2013）编制的消费者—产品依恋问卷（Consumer-Mobile Phone Attachment Scale）的基础上修订的。该问卷主要测量了消费者在使用手机的过程中体验到的依恋感。问卷共包含9个项目，采用5点计分，所有项目得分相加求平均值即为消费者—手机依恋得分，分数越高表明个体在手机使用的过程中体验到的依恋越强。

第 三 章

述评：前人研究小结和实证研究设计

第一节　现有研究不足

随着移动信息技术的发展，手机逐渐成为人们工作和生活中不可或缺的重要组成部分，人与手机之间的关系也得到了相关领域研究者的关注。研究者对个体使用手机的动机及影响因素，以及手机使用与个体生理健康、心理社会适应之间的关系进行了深入探讨，并取得了一系列成果。

不幸的是，多数研究表明，手机能够对个体的生理及心理社会适应产生消极影响，这与"技术改善人类生活质量"的事实和"适者生存"的技术生态法则是相违背的。首先，从现象学的角度来看，手机的确为人们的生活带来了诸多便利，如基于手机的音乐、游戏等降低了人类休闲娱乐的成本；基于手机的网络购物、支付、出行预订等降低了人们的生活及出行成本，而大多研究揭示的是手机给个体心理社会适应带来的消极影响，这显然是矛盾的。其次，手机作为信息技术的产物，其普及程度是人们使用并做出选择的结果。如果手机是不利于人们生理和心理健康发展的，手机自然会被用户淘汰，而事实是手机自诞生以来其受欢迎性及普及率逐年提升，甚至在一些地区已经达到"人手一机"。存在这些矛盾的可能原因是，以往的研究对人与手机之间关系本质的认识是存在偏差的。那么，人与手机之间关系的本质是什么？

对以往研究的回顾发现，研究者从依恋理论视角对人与人、人与宠物、人与物品、人与地方、人与品牌等抽象概念之间的关系进行了探讨，并提出了人际依恋（亲子依恋、同伴依恋、成人依恋）、宠物依恋、物品依恋、地方依恋、品牌依恋等概念，揭示了人与人、人与其他事物之间关系的本质。这些研究表明，依恋理论作为揭示人与人、人与物之间关系的重要理论得到了证实，也获得了研究者的一致认可。那么依恋理论是否能够用于揭示人与手机的关系呢？为了对上述问题做出回应，有必要对手机是否具备依恋对象的功能，人与手机之间的关系是否符合依恋关系的四种特征，"手机依恋"的概念界定、结构与测量问题以及"手机依恋"的形成机制等问题进行系统而深入的探讨。

具体而言，随着信息技术的发展，手机等移动互联网终端日益普及，逐渐成为人们休闲娱乐、社会交往、获取信息、购物理财、工作学习、出行的重要工具，为人们的工作和生活带来了诸多便利。手机使用的影响因素以及手机使用对个体心理社会适应的影响已经成为网络心理学领域研究者关注的焦点问题，并取得了一系列研究成果。研究发现，手机使用会受到个体的家庭环境因素、同伴因素以及个体因素的影响（Lee 等，2017）。就家庭环境因素而言，手机使用会受到家庭教养方式、家庭功能等因素的影响。当个体所感知到的父母的关心、温暖、支撑水平较低，而过度保护、控制、干预水平较高时，个体使用手机的频率会更高，甚至导致手机成瘾（Jung Yoo 和 Kim，2015）。父母对青少年的忽视也是导致青少年手机使用频率增加、手机成瘾的重要预测因素（Kwak 等，2018）。且有研究表明，家庭功能障碍也是导致青少年手机成瘾的关键诱因（Kim 等，2018）。就同伴因素而言，良好的同伴关系是青少年手机成瘾的重要保护因素；相反，同伴关系不良及孤独感则是手机使用的重要诱因（Wang 等，2017）。就个体因素而言，个体的消极情绪及消极人格特质均会促进个体的手机使用，甚至导致手机成瘾。相关研究发现，抑郁、焦虑、压力等消极情绪是诱发个体手机使用的重要预测因素（Lee 等，2014）。且无聊倾向、低自尊、低自我控制等消极人格特质是个体过度使用手机的重要诱因（李晓敏等，2016；刘勤学等，2017）。同时，手机使用也会对个体的生理健康及心理社会适应产生重要影响。适度、恰当地使用手机有利于个体生理及心理健康的发展，过度手机使用则会对个体的生理及心理健康产生消极影响。研究发现，过度使用手机不仅是导致个体肥胖（Kenney 和 Gortmaker，2017）、视力和睡眠质量下降的重要原因（Gawit 等，2017；刘庆奇等，2017），也是诱发"干眼病"（Moon 等，2016；王益蓉，2017）、颈椎病（Kim，2015；Lee 等，2015）、手部肌肉疼痛（Lee 等，2015）等生理疾病的关键因素。且过度使用手机会诱发个体的行为适应不良，如拖延（连帅磊等，2018）、情绪适应不良、抑郁（Chang 和 Ok，2017）、人际关系适应不良（廖慧云等，2016）等问题。

第一，虽然以往研究对手机使用的影响因素及影响后效进行了探讨，并引入"手机依赖""手机成瘾"等概念对人与手机之间的关系进行了揭示，但"手机依赖""手机成瘾"等概念都是从病理性手机使用的角度对人与手机的关系进行探讨的，这些概念只反映了人与手机之间关系的消极侧面，而没有对人与手机之间关系的积极侧面，即手机对人类生理和心理发展的积极意义进行探讨（Bock 等，2016）。相关研究已经证实，手机使用为个体的工作和生活带来了诸多便利。例如，利用手机发短信有利于个体与他人建立良好的人际关系（Cho，2015；Park 等，2016）。且手机使用能够满足个体的多种心理需求，对个体的心理社会适应产生积极影响（Kang 和 Jung，2014）。因此，在揭示人与手机之间关系的本质时，不仅要关注手机使用对个体的消极影响，也应该关注手机使用对个体的积极影响。如前所述，依恋理论为我们理解人与人、人与其他事物之间的关系提供了一种相对完善的理论视角。该理论认为，良好的依恋关系（安全型依恋）能够对个体的心理社会适应产生积极影响；相反，依恋关系不良（非安全型依恋关系：焦虑型依恋和回避型依恋）则会对个体的心理社会适应产生消极影响（Bowlby，1969）。因此，基于依恋理论探讨人与手机之间的依恋关系，不仅能涵盖人与手机之间关系的积极面（安全型手机依恋），也能涵盖人与手机之间关系的消极面（焦虑型手机依恋和回避型手机依恋），这有助于我们更加全面地理解人与手机之间关系的本质。

第二，以往研究认识到"手机成瘾""手机依赖"等概念在解释人与手机之间关系时的片面性，即这些概念只描述了人与手机关系中的消极面，并在此基础上提出了从依恋理论视角解释人与手机的关系，这有助于更加全面地揭示人与手机关系的本质。但是，以往研究在依恋视角下探讨人与手机的关系时提出的"手机依恋"概念，是建立在理论推演的基础上的，并没有对人与手机之间关系的特征进行探讨。这使得现有的"手机依恋"概念如无源之水，无本之木。因此，为了深入剖析人与手机关系的本质，提出更加完善、准确的手机依恋概念，首先要明确人与手机之间关系的特征。另外，以往研究并没有对"人与手机之间所形成的'手机依恋'是否符合Bowlby（1969）所提出来的依恋关系的四种基本特征（趋近行为、分离焦虑、避风港和安全基地）"这一问题进行详细探讨。因此，本书拟采用质性研究、行为实验的方法，探讨人与手机之间所形成的"手机依恋"是否符合"趋近行为、分离焦虑、避风港、安全基地"四种依恋关系的基本特征。

第三，虽然以往的研究者围绕"手机依恋"展开了一系列研究，但是，由于理论视角的不同，研究者对手机依恋这一概念的内涵、结构以及测量方法的理解也不尽相同。从概念的内涵上看，有研究者认为，手机依恋是个体与手机之间所形成的情感联结（Bodford等，2017；Malillos，2017；Vincent，2006）。也有研究者认为，个体与手机之间形成的依恋关系中不仅包含情感成分，还包含认知成分，即手机依恋是个体与手机之间形成的情感与认知纽带（Meschtscherjakov 等，2014）。从概念的结构上看，以往研究者对手机依恋的概念结构主要存在以下几种观点：（1）单维结构观：①Weller 等（2013）认为，手机依恋是单维的，主要反映了个体对手机产生情感依恋的程度；②Tlhabano 等（2013）认为，手机依恋是单维的，是"消费者—产品依恋"的一种。（2）二维结构观：Trub 和 Barbot（2016）认为，手机依恋应包含"避难所"（Refuge）和"负担"（Burden）两个维度。（3）三维结构观：①Wehmeyer（2007）认为，手机依恋应包含象征性（Symbolism）、美感（Aesthetics）以及感知必要性（Perceived Necessity）三种成分；②Bodford 等（2017）认为，手机依恋应包含安全型手机依恋、焦虑型手机依恋、回避型手机依恋三个维度；③Konok 等（2016）认为，手机依恋应包含寻求接近手机、人际沟通需要、手机沟通偏好三个维度。（4）四维结构观：①Bock 等（2016）认为，手机依恋应包含手机的有用性、焦虑型依恋、成瘾、7 天 24 小时开机四个维度；②Kolsaker 和 Drakatos（2009）认为，手机依恋主要包含四个要素，即人际关系（Personal relationship）、生活中的一部分（Part of life）、保持联络（Keep in touch）以及私人物品（Customized）；③Warr（2013）认为，手机依恋应包含依恋手机（Attachment to Mobile Phone）、依恋责任（Obligational Attachment）、个性化（Personalization）以及依恋功能（Services Attachment）四个部分。

以往研究中关于手机依恋的概念结构的观点众说纷纭，表明"手机依恋"作为移动互联网时代新的行为及心理现象，虽然得到了诸多研究者的关注，但相关研究仍处于初级阶段，手机依恋的概念结构仍不清晰，有待进一步探讨。此外，以往关于"手机依恋"的研究均是基于西方的文化背景进行的。由于中西方文化的差异，手机在中西方人群中所扮演的角色也可能存在一定的差异。例如，与西方的个人主义文化相比，在中国集体主义文化背景下，人们具有更强的人际关系导向（陈奕曼，2012）。因此，作为人们建立或维持人际关系的重要工具，手机的社交功能在中国文化背景下显得更加重要。此外，与西方文化相比，手机在中国文化背景下具有较高的象征性功能，即个体倾向于将手机视为自己身份或地位的象征（Xie 等，2016）。这会使得中国大学生更加看重手机，手机对其工作和生活的意义也更加丰富。因此，本书拟在以往研究的基础上，在中国文化背景下，采用质性研究方法，对手机依恋的概念、结构进行探讨，并编制适用于中国大学生的手机依恋测量工具。

第四，作为物品，手机与人的关系属于"三大关系"中"人与自然（物品）关系"的范畴；作为人际沟通的工具，手机与人的关系也可能是"人与他人之间关系"在移动互联网时代的一种新体现；作为自我的延伸、自我概念扩展的来源，手机与人的关系也可能是移动互联网时代"人与自我之间关系"的重要组成部分，而"人与他人之间关系"和"人与自我的关系"是人际依恋的重要成分，因此，手机依恋既可能是物品依恋在人与手机关系中的扩展，也可能是人际依恋在人与手机关系中的延伸。以往研究表明，不同的人际依恋类型会对个体的手机使用行为产生不同的直接或间接影响，并因此使个体形成不同的手机依恋风格（Bodford 等，2017），但以往研究尚未对人际依恋类型与手机依恋类型之间是否存在一一对应的关系这一问题进行探讨。如果人际依恋类型与手机依恋类型之间只存在一一对应的关系，说明手机依恋可能是人际依恋风格在人与手机关系中的拓展和延伸；如果人际依恋类型与手机依恋类型之间既存在一一对应关系又存在交叉对应关系，说明手机依恋虽然会受到人际依恋风格的影响，但其实质不仅是人际依恋风格在人与手机关系中的延伸和扩展，还可能是物品依恋在人与手机关系中的体现。因此，探讨人际依恋与手机依恋之间的关系，有助于明晰手机依恋是人际依恋风格在人与手机关系中的拓展或延伸，还是融合了人际依恋和物品依恋的一种新的依恋关系。

为了对上述问题做出回应，在探讨手机依恋的概念、结构，并开发相应测量工具的基础上，本研究拟进一步探讨人际依恋与手机依恋的关系及内在心理机制。具体而言，从人际依恋理论、自我决定理论以及自我扩展理论视角，对手机依恋形成的心理机制进行探讨；重点考察社会排斥、手机自我扩展在人际依恋与手机依恋关系中的中介作用，为引导大学生合理、恰当地使用手机，与手机建立良好的依恋关系提供理论依据。

第二节　本研究拟讨论的问题

基于以上论述，本研究结合移动互联网时代这一背景，聚焦于个体与手机之间的关系，从依恋理论视角对人与手机之间关系的本质进行探讨，以此为研究移动互联网时代人与技术的关系提供新的理论视角。本研究主要探讨以下问题：

第一，为了解个体与手机之间关系的特征，考察这些特征是否符合依恋关系的四个基本特征——"趋近行为、分离焦虑、避风港、安全基地"，本研究通过质性研究方法，探讨个体在使用手机的过程中，是否存在以下特征：（1）当个体感受到消极的经历或情绪体验时，个体会趋近手机，即试图接近手机；（2）当与手机"分离"（手机不在身边，手机无法正常使用）时，个体会体验到焦虑等痛苦情绪；（3）当受到挫折时，个体会通过玩手机来获得情绪上的安慰；（4）当手机在身边时，个体会感觉更加安全，并会对个体的心理及行为表现产生积极影响。以此初步揭示人与手机关系的行为及情绪特征，并初步判断人与手机的关系中是否存在依恋关系的四种基本特征。

第二，在质性研究的基础上，第五—八章基于相关实证研究结果，采用行为实验的方法，通过四个子研究考察人与手机的关系是否符合依恋关系的四种基本特征。第五章，考察手机分离是否会诱发个体对手机的趋近行为；第六章，考察手机分离（不在身边、关机等情景）是否会诱发个体的焦虑情绪；第七章，通过实验操纵诱发个体的挫折体验，考察不同类型的手机接触是否能够缓解个体的挫折体验；第八章，考察基于手机情景的依恋安全启动对个体情绪及自我评价的影响。以上四个子研究为判断人与手机的关系是否符合依恋关系的四种基本特征提供实证依据。

第三，在探讨人与手机的关系是否符合依恋关系的四种基本特征这一问题的基础上，通过质性研究方法，探讨"手机依恋"的概念、一般表现和具体特征等，并进一步编制"手机依恋"的测量工具，以此为后续研究奠定基础。

第四，本研究从传统依恋理论、自我决定理论以及自我扩展理论视角，采用问卷法对人际依恋与"手机依恋"的关系及内在心理机制进行探讨。

第三节　本研究总体设计

为解决上述问题，本研究拟通过访谈法、问卷调查、行为实验等方法，从依恋理论视角对人与手机之间关系的本质进行探讨。本研究提出了如图3-1所示的总体研究设计框架，整本书的实证研究部分共包括七章。具体而言，第四章通过质性研究的方法探讨个体在使用手机的过程中，是否存在"趋近行为""分离焦虑""避风港"及"安全基地"的特征。在此基础上，第五—八章基于相关实证研究结果，采用行为实验法，通过四个子研究，分别从"趋近行为""分离焦虑""避风港"及"安全基地"视角，探讨人与手机的关系中是否存在依恋关系，为"手机依恋"这一概念的提出提供实证依据。第九章通过质性研究和问卷法，探讨"手机依恋"的概念、结构以及测量方法。具体而言，研究一通过质性研究方法，探讨"手机依恋"的概念、一般表现和具体特征；研究二基于质性研究结果，编制"手机依恋"的测量工具，以此为后续研究奠定工具基础。第十章通过问卷法，从传统依恋理论、自我决定理论以及自我扩展理论视角，探讨"手机依恋"与人际依恋的关系。

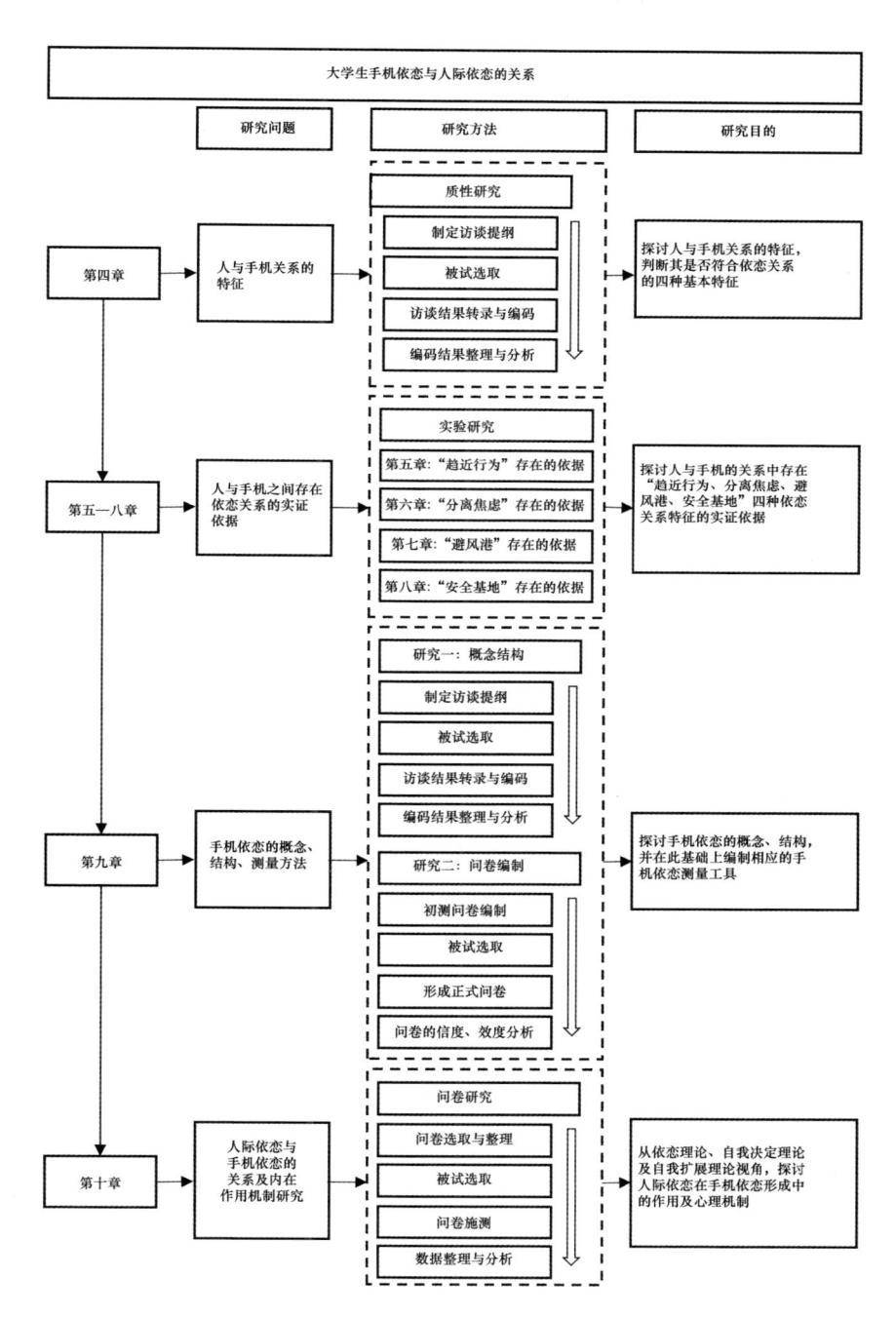

第三章 述评：前人研究小结和实证研究设计

```
                     大学生手机依恋与人际依恋的关系

              研究问题              研究方法              研究目的

                                    质性研究
                                ┌─────────────────┐
                                │  制定访谈提纲    │
   第四章 ── 人与手机关系的 ──┤  被试选取        │── 探讨人与手机关系的特征，
              特征              │  访谈结果转录与编码│   判断其是否符合依恋关系
                                │  编码结果整理与分析│   的四种基本特征
                                └─────────────────┘

                                    实验研究
                                ┌─────────────────┐
                                │第五章："趋近行为"存在的依据│   探讨人与手机的关系中存在
   第五—八章 ── 人与手机之间存在 ──│第六章："分离焦虑"存在的依据│── "趋近行为、分离焦虑、避
                依恋关系的实证   │第七章："避风港"存在的依据  │   风港、安全基地"四种依恋
                依据              │第八章："安全基地"存在的依据│   关系特征的实证依据
                                └─────────────────┘

                                ┌─────────────────┐
                                │研究一：概念结构   │
                                │  制定访谈提纲    │
                                │  被试选取        │
                                │  访谈结果转录与编码│
                                │  编码结果整理与分析│
   第九章 ── 手机依恋的概念、  ──│研究二：问卷编制   │── 探讨手机依恋的概念、结构，
              结构、测量方法     │  初测问卷编制    │   并在此基础上编制相应的手
                                │  被试选取        │   机依恋测量工具
                                │  形成正式问卷    │
                                │  问卷的信度、效度分析│
                                └─────────────────┘

                                    问卷研究
                                ┌─────────────────┐
                                │  问卷选取与整理  │   从依恋理论、自我决定理论
   第十章 ── 人际依恋与      ──│  被试选取        │── 及自我扩展理论视角，探讨
              手机依恋的         │  问卷施测        │   人际依恋在手机依恋形成中
              关系及内在         │  数据整理与分析  │   的作用及心理机制
              作用机制研究       └─────────────────┘
```

图 3-1 研究设计路线

第二篇

人与手机之间存在依恋关系的实证依据

第四章

人与手机之间关系的特征

第一节 研究目的

随着手机功能的日益多样化，手机与人们学习、工作及生活的关系日益密切。研究者对手机使用的动机、影响因素以及影响后效进行了探讨，并取得了一系列研究成果。研究者认为，揭示手机使用的动机、影响因素及其影响后效的关键在于探明人与手机之间关系的本质。因此，研究者对人们在手机使用过程中与手机之间形成的关系进行了探讨，并提出了手机依赖（Kim 和 Hahn，2015）、手机成瘾（Kwon 等，2013）、病理性手机使用等概念（Rozgonjuk 等，2018）。但这些概念多是从"病理学"的视角提出的，主要探讨了手机使用可能会给个体心理带来的消极影响，如抑郁（Chang 和 Ok，2017）、拖延（连帅磊等，2018）、睡眠质量下降（Liu 等，2017）等。随着研究的深入与拓展，研究者认为，对于个体的心理社会适应而言，手机是把"双刃剑"（Dén Nagy，2014）。不恰当或过度的手机使用可能会给个体的心理社会适应带来消极影响，相对合理、适度的手机使用则会给个体的心理健康发展产生积极影响。因此，研究者认为，基于"病理学"视角探讨手机使用给个体的心理社会适应带来潜在风险的同时，也不能忽视手机使用对个体心理社会适应的促进作用（Trub 和 Barbot，2016；Fullwood 等，2017）。且有研究指出，手机使用对个体心理社会适应的不同影响可能是由个体与手机之间所形成的关系模式或手机使用行为模式所决定的（Bodford 等，2017）。因此，为了更好地揭示手机使用与个体心理之间的关系及作用机制，研究者需要在充分了解人与手机之间关系特征的基础上，提出更加全面地描述人与手机之间关系的概念。依恋理论是揭示个体与他人或物品之间关系的重要理论，对揭示个体与他人、物品之间关系的本质具有重要意义（Bowlby，1969；Litt，1986）。依恋理论认为，不同的依恋关系（如安全型或非安全型）对个体心理社会适应的影响不同（Bowlby，1969）。基于依恋理论探讨人与手机关系中的依恋关系，既能够反映适应性手机使用行为模式（安全型手机依恋），也能够揭示非适应性手机使用行为模式（焦虑型手机依恋或回避型手机依恋）。为了构建人与手机之间的依恋关系，首先要对人与手机之间关系的行为及情绪特征进行探讨。因此，本章的研究拟采用质性研究方法，从依恋理论视角，揭示人与手机之间关系的行为及情绪特征，以此为探讨人与手机的关系是否具备依恋关系的四个基本特征——"趋近行为""分离焦虑""避风港"及"安全基地"——这一问题提供现象学依据，并在此基础上，为提出"手机依恋"这一概念来描述人与手机之间关系的合理性提供依据。

第二节　研究方法

一　参与者

（一）访谈对象

本研究以 20 名（男生、女生各 10 名）在校大学生作为访谈对象。访谈对象的年龄在 18—25 岁（22±2.0），其中，本科生和硕士研究生各 10 名。所有访谈对象的手机使用年数在 1—13 年（6.8±3.52）。

（二）访谈主试

访谈主试由 1 名发展与教育心理学专业的博士研究生（本文作者）以及 10 名发展与教育心理学专业的硕士研究生（男生、女生各 5 名）构成。所有主试系统学习了协同一致质化研究方法（CQR）的相关知识，阅读了相关的代表性文献。在此基础上，所有访谈主试均参与了本质性研究的访谈提纲及操作手册的制定。在访谈过程中，所有访谈主试严格按照操作手册执行。

二 访谈提纲

在认真研读访谈提纲编制的基本规范的基础上，基于本研究的目的，研究小组通过讨论，编制了访谈提纲，并在预访谈的基础上，根据访谈对象及访谈主试的反馈，进一步完善了访谈提纲的内容和结构。最终形成的访谈提纲（见附录 1）主要包含四部分内容：（1）基本信息，该部分主要包含访谈对象的性别、年龄、年级、专业等；（2）手机使用的基本信息，使用手机的年数及常用的手机功能；（3）手机使用存在的行为特征；（4）手机使用中个体的情绪感受。

三 数据收集

（一）招募访谈对象

根据自主、自愿原则，所有访谈对象均是通过广告招募而来。在招募来的大学生中，筛选出 20 名（男生、女生各 10 名）具有手机使用经验的大学生作为本研究的访谈对象。

（二）数据收集过程

首先，主试依据统一的指导语向访谈对象介绍本次访谈的目的及大概内容；其次，主试将知情同意书交给访谈对象，提醒访谈对象在认真阅读后，选择参与或拒绝本次访谈，并签字；最后，主试依据访谈提纲及指导语开始正式访谈。

四 数据分析

在所有访谈录音转录完成后,采用研究者协同一致质化研究方法(Cnsensual Qualitative Research,CQR)对访谈数据进行分析。第一,以访谈提纲为框架对访谈内容进行汇总整理,并在此基础上,提取出与本质性研究的主题"人与手机之间关系的特征"相关的内容;第二,将人与手机关系中存在的特征进行梳理分类,以获得具有相对独立性的域(Domain),即核心主题;第三,将同一域内的信息进行概括,以此凝练出访谈内容的核心观点(Core Idea);第四,将同属于一个域内的核心观点汇总并找出共同点,以此形成不同的类别(Category),即"人机关系"的不同特征;第五,根据依恋关系存在的四个标准——"趋近行为""分离焦虑""避风港"及"安全基地",判断人与手机的关系中是否存在依恋关系。

第三节 研究结果

"人机关系"的特征主要可以分为4个相对独立的域,各个相对独立的域所包含的下属类及其对应的核心观点实例见表4-1。

表4-1　　　　　人与手机之间关系的特征:CQR的结果

域	类	核心观点举例
手机使用的行为习惯	可接近性	访谈对象认为,人们在使用手机的过程中倾向于随身携带手机,或倾向于保持较高的手机可接近性,且具有避免与手机分离的倾向
	可使用性	访谈对象认为,人们在使用手机的过程中倾向于使手机处于电量充足、信号良好等可使用的状态,避免手机电量不足及网络信号不良等不可使用的状态,以便于随时随地使用手机为其工作和生活服务

续表

域	类	核心观点举例
手机分离的经验感受	行为经验	访谈对象认为,当手机处于不可使用的状态时(如电量不足或耗尽,网络信号差或无信号,手机不在身边等),人们通常会尽快采取行动使手机恢复到正常使用的状态
	情绪体验	访谈对象认为,当手机处于不可使用的状态时(如电量不足或耗尽,网络信号差或无信号,手机不在身边等),人们通常会体验到焦虑不安、无聊等消极的情绪体验
手机使用的诱发因素	工具性诱因	访谈对象认为,在长期的手机使用过程中,手机已经成为人们查阅信息资料、查阅地图、获取新闻资讯、维持社会关系、消遣娱乐的重要工具。当个体具有上述或需要解决某些问题时,个体就会使用手机
	情绪性诱因	访谈对象认为,手机使用具有较强的情绪性,即当个体感到无聊、心情不愉快等消极情绪时倾向于通过玩手机来缓解
手机使用对个体的影响	积极影响	访谈对象认为,随着手机功能的日益多样化,手机在人们的工作及生活中扮演着越来越重要的角色。手机不仅能够为人们的工作和生活带来诸多便利,例如获取信息,交流沟通等,而且在人们心理需要满足的过程中扮演着重要角色,例如,使个体感到心安,满足个体的胜任感、关系需要等
	消极影响	访谈对象认为,在长期的手机使用过程中,手机也可能会给个体带来消极的影响。例如,长期使用手机会导致个体自我控制、注意控制水平下降;而且过度使用手机会浪费个体的时间,降低个体的工作效率,并会对个体的身体健康产生消极影响

为了判断"人机关系"是否符合依恋关系的四种基本特征,本研究通过质性研究对"人机关系"的特征进行了探讨,并采用研究者协同一致的质性研究方法对来自20名具有手机使用经验的大学生

的访谈内容进行分析，结果表明：

1. 从手机使用的行为习惯来看，人们具有维持手机可接近性及可使用性的倾向。就手机的可接近性而言，在长期的手机使用过程中，人们倾向于随身携带手机，保持较高的手机可接近性。当个体将手机落在其他地方时，个体会尽快将手机取回并随身携带。就手机的可使用性而言，手机的电量、网络信号状态是影响手机可使用性的重要因素。在长期使用手机的过程中，个体倾向于使手机保持电量充足、信号状态良好，以便于个体随时随地都能使用手机。

2. 从"手机分离"的经验感受来看，当个体处于"手机分离"的状态（如电量不足或耗尽、网络信号差或无信号、手机不在身边等）时，个体会体验到焦虑不安、无聊等消极情绪。例如，有访谈对象说道："当手机不在身边，或不能正常使用的时候，我会有一种失落感，也会感觉不踏实，担心会错过重要的消息。"也有访谈对象说道："当手机落在宿舍时，我会特别没有安全感，害怕有人找我，也会感到焦虑、气愤、烦躁。"此外，当个体处于"手机分离"的状态时，个体会想尽一切办法让手机恢复正常使用状态。例如，有访谈对象说道："当手机快要没电、自动关机的时候，我就会想尽一切办法找充电器充电，每天出门都会带充电宝，当手机落在宿舍时也会尽快去取回。"也有访谈对象说道："当手机连不上网或网络信号差时，我会感到特别沮丧，会想办法让手机连上附近的无线网。"

3. 从手机使用的诱发因素来看，手机使用有两大类诱发因素，即工具性诱发因素和情绪性诱发因素。其中，工具性诱发因素是指个体为了处理工作和生活中所面临的问题而使用手机。情绪性诱发因素是指个体为了缓解自己的消极情绪、分享自己的积极情绪或打发无聊时间而使用手机。前者主要是将手机视为处理日常工作、生活事务的工具。例如，有访谈对象说道："准备去一个陌生的地方时，我会先查阅一下手机地图，到了陌生的地方，我也会先打开手机导航，防止自己迷失""手机已经成为协助我学习的重要工具，当遇到新单词、新概念或者我不太理解的知识，我都会拿出手机查资料，也会用手机便签记下新学的知识点，以便于回头查看""基于手机的社交软件已经成为人们沟通交流的工具，当我需要朋友或家人的支持时，我就会用手机和他们联系"。后者主要是将手机作为情绪转移、情绪宣泄、情绪分享、充实生活的工具。例如，有访谈对象说道："当我无所事事，感到无聊的时候，我就会用手机刷短视频或看新闻资讯来消磨时间""当我心情不好的时候，我会用手机听音乐、看电影，也会用手机和朋友或家人聊天，宣泄自己的消极情绪""当我感到高兴的时候，我也会通过手机和朋友及家人一起分享我的快乐"。

4. 从手机使用对个体的影响来看，在长期的手机使用过程中，手机虽然为人们的工作、生活带来了便利，但也对人们的工作、生活、身心健康产生了消极影响。

手机使用对个体的工作、生活及心理适应产生了积极影响。手机在一定程度上提高了个体工作及生活的效率。例如，有访谈对象认为，随着互联网信息技术的发展，手机的功能渗透到了工作和生活的方方面面。个体不仅可以通过手机邮件、社交软件处理工作中的沟通交流事务，提高工作效率，也可以通过手机购物、手机支付等手机生活类 App 提高处理生活事务的效率。手机的学习、办公软件功能越来越强大，个体可以随时随地学习、办公，提高了碎片化时间的利用率。此外，手机也对个体的心理社会适应产生了积极影响。有访谈对象认为，手机在身边时，会很有安全感，能够很好地适应生活；手机的娱乐功能能够使人快乐，使人获得有价值的体验；手机有助于我们与朋友或家人联系，使我们获得及时的社会支持。甚至有访谈对象认为，有时候，仅仅触摸手机而不开手机，也会感到心里踏实。

在长期的手机使用过程中，手机也会对个体产生消极影响。第一，手机容易分散个体的注意力，影响工作效率。例如，有访谈对象说道："有时候也觉得手机比较麻烦。需要做一件事情的时候，手机放旁边的话，可能会时不时地拿出手机来翻看，因为担心会错过消息，没能及时回复同学、朋友""当需要全身心投入做一件事情的时候，很容易被手机干扰，手机会分散注意力，降低我的学习或工作效率""经常使用手机就会不自觉地拿手机，会影响工作效率"。第二，手机也会让个体产生束缚感。例如，有访谈对象说道："当我一个人特别想清净一下的时候，手机在身上的话，总会有人找我，就会觉得很烦""手机就像是一个枷锁，随时随地都被它捆绑着，无论我在哪里，别人都能找到我，我不得不时时刻刻做好接电话、回复别人消息的准备，显得很不自由"。第三，手机会对个体的生理健康产生影响。有访谈对象说道："看手机时间长了，眼睛会比较痛，视力会下降""玩手机会耽误睡眠时间""使用手机会对颈椎不好"。第四，手机也会对个体的心理健康产生消极影响。有访谈对象说道："手机容易让人变得神经质，担心错失消息，也会让人高估信息的重要性""手机会让人生理上很困倦，精神方面变得麻木""会不自觉地依赖手机，造成手机成瘾，影响心情"。第五，手机会影响人际沟通的效率。例如，有研究者说道："基于手机的人际沟通逐渐代替了面对面的人际沟通，这降低了人际沟通的质量""在面对面的社交活动中，大家都容易被手机吸引，经常会出现，虽然人在一起，但是注意力都在手机上的局面"。

第四节　讨论

通过对访谈内容进行整理、分析，发现"人机关系"存在以下特征：（1）人们具有维持手机可接近性及可使用性，避免手机不可使用状态的倾向；（2）当个体处于"手机分离"的状态（如电量不足或耗尽、网络信号差或无信号、手机不在身边等）时，个体会体验到焦虑不安、无聊等消极情绪，并会试图使手机恢复到正常使用的状态；（3）手机使用存在工具性诱因和情绪性诱因两大类，其中前者主要指在处理日常事务时，个体倾向于利用手机解决所面对的问题，后者主要指在不同的情绪状态下，个体都会使用手机宣泄、表达、分享个体的情绪；(4) 手机是把"双刃剑"，在长期的手机使用过程中，手机不仅为人们的工作、生活带来了便利，促进个体身心健康发展，也对人们的工作、生活、身心健康产生了消极影响。

那么，"人机关系"的特征是否符合依恋关系的基本特征呢？为了回答这一问题，我们需要对"人机关系"的特征与依恋关系的特征进行比较分析。如前所述，依恋关系具有"趋近行为""分离焦虑""避风港"和"安全基地"四种基本特征（Bowlby，1969）。

首先，根据依恋理论，趋近行为是指个体倾向于接近依恋对象，回避与依恋对象分离的行为特征（Bowlby，1969）。在"人机关系"中，人们具有维持手机的可接近性及可使用性，避免手机处于不可使用状态的倾向。这在两种关系中，依恋的主体均具有维持"依恋对象"可获得性的倾向。这表明"人机关系"中存在"趋近行为"，即个体倾向于接近手机或维持手机正常使用，避免手机异常的状态。因此，从手机使用习惯的角度来看，人与手机之间的关系符合依恋关系的"趋近行为"特征。

其次，当个体处于"手机分离"的状态（如电量不足或耗尽、网络信号差或无信号、手机不在身边等）时，个体会体验到焦虑不安、无聊、心情低落等消极情绪，并会试图使手机恢复到正常使用的状态。根据依恋理论，分离焦虑是指一旦个体与依恋对象分离，个体会体验到痛苦、不安等消极情绪（Bowlby，1969）。由此可知，当处于"手机分离"的状态时，个体体验到了与依恋对象分离时的类似的消极情绪，即"人机关系"中也存在"分离焦虑"。因此，人与手机之间的关系符合依恋关系的"分离焦虑"特征。

再次，根据依恋理论，依恋关系具有"避风港"特征，即当个体遇到挫折或不快时，其会主动向依恋对象寻求帮助和安慰（Bowlby，1969）。通过对手机使用的诱因进行分析发现，手机使用存在工具性诱因和情绪性诱因两大类。其中，前者主要指在处理日常事务时，个体倾向于利用手机解决所面对的问题；后者主要指在不同的情绪状态下，个体都会使用手机宣泄、表达、分享个体的情绪。由此可知，两种关系在"避风港"这一特征上，既有共同点，也有不同点。共同点在于，当个体遇到挫折或不快时，人际依恋对象和手机都会成为个体寻求帮助、缓解消极情绪的途径。不同点在于，手机作为"依恋对象"也是依恋主体分享积极情绪的工具。因此，"人机关系"不仅符合依恋关系的"避风港"特征，而且扩大了"避风港"特征的内涵。

最后，根据依恋理论，安全基地是指个体在依恋对象存在时会感到更加安全，更加主动地探索外部世界（Bowlby，1969），其主要内涵是依恋对象的存在对依恋主体产生了积极影响。在"人机关系"中，手机能够为个体的工作和生活带来诸多便利，提高个体的工作及学习效率，也会使个体感到很安全，增加个体的积极体验，并有利于个体获得社会支持资源，使个体更好地适应外部世界。由此可知，从手机对个体的积极影响来看，手机在"人机关系"中扮演了"安全基地"的角色，即手机为个体带来了安全感及积极的情绪体验，并提高了个体工作、学习及处理日常事务的效率，有利于个体探索、适应外部世界。因此，"人机关系"符合依恋关系的"安全基地"特征。不同的是，手机在扮演"安全基地"角色的同时，也会对个体产生消极影响，即手机不仅会导致个体注意力分散、工作效率下降，也会使个体对手机产生依赖而产生消极情绪，并会使个体产生"束缚感"，且长时间的手机使用也会对个体的睡眠质量、视力、颈椎等产生消极影响。因此，在"人机关系"中，手机是把"双刃剑"，个体会对手机产生"又爱又恨"的矛盾情感，这虽然超出了"安全基地"特征概念的内涵，但与人际依恋关系并不矛盾。因为人际依恋中也存在矛盾型依恋，即依恋主体既想从依恋对象那里获得安慰，又对依恋对象不满（Ainsworth，1974）。

第五节　结论

1. 从手机使用习惯上看，人们具有维持手机的可接近性及可使用性，避免手机处于不可使用状态的倾向，这一特征与依恋关系中的"趋近行为"特征是相契合的。

2. 当个体处于"手机分离"的状态时，个体会体验到焦虑不安、无聊等消极情绪，并会试图使手机恢复到正常使用的状态，这一特征契合了依恋关系中"分离焦虑"特征。

3. 手机使用存在工具性诱因和情绪性诱因两大类，其中前者主要指在处理日常事务时，个体倾向于利用手机解决所面对的问题；后者主要指在不同的情绪状态下，个体都会使用手机宣泄、表达、分享个体的情绪。这一特征契合了依恋关系的"避风港"特征，同时也扩大了"避风港"特征的内涵，即个体不仅会在遇到困难或消极情绪时，使用手机处理问题或缓解消极情绪，也会在体验到积极情绪时，使用手机与他人分享自己的积极情绪。

4. 手机是把"双刃剑"，让人们"又爱又恨"，即手机在扮演"安全基地"角色，使个体体验到安全感，促进个体更好地探索、适应外部世界的同时，也给个体带来了烦恼。因此，"人机关系"中不仅存在安全型依恋，也可能存在回避型依恋。

本研究结果表明，人与手机的关系符合依恋关系的四种基本特征。这不仅有利于我们深入理解"人机关系"，也为"手机依恋"概念的提出奠定了基础。

第四章采用质性研究方法对人与手机之间关系的特征及其是否符合依恋关系的四种基本特征进行了探讨，为判定人与手机之间存在"依恋关系"、提出"手机依恋"概念的合理性提供了初步依据。但是，"手机依恋"作为揭示人与手机之间关系本质的新视角需要更多的实证研究佐证。因此，在质性研究的基础上，有必要采用实验室行为实验法,从"趋近行为""分离焦虑""避风港"及"安全基地"四个角度,对人与手机之间的关系是否属于依恋关系进行探讨,为提出"手机依恋"这一概念的合理性提供实证依据。

第 五 章

挫折感对个体趋近手机行为的诱发效果检验

第一节 研究目的

"趋近行为"是依恋关系的四种基本特征之一,其主要表现为在与依恋对象分离,或经历挫折、压力等痛苦经历时,个体倾向于趋近依恋对象的行为倾向(Bowlby,1969)。第四章的访谈结果显示,人们具有"趋近手机"的行为倾向,即人们倾向于维持手机的可接近性及可使用性,避免手机处于不可使用的状态。这表明,人与手机的关系中存在依恋关系的"趋近行为"特征。由于质性研究方法存在局限性,所以有必要通过实验室实验的方式对人与手机之间是否具有"趋近行为"的依恋关系特征进行考察。以往研究也发现,压力性生活事件等消极经历或挫折体验是个体使用手机的重要动机(Wang等,2015),且挫折感诱发范式是实验室实验法中常用的消极体验的诱发方式(Hybl 和 Stagner,1952;王玉龙、姚明,2015)。因此,为了考察消极体验对个体趋近手机行为的诱发作用,本章的研究拟在实验室条件下,采用挫折感诱发范式,诱发被试的消极体验。

此外,通过对以往研究进行梳理后发现,模拟"小人"实验范式是考察被试有意识地趋近或回避某种刺激的经典范式（Krieglmeyer等，2011）。该范式主要分为以下几个步骤：（1）在屏幕上呈现一个模拟的"小人"形象；（2）再呈现一个与"小人"相隔一定距离的刺激图片；（3）让被试根据指导语通过按键移动"小人"，做出"靠近或者远离"刺激图片的反应。该实验范式不仅有助于分离不同刺激图片的情绪效价（积极、中性、消极）与趋避反应标签效价（向上或向下）之间的作用，而且在敏感度和校标效度上也具有明显的优势（马惠霞等，2016）。但是，该范式采用模拟的"小人"，降低了被试自我信息加工的程度，不利于提升实验的生态效度。因此，本研究采用马惠霞等（2016）在其研究中改进的"小人"范式，即将原实验范式中的"小人"替换为被试自己的头像（一英寸照片），具体包含以下步骤：（1）在屏幕上呈现被试的头像（一英寸照片）；（2）再呈现一个与头像相隔一定距离的刺激图片（手机相关的词汇图片、安全依恋相关的词汇图片以及中性词汇图片）；（3）让被试根据指导语通过按键移动自己的头像来靠近或者远离该刺激图片。通过分析被试有意识地趋近或回避上述词汇图片所用的反应时间的差异，考察被试是否对手机相关词汇存在"趋近行为"。

第二节　研究方法

一　研究被试

以114名具有手机使用经验的普通在校大学生或研究生为被试，其中男生64名，女生50名。所有被试的年龄在17—27岁（19.658 ± 2.364）；所有被试的手机使用年数在1—12年（5.132 ± 3.169）。主试提醒被试认真阅读知情同意书，选择参与或拒绝本次实验，并签字，选择自愿参与的被试被告知其在实验结束后会获得一定的报酬。由于本研究需要诱发挫折组被试的挫折感，因此，在实验结束后，要求挫折组被试听欢快的音乐，以缓解其挫折感。

二 实验材料

（一） 三类词汇

在前期通过开放式问卷搜集与手机相关的文字刺激（如短信、微信、充电、无线网、联系人等）、与手机不相干的中性文字刺激（如毛巾、水杯、纸巾等），以及描述安全依恋的文字刺激（如温暖、关爱、支持、安全、亲密等）各30个的背景下，邀请26名（男女各13名）具有手机使用经验的心理学本科生（20.08±1.16）就上述文字刺激的手机相关程度进行1—7的7点评分，并采用单因素方差分析对三类刺激在"手机相关程度"上的差异进行检验。结果表明，三类刺激与手机的相关程度存在显著差异（$F_{(2,87)}=818.99$，$p<0.001$）。事后检验结果表明，被试对手机相关词汇（6.22±0.40）、中性词汇（1.49±0.23）以及安全依恋词汇（4.08±0.64）两两之间均存在显著差异。此外，三类词汇在愉悦度（$F_{(2,87)}=0.797$，$p>0.5$）、唤醒度（$F_{(2,87)}=2.236$，$p>0.5$）及熟悉度（$F_{(2,87)}=0.276$，$p>0.5$）上均不存在显著差异。

（二） 情绪自评卡

情绪自评卡采用李晓明在实验中所采取的情绪自评工具（李晓明、谢佳，2012）。该工具主要由两个积极情绪项目（愉快、开心）和两个消极情绪项目（低沉、悲伤）构成，让被试采用7点计分的方式，对此时此刻的情绪状态进行主观评定，通过配对样本 t 检验考察前、后测情绪评分的差异，评定情绪启动效果。该工具在挫折组和无挫折组的情绪评估前测中的 Cronbach α 系数分别为0.854、0.819；在挫折组的后测及情绪诱发维持效果测量中的 Cronbach α 系数分别为0.810、0.795。

（三） 挫折诱发程序

根据 Hybl 和 Stagner 对挫折的操作定义设计挫折情境（Hybl 和 Stagner，1952），采用 E-prime 依次为被试呈现一系列简单的字谜，在指导语中告知被试，3个字谜为一组，全部猜中即为成功，并将获得小礼物一份。在前两组字谜游戏中，无论被试作何反应，均给予成功的反馈；在后续的几组字谜游戏中，无论被试作何反应，均给予错误反馈。实验正式开始前，通过预实验对字谜游戏诱发挫折感的有效性进行了考察。随机抽取普通大学生30名，在经历挫折情境之前填写一份情绪自评卡，挫折诱发后再次要求被试对其当前的情绪状态进行自评。采用配对样本 t 检验分别对挫折诱发前后被试的积极和消极情绪自评分数进行平均数差异检验，结果显示，挫折诱发后，被试的积极情绪显著低于挫折诱发前（$t = 5.062$，$p < 0.001$）；被试的消极情绪显著高于挫折诱发前（$t = 4.052$，$p < 0.001$）。正式实验中，在经历挫折诱发后，挫折组被试的积极情绪显著低于挫折诱发前（$t = 5.109$，$p < 0.001$）；其消极情绪显著高于挫折诱发前（$t = 4.792$，$p < 0.001$）。而挫折诱发后与实验结束前，被试的积极情绪评分（$t = 1.839$，$p > 0.05$）和消极情绪评分（$t = 1.860$，$p > 0.05$）均不存在显著差异。这表明，在正式实验中，挫折感的诱发是有效的，且能够持续到实验完全结束。

三 实验设计与程序

该实验采用2（挫折感：挫折组/无挫折组）×3（词语类型：手机相关词汇/安全型人际依恋相关词汇/中性词汇）×2（反应类型：趋近/回避）的三因素混合实验设计。其中挫折感为被试间变量，词语类型及反应类型为被试内变量，被试执行趋避反应的反应时（单位：ms）为因变量。

四 实验的实施

实验所用仪器是联想台式机，屏幕为14英寸，分辨率为1440×900像素，刷新率为60Hz。(1)请被试进入实验室并填写被试登记表，由主试将被试随机安排到挫折诱发组和无挫折组。(2)实验开始后，无挫折组和挫折组被试均需要对其情绪状态进行初评，即情绪自评1。(3) 挫折组进行字谜游戏，具体实验过程如下：先做三个字谜的练习，题目非常简单，每个被试都能够完成。然后进入正式的挫折诱发阶段，即在前两组字谜游戏中，无论被试作何反应均给予成功的反馈；而在后续的几组字谜游戏中，无论被试作何反应均给予错误反馈，由此引起被试的挫折体验，完成后填写情绪自评2。(4) 无挫折组不进行字谜游戏。(5) 两组被试均进入改进后的"小人"实验范式阶段。

实验程序用 E-Prime 软件编制。为了让被试了解实验程序及反应方式，在被试阅读指导语后，采用9张词汇图片作为练习刺激（手机相关词汇、中性词汇以及依恋相关词汇各3张）。当被试在练习阶段的正确率达到95%时才能进入正式实验阶段。在正式实验阶段中，被试会在屏幕的上方或下方（呈现位置随机，两个位置呈现刺激图片的数量相等）看到一个黑色的注视点，注视点呈现600ms。注视点消失后，被试会在注视点的位置看到自己的免冠照片，时间为800ms。紧接着，被试会在屏幕中央看到一张词汇图片，时间为10s。此时要求被试通过既快又准地按"↑"键或"↓"键移动自己的头像，做出靠近或远离词汇图片的反应。按键三次后刺激消失，进入下一个试次。按"↑"键或"↓"键均有可能代表趋近或回避，被试做出反应需同时考虑自身头像的位置（上或下）和词汇图片的类型（手机相关词汇、安全依恋相关词汇以及中性词汇）。正式实验中，被试要完成2个组块。组块A是评价相容组块，即让被试移动自己的头像靠近手机相关的词汇图片和依恋相关的词汇图片，远离中性词汇图片，共81个试次。组块B是评价不相容组块，即让被试远离手机相关的词汇图片和依恋相关的词汇图片，靠近中性词汇图片，共81个试次。为控制顺序效应，组块A和组块B的呈现顺序进行被试间的平衡。

由于本实验诱发了被试的挫折感，根据实验伦理原则，在被试完成所有实验任务后，主试给被试播放能够诱发被试积极情绪的音乐以缓解其挫折感，并在音乐播放完毕后，对被试的情绪状态进行评估。当被试的情绪恢复到正常状态或积极状态时，主试向被试发放报酬，并引导被试离开实验室。

第三节 结果与分析

将 E-Prime 的实验数据进行合并整理，并将所有数据转化为 .SAV 格式，然后采用 SPSS 23.0 对实验数据进行筛选、处理。

首先，采用独立样本 t 检验对挫折组和无挫折组被试的情绪基线水平进行差异检验。结果（见表 5-1）显示，两组被试的情绪基线水平不存在显著差异。

表 5-1 挫折组和无挫折组被试的情绪基线水平的差异检验

情绪类型	挫折组 ($M \pm SD$)	无挫折组 ($M \pm SD$)	t
积极情绪	4.068 ± 1.386	4.385 ± 1.252	1.277
消极情绪	2.333 ± 1.374	2.510 ± 1.405	0.671

其次，采用配对样本 t 检验对挫折组被试的挫折感诱发效果进行检验。结果（见表 5-2）显示，挫折诱发前后，挫折组被试的情绪水平存在显著差异，即挫折诱发后，挫折组被试的积极情绪显著低于挫折诱发前，而消极情绪显著高于挫折诱发前。这些结果表明，在正式实验中，针对挫折组被试的挫折感诱发是有效的。

表 5-2 挫折组被试的挫折感诱发效果检验

情绪类型	挫折感诱发前 ($M \pm SD$)	挫折感诱发后 ($M \pm SD$)	t
积极情绪	4.068 ± 1.386	3.311 ± 1.598	5.009***
消极情绪	2.333 ± 1.374	3.144 ± 1.237	-4.704***

注：*** $p < 0.001$，** $p < 0.01$，* $p < 0.05$，b $0.05 < p < 0.1$，下同。

最后，根据以往研究中的做法，将反应错误或反应时超过 3 个标准差的数据剔除。各实验处理条件下，被试的平均反应时和标准差见表 5-3。

表 5-3　各实验处理条件下，被试的平均反应时和标准差

被试分组	反应类型	图片类型		
		手机相关的词汇图片	依恋相关的词汇图片	中性图片
无挫折组 ($N=48$)	靠近	1233.797 ± 335.428	1132.538 ± 239.654	1383.098 ± 255.257
	远离	1431.542 ± 445.403	1313.712 ± 286.124	1127.485 ± 209.628
挫折组 ($N=66$)	靠近	904.040 ± 272.535	746.838 ± 233.548	1227.326 ± 336.156
	远离	1165.171 ± 252.215	1165.430 ± 305.078	787.810 ± 242.626

重复测量的方差分析结果表明，挫折感的主效应显著（$F_{(1,112)} = 42.492$，$p < 0.001$，$\eta^2 = 0.275$）；被试按键反应类型（趋近或回避）的主效应显著（$F_{(1,112)} = 19.957$，$p < 0.001$，$\eta^2 = 0.151$）；反应类型和挫折感的交互作用不显著（$F_{(1,112)} = 2.055$，$p > 0.05$）；图片类型的主效应显著（$F_{(2,224)} = 15.446$，$p < 0.001$，$\eta^2 = 0.121$）；图片类型和挫折感的交互作用不显著（$F_{(2,224)} = 1.093$，$p > 0.05$）；反应类型和图片类型的交互作用显著（$F_{(2,224)} = 119.525$，$p < 0.001$，$\eta^2 = 0.516$）；挫折感、图片类型及反应类型的三项交互作用显著（$F_{(2,224)} = 10.614$，$p < 0.001$，$\eta^2 = 0.087$）。简单效应检验结果显示，当要求被试做出接近刺激图片的反应时，无论是挫折组还是无挫折组，图片类型的效应均显著，挫折组中图片类型的效应更大（挫折组：$F_{(2,232)} = 88.85$，$p < 0.001$；无挫折组：$F_{(2,232)} = 17.19$，$p < 0.001$）。当要求被试做出远离刺激图片的反应时，无论是挫折组还是无挫折组，图片类型的效应均显著，且挫折组中图片类型的效应更大（挫折组：$F_{(2,232)} = 24.82$，$p < 0.001$；无挫折组：$F_{(2,232)} = 68.56$，$p < 0.001$）。两两比较表明，无论是挫折组还是无挫折组，被试靠近"手机相关的词汇图片"和"依恋相关的词汇图片"的反

应时均显著小于被试靠近中性图片的反应时；被试靠近"依恋相关的词汇图片"的反应时均显著小于被试靠近"手机相关的词汇图片"的反应时，且在挫折组中上述差异更显著。无论是挫折组还是无挫折组，被试远离"手机相关的词汇图片"和"依恋相关的词汇图片"的反应时均显著大于被试远离中性图片的反应时；且在挫折组中上述差异更显著。不同的是，在无挫折组中，被试远离"依恋相关的词汇图片"的反应时显著小于被试远离"手机相关的词汇图片"的反应时；而在挫折组中，被试远离"依恋相关的词汇图片"的反应时和被试远离"手机相关的词汇图片"的反应时不存在显著差异。

上述结果表明，无论被试是否经历了挫折体验，被试趋近依恋相关的词汇图片、手机相关的词汇图片的反应时以及远离中性图片的反应时更短。并且，当经历挫折后，被试趋近依恋相关的词汇图片、手机相关的词汇图片的反应以及远离中性图片的反应更快。换言之，无论被试是否经历挫折体验，被试都会对依恋相关的词汇及手机相关的词汇具有趋近倾向，且在经历挫折后，被试更容易趋近依恋相关的词汇及手机相关的词汇。这在一定程度上表明，在移动互联网时代下人与手机的关系中，人对手机产生了"趋近行为"，即把手机看作依恋的对象，当遇到挫折或不愉快时，人倾向于接近手机。

第四节　讨论：挫折感对趋近手机行为的诱发作用

为了探讨人与手机的关系中是否存在"趋近行为"效应，第五章子研究1采用2（挫折感：挫折组/无挫折组）×3（词语类型：手机相关词汇/安全型人际依恋相关词汇/中性词汇）×2（反应类型：趋近/回避）的三因素混合实验设计，对挫折组和无挫折组被试在改进后的"小人"范式中，趋近或回避手机相关词汇、安全型人际依恋相关词汇以及中性词汇时的反应时进行了比较。结果发现，无论被试是否经历了挫折体验，被试趋近依恋相关的词汇图片、手机相关的词汇图片的反应时以及远离中性图片的反应时更短。当经历挫折后，被试趋近依恋相关的词汇图片、手机相关的词汇图片的反应以及远离中性图片的反应更快。换言之，无论被试是否经历挫折体验，被试都会对依恋相关的词汇及手机相关的词汇具有趋近倾向，且当经历挫折后，被试更容易趋近依恋相关的词汇及手机相关的词汇。这在一定程度上表明，移动互联网时代，在人与手机的关系中，人对手机产生了"趋近行为"，即把手机看作依恋的对象，当遇到挫折或不愉快时，人倾向于接近手机。这一结果与研究一质性研究结果一致，即个体具有维持手机的可接近性及可使用性，避免手机处于不可使用状态的倾向，即"趋近手机效应"。

虽然以往研究并没有采用实验法对人与手机关系中的"趋近行为效应"进行考察，但基于质性研究及问卷法的研究也表明，人与手机的关系中存在"趋近行为效应"。例如，Fullwood 等（2017）的质性研究发现，当个体处于无聊、挫折等消极体验时，个体会倾向于接近手机，且指出，个体在日常生活中也会不自觉地趋近手机，如走路时会不自觉地拿出手机看看。关于手机使用动机的研究也表明，消极经历和体验是个体接近手机、使用手机的主要动机（Elhai 等，2016）。根据"富者更富模型"（Burke 等，2011）以及"穷者变富模型"（Valkenburg 等，2006），随着智能手机的普及，手机不仅能够促进个体的自我提升，而且能够缓解个体的消极经历和体验，满足个体的心理需要。关于传统依恋的研究表明，获得心理需要的满足是个体趋近于依恋对象的重要动机（Bowlby，1969）。因此，个体在工作和生活中经历挫折等消极体验后，会产生趋近手机的行为倾向。

第五节　结论

人与手机的关系中存在"趋近行为"特征,即个体在工作和生活中遭受挫折等消极体验后,具有趋近手机的行为倾向。

第 六 章

手机分离刺激对个体焦虑情绪的诱发效果检验

第一节 研究目的

"分离焦虑"是判断依恋关系是否存在的第二个主要特征,是指个体在与依恋对象分离后,会产生焦虑等痛苦情绪的现象。基于亲子依恋的研究表明,当幼儿与母亲分离时,幼儿会产生焦虑情绪(Bowlby,1969)。随着手机使用的普及,"手机分离焦虑"也逐渐成为研究者关注的焦点问题,并提出了"手机分离焦虑"的概念。"手机分离焦虑"是指当手机不在身边或无法正常工作时,个体所体验到的一种焦虑情绪(Bragazzi 和 Puente,2014;Tams 等,2018)。在此基础上,研究者采用问卷法对手机分离焦虑的形成机制及其对个体心理社会适应的影响进行了探讨(Han 等,2017;Tams 等,2018)。

研究者虽然从现象学的角度提出了手机分离焦虑或手机分离焦虑症的概念,并采用问卷调查法对手机分离焦虑进行了相关研究,但并没有对手机可接近性对个体焦虑情绪的诱发作用进行探讨。此外,基于"线索诱发范式"的研究也发现,特定的线索或刺激对个体的情绪具有诱发作用（Cyders等，2015）。相关研究也表明，网络相关刺激能够诱发个体的上网渴求感（牛更枫，2014）。因此，与"手机分离"相关的刺激（如手机碎屏、手机电量不足、手机流量不足等）也可能会诱发个体的焦虑情绪。

此外，随着手机的普及，手机逐渐成为人们日常工作及生活的重要工具，手机是否在身边会对个体的情绪状态产生重要影响。以往研究发现，当个体与手机分离时个体会产生焦虑、压力等消极情绪体验，这被研究者称为"手机分离焦虑"（Tams等，2018），甚至会诱发"无手机恐惧症"（Han等，2017）。因此，在探讨"手机分离"相关的刺激对个体焦虑情绪的诱发作用时，应将"手机可接近性"（手机是否交给主试）考虑在内，即手机的可接近性会影响"手机分离"相关的刺激对个体焦虑情绪的诱发作用。具体而言，与手机随身携带相比，当被试参与实验且手机不在身边的条件下，"手机分离"相关的刺激更容易诱发个体的焦虑情绪。

此外，以往关于人与手机之间关系的研究表明，手机对于女生的社会交往更加重要（Konok等，2016），因此，女生可能更容易产生手机分离焦虑。且有研究表明，手机分离焦虑与手机使用年数存在显著的正相关，即手机使用时间越长，个体更容易对手机产生依恋（Meschtscherjakov等，2014），因此，手机使用时间可能会影响个体在与手机分离后的焦虑体验。基于此，本章的研究将性别和手机使用年数作为控制变量。

为了检验这一假设，本章的研究拟采用行为实验法，在控制性别和手机使用年数的条件下，探讨手机可接近性、"手机分离"相关刺激对个体焦虑情绪的诱发作用，并考察手机可接近性如何影响"手机分离"相关的刺激对个体焦虑情绪的诱发效果。

第二节 研究方法

一 研究被试

80 名具有手机使用经验的普通在校大学生参与本实验,其中男生 39 名,女生 41 名。"手机随身携带"组和"手机不随身携带"组的被试均为 40 名。所有被试的年龄在 17—24 岁($M = 20.04$,$SD = 2.543$);所有被试的手机使用年数在 1—13 年($M = 5.763$,$SD = 3.254$)。主试提醒被试认真阅读知情同意书,选择参与或拒绝本次实验,并签字,选择自愿参与的被试被告知其在实验结束后会获得一定的报酬。此外,由于本实验会诱发被试的焦虑情绪,因此,在实验结束后,让被试听 5 分钟欢快的音乐,以缓解其焦虑情绪。

二 实验材料

(一) 诱发情景材料

在前期通过开放式问卷搜集"手机分离"相关的句子刺激(如我的手机屏幕碎了)以及和"手机分离"不相关的中性句子刺激(如我的书包是黑色的)之后,请 18 名大学生(男生、女生各 9 名)就上述句子材料的熟悉度、愉悦度和唤醒度以 0—9 十级评分进行评价。然后从中选取和"手机分离"相关程度较高的句子刺激(如我的手机屏幕碎了)和与"手机分离"不相关的中性句子刺激(如我的书包是黑色的)各 12 个,采用 t 检验对两类刺激在熟悉度、愉悦度和唤醒度上的差异进行检验。结果(见表 6–1)显示,两类刺激在熟悉度、愉悦度和唤醒度上的差异均不显著。

表6-1　　两类刺激在熟悉度、愉悦度和唤醒度上的差异检验

刺激类型 评价维度	中性句子 ($M \pm SD$)	"手机分离"相关句子 ($M \pm SD$)	t
熟悉度	4.982 ± 0.295	4.931 ± 0.702	0.232
愉悦度	3.616 ± 0.250	3.588 ± 0.441	0.190
唤醒度	5.093 ± 0.308	5.162 ± 0.384	-0.489

(二) 状态焦虑评估问卷

采用 Marteau 和 Bekker（1992）修订的简版状态焦虑问卷对被试参与实验前后的状态焦虑程度进行评估。该问卷是 Marteau 及其同事在 Spielberger 等人编制的状态—特质焦虑问卷的基础上进行简化修订而成的。本研究中所采用的中文版状态焦虑的项目均来自汪向东（1999）主编的《心理卫生评定量表手册》。该问卷共包含6个项目，所有项目均采用4点计分，其中3个项目为反向计分。所有项目相加，得分越高，表明焦虑程度越高。本研究中，"手机随身携带"组在中性诱发条件和"手机分离"诱发条件下的 Cronbach α 系数分别为 0.813、0.845；"手机不随身携带"组在中性诱发条件和"手机分离"诱发条件下的 Cronbach α 系数分别为 0.921、0.706。

三　实验设计及程序

该实验采用2（刺激类型：手机分离威胁刺激/中性刺激）×2（手机可接近性："手机随身携带"/"手机不随身携带"）的二因素混合实验设计，其中手机可接近性为被试间变量，线索类型为被试内变量，被试的状态焦虑水平为因变量。使用"线索暴露"实验范式进行实验。

被试进入实验室前，主试随机要求部分被试将手机交给主试暂时保管。实验开始时，先在屏幕中央呈现提示语："请你仔细看下面

呈现的每个句子，并根据文字上显示的内容想象自己处于句子中描述的场景。"尽量要求被试设身处地想象自己真的处于句子描述的场景中，尽可能生动地回忆自己当时的处境。被试通过按空格键确认理解提示语及指导语后，计算机黑色屏幕中央按预先设置的固定顺序自动连续呈现一组句子（一组共 6 个句子，且 6 个句子为同一类别），两类句子呈现的先后顺序均衡，每个句子呈现时间为 2 秒，被试在看句子的同时进行自由联想任务。句子呈现结束后随即呈现评定界面，要求被试再次评定自己目前即时的焦虑程度（诱发测量），计算机自动记录评定数值。实验结束后要求被试再次评定自己目前的焦虑程度（后测测量）。实验流程如图 6-1 所示。

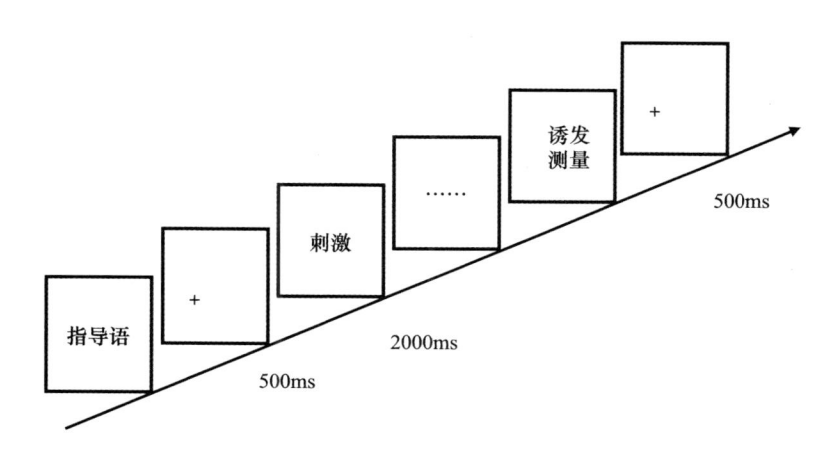

图 6-1 实验流程

由于本实验诱发了被试的焦虑情绪，根据实验伦理原则，在被试完成所有实验任务后，主试给被试观看能够诱发依恋安全感的照片（如母子亲密合照）以缓解其焦虑情绪，并在照片呈现完毕后，对被试的情绪状态进行评估。当被试的情绪恢复到正常状态或积极状态时，主试向被试发放报酬，并引导被试离开实验室。

第三节 结果与分析

将 E-Prime 的实验数据进行合并整理,并将所有数据转化为 .SAV 格式,采用 SPSS 23.0 对实验数据进行分析。各实验处理条件下,被试的状态焦虑平均分和标准差见表 6-2。

表 6-2 各实验处理条件下,被试的状态焦虑平均分和标准差

刺激类型 手机可接近性	中性句子 ($M \pm SD$)	"手机分离"相关句子 ($M \pm SD$)
"手机随身携带组"($N=40$)	1.915 ± 0.415	2.937 ± 0.407
"手机不随身携带组"($N=40$)	1.716 ± 0.567	3.494 ± 0.222

重复测量的方差分析结果表明,在控制性别和手机使用年数的条件下,刺激类型的主效应显著($F_{(1,76)} = 39.865$,$p < 0.001$,$\eta^2 = 0.402$);手机可接近性的主效应显著($F_{(1,76)} = 7.292$,$p < 0.01$,$\eta^2 = 0.088$);作为控制变量,性别的主效应不显著($F_{(1,76)} = 0.049$,$p > 0.05$);手机使用年数的主效应不显著($F_{(1,76)} = 0.615$,$p > 0.05$);刺激类型和性别的交互作用不显著($F_{(1,76)} = 0.215$,$p > 0.05$);刺激类型和手机使用年数的交互作用也不显著($F_{(1,76)} = 0.064$,$p > 0.05$)。这些结果表明,在实验室条件下,刺激类型和手机可接近性对被试状态焦虑的诱发作用不会受到被试的性别和手机使用年数的影响。此外,刺激类型和手机可接近性的交互作用显著($F_{(1,76)} = 29.759$,$p < 0.001$,$\eta^2 = 0.281$),且进一步的简单效应分析结果表明,"手机不随身携带"组的刺激类型的效应显著($F_{(1,78)} = 335.62$,$p < 0.001$);"手机随身携带"组的刺激类型的效应也显著($F_{(1,78)} = 111.01$,$p < 0.001$),但其效应较小。换言之,无论手机是否随身携带,当被试接触"手机分离"相关的刺激时,均会产生

焦虑情绪，并且当被试不随身携带手机时，手机分离相关的刺激对被试的状态焦虑的诱发作用更大。因此，在移动互联网时代下的人与手机的关系中，"手机分离"会使个体产生焦虑情绪。

第四节 讨论：手机分离刺激对个体焦虑情绪的诱发作用

为了探讨人与手机的关系中是否存在"分离焦虑"的现象，第六章采用2（刺激类型：手机分离威胁刺激/中性刺激）×2（手机可接近性："手机随身携带"/"手机不随身携带"）的二因素混合实验设计，通过比较不同实验条件下，被试在"线索暴露"实验范式中的情绪自评得分，考察"手机分离"刺激对个体焦虑情绪的诱发作用。实验发现，无论手机是否随身携带，被试接触"手机分离"相关刺激后的状态焦虑自评分数均显著高于被试接触"中性刺激"后的状态焦虑自评分数。换言之，无论手机是否随身携带，当被试接触"手机分离"相关的刺激时，均会产生焦虑情绪，并且当被试不随身携带手机时，"手机分离"相关的刺激对被试状态焦虑的诱发作用更大。这一结果表明，在移动互联网时代下的人与手机的关系中，"手机分离"会使个体产生焦虑情绪。

随着智能手机的普及，人与手机的关系受到了诸多研究者的关注。手机分离焦虑现象也逐渐成为研究者关注的焦点问题。虽然，以往研究并没有采用实验法考察"手机分离"相关刺激对个体焦虑情绪的诱发作用，但研究者采用问卷法对手机分离焦虑进行了深入研究。手机分离焦虑又被称为无手机恐怖症（Nomophobia），其主要是指个体因无法使用手机而产生的焦虑不适等（Yildirim 和 Correia，2015）。Pavithra 等（2015）在印度开展的一项针对大学生的调查发现，39.5%的大学生表现出手机分离焦虑，另有27%的大学生存在产生手机分离焦虑的风险。Yildirim 和 Correia（2015）在土耳其开展的针对大学生的调查发现，42.6%的大学生表现出手机分离焦虑，且最不愿意出现通信功能的中断。在此基础上，研究者从成人依恋、物品依恋两个视角对手机分离焦虑的原因进行了探讨，并认为，人际依恋关系不良是导致个体对手机产生依恋，并诱发手机分离焦虑的关键因素（Arpaci 等，2017）。此外，基于物品依恋视角的研究也发现，手机中有个人的记忆、手机被个体视为自己的一部分，是导致个体对手机产生依恋，并诱发手机分离焦虑的重要因素（Han 等，2017）。由此可知，随着手机的普及和手机功能的日益强大，人与手机的关系日益密切。手机不仅成了个体记忆的载体，也已经成为个体自我延伸、自我概念扩展的重要途径。因此，当个体联想到"手机分离"刺激所描述的情景时，个体会担心错失他人的重要消息（Elhai 等，2018），自我概念也会受到一定程度的威胁（Hoffner 等，2015），并因此诱发个体的焦虑情绪。

第五节 结论

人与手机的关系中存在"分离焦虑"特征，即当个体与手机分离后会产生焦虑情绪。

第七章

手机使用对个体挫折体验的缓解效果检验

第一节 研究目的

依恋理论认为,在依恋关系中,对于依恋主体而言,依恋对象具有避风港的功能,即当依恋主体在生活中遇到挫折或不愉快时,依恋对象能够为依恋主体提供帮助和安慰,以缓解依恋主体的消极情绪(Bowlby,1969)。在针对儿童"过渡物"依恋的研究中,研究者发现"过渡物"具有"避风港"的功能,即当主要依恋对象(母亲或其他主要抚养者)不在身边时,"过渡物"能够缓解儿童的焦虑情绪(Winnicott,1953)。基于宠物依恋的研究也发现,当个体产生焦虑、孤独、抑郁等消极情绪时,个体能在与伴侣宠物的互动过程中获得心理上的安慰,从而缓解个体的消极情绪(张茂杨等,2015)。随着手机使用的增多,手机使用对个体情绪的影响也得到了诸多研究者的关注。研究发现,手机已经成为人们休闲娱乐的重要工具,基于手机的音乐及游戏能够满足个体休闲放松的需要,手机游戏还能够使个体在竞技活动中获得成就感(Guā Tin等,2016;Lin等,2011)。早期的研究也发现,休闲娱乐需要的满足是提升个体生活满意度及主观幸福感的重要基础（Steinkamp，1987）。此外，手机已经成为移动互联网时代个体与他人沟通交流、获取社会支持资源的重要工具，手机使用有助于满足个体的归属需要，并因此对个体的情绪健康产生积极影响（Cho，2015；Kang 和 Jung，2014；Seidman，2013；Xie，2014）。因此，手机使用对缓解个体的消极情绪具有积极意义。以往研究在探讨手机使用对个体情绪的影响时均采用的是横断研究，这虽然能够在一定程度上说明手机具有"避风港"的功能，即当个体遇到挫折和不快时，可以通过玩手机来缓解消极情绪，但手机使用对个体情绪的缓解效应还有待通过严密的实验室实验进行验证。因此，本研究拟采用行为实验的方法，探讨手机使用对个体挫折感的缓解作用。

第二节　研究方法

一　研究被试

选取 105 名具有手机使用经验的在校大学生作为被试参与本研究，其中男生 56 名，女生 49 名。所有被试的年龄在 17—27 岁（$M=19.657$，$SD=2.340$）；所有被试的手机使用年数在 1—12 年（$M=5.081$，$SD=3.184$）。主试提醒被试认真阅读知情同意书，选择参与或拒绝本次实验，并签字，选择自愿参与的被试被告知其在实验结束后会获得一定的报酬。

二　实验材料

本实验中的挫折情景线索材料及情绪自评卡同第五章子研究一。本实验的三次情绪自评中，该情绪自评卡的 Cronbach α 系数分别为 0.645、0.745、0.791。

三 实验设计及程序

该实验采用单因素（手机接触组：A 手机关机，接触作为物品的手机本身；B 手机开机，接触手机并体验手机的功能；C 休息，但不能拿出手机）完全随机实验设计，被试的情绪自评分数为因变量。

本实验在电脑上完成，使用 E-Prime 编写程序。（1）请被试进入实验室填写被试登记表，并将手机关机放到口袋里，然后随机将被试分配到不同的实验条件下。（2）实验开始后，被试先要对其情绪状态进行评估，手机接触 A 组、B 组、C 组被试的情绪自评分别记为"情绪自评 1a、情绪自评 1b、情绪自评 1c"。（3）进入挫折诱发阶段，被试要先做三个字谜的练习，题目非常简单，每个被试都能够完成。然后进入正式的挫折诱发阶段，即在前两组字谜游戏中，无论被试作何反应均给予正确的反馈；而在后续的几组字谜游戏中，无论被试作何反应均给予错误反馈，由此引起被试的挫折体验。完成后，让被试对其此时此刻的情绪状态进行评估，手机接触 A 组、B 组、C 组被试的情绪自评分别记为"情绪自评 2a、情绪自评 2b、情绪自评 2c"。（4）针对不同的手机接触组呈现不同的指导语。手机接触组 A 的指导语为："请拿出你的手机，但不能开机，把手机拿在手里把玩 3 分钟！"完成后，让被试对其情绪进行评估，记为情绪自评 3a；手机接触组 B 的指导语为："请拿出你的手机并打开，随便玩 3 分钟！"完成后，请被试对其情绪进行评估，记为情绪自评 3b；手机接触组 C 的指导语为："请你休息 3 分钟！"完成后，请被试对其情绪进行评估，记为情绪自评 3c。（5）由于本实验诱发了被试的挫折感，根据实验伦理原则，在被试完成所有实验任务后，主试给被试播放能够诱发被试积极情绪的音乐以缓解其挫折感，并在音乐播放完毕后，对被试的情绪状态进行评估。当被试的情绪恢复到正常状态或积极状态时，主试向被试发放报酬，并引导被试离开实验室。

第三节　结果与分析

将 E-Prime 的实验数据进行合并整理,并将所有数据转化为 .SAV 格式,然后采用 SPSS 23.0 对实验数据进行筛选、处理。

首先,采用单因素方差分析对三种实验处理条件下被试的情绪基线水平进行差异检验。结果(见表 7-1)显示,三组被试的情绪基线水平不存在显著差异。

表 7-1　三种实验处理条件下被试的情绪基线水平

情绪类型	手机接触 A 组 ($N=35$) (把玩手机)($M \pm SD$)	手机接触 B 组 ($N=35$) (随便玩手机)($M \pm SD$)	手机接触 C 组 ($N=35$) (休息)($M \pm SD$)	F
积极情绪	4.271 ± 1.487	3.857 ± 1.463	4.242 ± 1.502	0.851
消极情绪	2.200 ± 1.368	1.914 ± 1.025	2.486 ± 1.463	1.923

其次,采用配对样本 t 检验对三种实验条件下被试的挫折感诱发效果进行检验。结果(见表 7-2)显示,挫折诱发前后,三种实验处理条件下被试的情绪自评分数均存在显著差异,即挫折诱发前被试的积极情绪得分均高于挫折诱发后,挫折诱发前被试的消极情绪得分均低于挫折诱发后。这表明,实验中挫折感诱发是有效的。

表 7-2　挫折感诱发效果检验

实验处理	情绪类型	挫折感诱发前 ($M \pm SD$)	挫折感诱发后 ($M \pm SD$)	t
手机接触 A 组 ($N=35$)	积极情绪	4.271 ± 1.487	2.828 ± 1.403	8.309***
	消极情绪	2.200 ± 1.368	3.686 ± 1.891	-5.889***

续表

实验处理	情绪类型	挫折感诱发前 ($M \pm SD$)	挫折感诱发后 ($M \pm SD$)	t
手机接触 B 组 ($N=35$)	积极情绪	3.857 ± 1.463	2.614 ± 1.261	5.597***
	消极情绪	1.914 ± 1.025	2.771 ± 1.245	-4.842***
手机接触 C 组 ($N=35$)	积极情绪	4.243 ± 1.502	3.558 ± 1.542	3.544**
	消极情绪	2.486 ± 1.240	2.957 ± 1.416	-2.731*

最后,采用配对样本 t 检验对三种实验条件下实验处理前后被试的情绪自评分数的差异进行检验。结果(见表 7-3)显示,手机接触 A 组(被试可以拿出手机,但不能打开手机)在三分钟后,被试的积极情绪自评分数和实验处理前不存在显著差异,但被试的消极情绪自评分数和实验处理前存在显著差异,即实验处理后,被试的消极情绪自评分数显著低于实验处理前。手机接触 B 组(被试可以打开手机随便玩)在三分钟后,被试的积极情绪自评分数及消极情绪自评分数均与实验处理前存在显著差异,即实验处理后,被试的积极情绪自评分数显著高于实验处理前,被试的消极情绪自评分数显著低于实验处理前。手机接触 C 组(被试休息 3 分钟)在实验处理后,被试的积极情绪自评分数与实验处理前不存在显著差异,被试的消极情绪自评分数显著低于实验处理前。

表 7-3　　　　　　　　　挫折感缓解效果检验

实验处理	情绪类型	挫折感诱发前 ($M \pm SD$)	挫折感诱发后 ($M \pm SD$)	t
手机接触 A 组 ($N=35$)	积极情绪	2.828 ± 1.403	3.171 ± 1.698	-1.446
	消极情绪	3.686 ± 1.891	2.471 ± 1.266	5.002***
手机接触 B 组 ($N=35$)	积极情绪	2.614 ± 1.261	4.071 ± 1.637	-7.785***
	消极情绪	2.771 ± 1.245	1.614 ± 0.932	6.281***

续表

实验处理	情绪类型	挫折感诱发前 （$M \pm SD$）	挫折感诱发后 （$M \pm SD$）	t
手机接触 C 组 （$N=35$）	积极情绪	3.558 ± 1.542	3.600 ± 1.757	-0.274
	消极情绪	2.957 ± 1.416	2.714 ± 1.619	1.842[b]

这些结果表明，经历挫折后，即使是在手机不开机的情况下，被试接触手机也有助于缓解其消极情绪；当允许被试随便玩手机时，不仅能够缓解被试的消极情绪，而且有助于诱发被试的积极情绪。换言之，手机接触有助于缓解被试的挫败感。因此，在移动互联网时代下的人与手机的关系中，手机已经逐渐成为人们缓解消极情绪的"避风港"。

第四节　讨论：手机使用对个体挫折体验的缓解作用

为了探讨在人与手机的关系中手机是否存在"避风港"功能，第七章采用单因素（手机接触组：A 手机关机，接触作为物品的手机本身；B 手机开机，接触手机并体验手机的功能；C 休息，但不能拿出手机）完全随机实验设计，考察了不同类型的手机接触对个体挫折体验的缓解作用。研究发现，经历挫折后，即使是在手机不开机的情况下，被试接触手机也有助于缓解其消极情绪；当允许被试随便玩手机时，不仅能够缓解被试的消极情绪，而且有助于诱发被试的积极情绪。换言之，手机接触有助于缓解被试的挫败感。

以往研究认为，随着手机功能的日益强大，手机已经成为个体获取他人信息，满足个体关系需要、自主需要以及胜任感的重要工具（Roy 等，2017）。实证研究也发现，手机音乐和游戏能够满足个体休闲放松的需要，手机游戏还能够满足个体竞技、获取成就感等需要（Guā Tin 等，2016；Lin 等，2011）。休闲娱乐需要的满足是提升个体生活满意度及主观幸福感的重要基础（Steinkamp，1987），因此，手机使用有助于缓解个体的消极情绪。相关研究还发现，在基于手机的社交网站使用过程中，个体点赞、评论、发布照片或听到熟悉的来电或消息铃声时，大脑会分泌一种多巴胺，使个体体验到类似于面对面拥抱或微笑的快感（Soat，2015）。以往研究并没有在实验室条件下考察短暂的手机使用对个体挫折情绪的缓解作用，而本研究通过实验进一步发现，即使是短暂地接触处于关机状态的手机也有助于缓解个体的挫折感，这一结果与研究一质性研究结果一致。因此，在移动互联网时代下的人与手机的关系中，手机已经逐渐成为人们缓解消极情绪的"避风港"，手机不仅能够为个体带来安全感，而且能够缓解个体的消极情绪。

第五节　结　论

在人与手机的关系中，手机已经逐渐成为人们缓解消极情绪的"避风港"，能够为个体带来安全感，缓解其消极情绪。

第八章

基于手机情景的依恋安全启动效应检验

第一节 研究目的

安全基地是指个体在依恋对象存在时会感到更加安全,更加主动地探索外部世界,它是安全型人际依恋的重要特征,对个体的认知、情绪和行为均具有积极影响(王斐等,2016)。且有研究指出,安全基地是安全型依恋个体应对消极生活事件、缓解压力的重要心理资源(郭薇等,2011)。因此,当经历消极生活事件或感受到威胁时,安全型依恋的个体会启动安全基地策略(寻求依恋对象的关心与支持),而非安全型依恋的个体则会采取防御性非安全依恋策略,如过度激活(Hyperactivating Strategy)、去激活策略(Deactivating Strategy)(Mikulincer 和 Shaver,2003)。随着研究的深入,依恋启动逐渐成为研究者在实验室条件下探讨依恋系统的重要研究方法。依恋启动是指通过图片或文字等情景刺激激活依恋系统的实验方法,主要包含依恋威胁启动和依恋安全启动。其中,依恋安全启动是通过图片或文字情境性激活被试安全依恋表征,提高依恋安全感,进而对其情绪或认知产生积极影响的过程。基于人际依恋的研究表明,依恋安全启动能够提升个体的自我评价，并诱发个体的积极情绪（郭薇等，2011；王斐等，2016）。韩元花（2013）研究发现，依恋安全启动能够诱发大学生的积极情绪。且有研究表明，手机等网络设备的使用能够提升个体的自尊水平（Gonzales，2014）。

此外，随着人们使用手机的增多，手机逐渐成为人们日常工作及生活的重要工具，手机是否在身边会对个体的情绪及自我评价产生重要影响。以往研究发现，当个体与手机分离时，个体会产生焦虑、压力等消极情绪体验，这被研究者称为"手机分离焦虑"（Tams等，2018），甚至会诱发"无手机恐惧症"（Han等，2017）。且有研究表明，手机使用会导致个体对自身能力的高估，即手机使用会提升个体的自我评价（Gonzales，2014）。由此，手机是否在身边会对个体的情绪及自我评价产生重要影响。因此，在探讨基于手机的依恋启动对个体情绪及自我评价的启动作用时，应将"手机可接近性"（手机是否交给主试）考虑在内，即基于手机的依恋启动图片对个体积极情绪及自我评价的启动作用可能会受到手机可接近性的影响。具体而言，与手机不随身携带相比，被试在手机在身边的条件下参与实验基于手机的依恋启动图片对其情绪及自尊的启动作用更大。

基于以往研究，本研究拟采用人际依恋启动的研究范式，将启动材料换成与手机相关的"亲密情景"图片，通过两个实验分别考察基于手机情景的依恋安全启动是否能够诱发个体的积极情绪、提升个体的内隐自尊水平，以此为判断手机是否具有安全基地的功能提供实证依据。

第二节 实验一：基于手机情景的依恋安全启动对个体情绪的启动效应

一 研究被试

选取128名具有手机使用经验的在校大学生为被试，其中男生

60 名、女生 68 名。所有被试的年龄在 17—27 岁（$M = 20.039$，$SD = 2.441$）；所有被试的手机使用年数在 1—12 年（$M = 5.539$，$SD = 3.022$）。主试提醒被试认真阅读知情同意书，选择参与或拒绝本次实验，并签字，选择自愿参与的被试被告知其在实验结束后会获得一定的报酬。

二 实验材料

本研究中启动材料主要包含安全人际依恋图片、"人机关系"图片、积极情绪图片和中性图片。所有启动材料都包含图片和文字两种。其中，安全人际依恋图片包含 12 幅图片；"人机关系"图片主要包含 12 幅反映人与手机之间关系的图片；积极情绪图片主要包含 12 幅微笑图片；中性图片主要包含 12 幅中性图片（水杯、纸巾、桌子、文具盒）。安全人际依恋图片、积极情绪图片和中性图片均来自以往研究（韩元花，2013）。"人机关系"图片都是在初步问卷调查的基础上，通过 16 名心理学专业硕士研究生对其进行评定获得的。所有图片像素均为 400×300。根据以往研究中依恋安全材料的筛选标准（Mikulincer 和 Shaver，2001），要求被试从"图片诱发个体安全感的程度""图片诱发积极情绪的程度""图片表现人际关系的程度""图片诱发爱和温暖体验的程度"以及"图片表现人与手机关系的程度"五个维度对所有启动材料进行 1—5 五级评定，并采用单因素方差分析对所有图片材料在上述五个维度上得分的差异进行分析。结果（见表 8-1）显示，在五个维度中，四种图片均存在显著差异。事后检验结果表明，在各个评价维度中，四种类型的图片两两之间均存在显著差异。在图片诱发个体安全感、积极情绪、爱和温暖的体验以及表现人际关系四个维度中，四种类型图片的诱发程度由高到低依次为人际依恋图片、"人机关系"图片、微笑图片、中性图片。在图片表现"人机关系"的程度上，尽管四种类型图片之间均存在显著差异，但"人机关系"图片与其他几类图片的差异最显著。

表 8-1　不同类型启动材料在各维度上得分的差异检验

图片类型	安全感 ($M \pm SD$)	积极情绪 ($M \pm SD$)	"人机关系" ($M \pm SD$)	人际关系 ($M \pm SD$)	爱和温暖 ($M \pm SD$)	F
人际依恋图片	5.36±0.162	5.29±0.147	1.16±0.105	5.25±0.096	5.41±0.191	198.073***
中性图片	1.45±0.100	1.49±0.176	1.07±0.018	1.07±0.024	1.42±0.081	284.228***
"人机关系"图片	3.79±0.710	4.30±0.511	4.91±0.088	4.12±1.200	4.00±0.751	4715.297***
微笑图片	2.70±0.258	3.24±0.333	1.30±0.146	1.93±0.146	2.83±0.312	180.248***

目标材料为甲骨文 60 张，该材料来自以往研究（韩元花，2013）。为确保研究中被试对目标材料不同程度的评价反映的是他们当前的情绪投射，而不是由目标材料引起的，韩元花在其研究中对甲骨文材料进行了严格筛选，以确保所有甲骨文材料均为中性。所有材料的熟悉度评分为 1.1—1.9，积极情绪评分为 1.2—1.7，消极情绪评分为 1.2—1.7，模糊程度评分为 1.1—1.5。

三　实验程序

本实验采用 2（手机接触：手机随身携带/手机不随身携带）× 4（图片类型：人际依恋图片/"人机关系"图片/微笑图片/中性图片）混合实验设计。手机接触为组间变量，图片类型为组内变量，因变量为被试对目标材料的喜欢程度。

所有实验材料由 E-Prime 编程呈现，刺激呈现背景为白色，刺激本身为黑色。实验要求被试平视电脑屏幕，电脑屏幕与被试眼睛的距离大约为 60 厘米。实验开始后，被试会在电脑屏幕中央看到一个黑色的注视点"+"，500ms 后注视点消失，呈现启动图片，1000ms 后启动图片消失，呈现甲骨文图片，2000ms 后呈现评价界面，即要求被试通过按数字键 1—4 对甲骨文的喜欢程度做出 1—4 分的评价（1＝一点也不喜欢；4＝非常喜欢）。四种启动图片均随机呈现 5 次，共 240 次。甲骨文图片 60 张，每张图片随机呈现 4 次，每位被试需进行按键反应 240 次。实验指导语如下：

欢迎参加心理实验！实验开始后，屏幕中央会出现一个注视点"+"，提醒开始实验，注视点消失后，会出现一张图片，随后会出现一个甲骨文。请评价自己对所呈现的甲骨文的喜欢程度，从 1—4 喜欢程度依次递增，根据实际情况选择相应的数字。明白上述意思后，请你坐好，将双手放在键盘上。准备好后，请按"空格"键进入练习阶段，练习结束后进入正式实验。

四 结果与分析

将 E-Prime 的实验数据进行合并整理，并将所有数据转化为 .SAV 格式，采用 SPSS 23.0 对实验数据进行分析。各类启动图片呈现后，被试对甲骨文喜欢程度评分的平均值及标准差见表 8-2。

表 8-2　各启动条件下，被试对甲骨文喜欢程度评分的平均值和标准差

启动图片类型 手机可接近性	人际依恋图片 ($M \pm SD$)	中性图片 ($M \pm SD$)	"人机关系"图片 ($M \pm SD$)	微笑图片 ($M \pm SD$)
"手机随身携带组" （N = 66）	2.890 ± .089	2.405 ± .321	2.953 ± .125	2.6379 ± .233
"手机不随身携带组" （N = 62）	2.953 ± .125	2.816 ± .400	2.992 ± .210	2.872 ± .221

重复测量的方差分析结果表明，在控制性别和手机使用年数的条件下，图片类型的主效应显著（$F_{(3,372)} = 13.734$，$p < 0.001$，$\eta^2 = 0.100$）；手机可接近性的主效应显著（$F_{(1,124)} = 50.524$，$p < 0.001$，$\eta^2 = 0.289$）；图片类型和手机可接近性的交互作用显著（$F_{(3,372)} = 27.016$，$p < 0.001$，$\eta^2 = 0.179$）。进一步简单效应检验表明，当手机不随身携带时，图片类型的主效应更加显著（手机不随身携带：$F_{(3,124)} = 105.19$，$p < 0.001$；手机随身携带：$F_{(3,124)} = 11.22$，$p < 0.001$）。这一结果显示，与手机随身携带相比，手机不在身边时，

不同图片对个体积极情绪的启动效应之间的差异更大。两两比较结果发现，无论手机是否在身边，与观看中性图片及微笑图片相比，在观看描述人际依恋的图片和描述"人机关系"的图片后，被试对甲骨文图片的喜欢程度评分更高。不同的是，当手机不在身边时，与观看中性图片相比，在观看微笑图片后，被试对甲骨文图片的喜欢程度评分更高；与观看描述人际依恋的图片相比，在观看描述"人机关系"的图片后，被试对甲骨文图片的喜欢程度评分更高。而当手机在身边时，在观看微笑图片和中性图片后，被试对甲骨文图片喜欢程度的评分不存在显著差异；在观看描述"人机关系"的图片和描述人际依恋的图片后，被试对甲骨文图片喜欢程度的评分也不存在显著差异。

上述结果表明，"人机关系"图片与人际依恋图片一样能够启动个体的积极情绪，且当手机不在身边时，描述"人机关系"的图片对个体积极情绪的启动效应更大。这说明随着手机使用的增多，在人与手机的关系中，手机逐渐具备了安全基地的功能。

第三节 实验二：基于手机情景的依恋安全启动对个体内隐自尊的启动效应

一 研究被试

选取 176 名具有手机使用经验的在校大学生为被试，其中男生、女生各 88 名。所有被试的年龄在 17—27 岁（19.750 ± 2.412）；所有被试的手机使用年数在 1—12 年（$M = 5.304$，$SD = 3.279$）。主试提醒被试认真阅读知情同意书，选择参与或拒绝本次实验，并签字，选择自愿参与的被试被告知其在实验结束后会获得一定的报酬。

二 实验材料

本研究中启动图片材料与"实验一"的启动图片材料相同。

内隐自尊测量：采用蔡华俭（2003）在其研究中使用的内隐自尊的测量程序（内隐联想测验，IAT）对所有被试的内隐自尊进行测量。

三 实验程序

本实验采用 2（手机可接近性：手机随身携带/手机不随身携带）×4（图片类型：安全人际依恋图片/"人机关系"图片/积极图片/中性图片）完全随机试验设计。图片类型为组间变量，因变量为被试在 IAT 任务中的反应时。

所有被试被随机分配到不同的实验组。整个试验过程由 E-Prime 编程实现。被试平视电脑屏幕，眼睛距电脑屏幕大约 60 厘米。实验步骤：（1）内隐自尊前测；（2）观看启动材料，要求被试在观看图片时进行与图片内容相关的自由联想；（3）内隐自尊后测。具体实验程序如下：

1. 内隐自尊 IAT 前测阶段：（1）要求被试通过按键（F 键或 J 键）对属性词进行辨别归类，即"积极属性词"按 J 键，"消极属性词"按 F 键；（2）要求被试通过按键（F 键或 J 键）对目标概念词进行辨别归类，即"与自我相关的词"按 J 键，"与他人相关的词"按 F 键；（3）要求被试对属性词和目标词进行联合辨别，即看到"与自我相关的词"和"积极属性词"时按 J 键，看到"与他人相关的词"和"消极属性词"时按 F 键；（4）与（2）相反，即要求被试通过按键（F 键或 J 键）对目标概念词进行辨别归类，"与自我相关的词"按 F 键，"与他人相关的词"按 J 键；（5）与（3）相反，要求被试对属性词和目标词进行联合辨别，即看到"与自我相关的词"和"积极属性词"时按 F 键，看到"与他人相关的词"和"消极属性词"时按 J 键。其中，（1）、（2）、（4）为练习部分；（3）和（5）分别为相容和不相容部分。练习部分出错时，给予反馈，相容和不相容部分出错时，不给予反馈。为避免顺序效应，相容判断和不相容判断的先后顺序在被试中做平衡处理。此外，为获得被试相对稳定的反应时，相容判断和不相容判断各练习一次。两次相容判断和不相容判断分别求平均值，记为被试在相容判断和不相容判断中的反应时。

2. 启动阶段：实验开始时，先在屏幕中央呈现提示语："请你仔细看下面呈现的每张图片，并根据图片上显示的内容想象自己处于图片中描述的场景。"尽量要求被试设身处地地想象自己处于图片显示的场景，尽可能生动地回忆自己当时的处境。被试通过按空格键确认理解提示语及指导语后，计算机黑色屏幕中央按预先设置的固定顺序自动连续呈现一组图片，每张图片呈现时间为1000ms，被试在看图片的同时进行自由联想任务。

3. 依恋启动阶段结束后，被试进入内隐自尊IAT后测阶段，具体测验程序与内隐自尊IAT前测阶段相同。

四 结果与分析

将E-Prime的实验数据进行合并整理，并将所有数据转化为.SAV格式，采用SPSS 23.0对实验数据进行分析。根据蔡华俭（2003）的做法，反应时大于3000ms记作3000ms，小于300ms记作300ms。错误率超过20%的被试予以剔除处理。不相容判断的平均反应时和相容判断的平均反应时差值即为被试的内隐自尊效应的指标。各种实验条件下，被试的后测内隐自尊与前测内隐自尊的差值见表8-3。

表8-3　各种实验条件下，被试的平均反应时（后测内隐自尊与前测内隐自尊及其差值）

手机可接近性	图片类型	前测自尊 ($M \pm SD$)	后测自尊 ($M \pm SD$)	自尊差值 ($M \pm SD$)
"手机不随身携带组" ($N=88$)	人际依恋（$N=22$）	-10.768 ± 181.731	108.829 ± 154.851	119.597 ± 247.681
	中性（$N=22$）	61.556 ± 212.295	80.524 ± 132.739	18.968 ± 205.437
	人机关系（$N=22$）	-3.667 ± 155.846	130.766 ± 152.209	134.433 ± 228.826
	微笑（$N=22$）	25.255 ± 208.625	49.895 ± 124.047	24.640 ± 212.744

续表

手机 可接近性	图片类型	前测自尊 ($M \pm SD$)	后测自尊 ($M \pm SD$)	自尊差值 ($M \pm SD$)
"手机随身携带组" （$N=88$）	人际依恋（$N=22$）	-54.501 ± 151.874	110.784 ± 197.863	165.286 ± 194.367
	中性（$N=22$）	13.750 ± 189.703	34.262 ± 177.867	20.512 ± 176.584
	人机关系（$N=22$）	-11.148 ± 171.843	131.155 ± 211.029	142.303 ± 238.895
	微笑（$N=22$）	-22.417 ± 139.565	5.292 ± 128.194	27.708 ± 121.108

单变量方差分析结果表明，图片类型的主效应显著（$F_{(3,168)}=4.744$，$p<0.01$，$\eta^2=0.078$）；手机可接近性的主效应不显著（$F_{(1,168)}=0.218$，$p>0.05$）；图片类型和手机可接近性的交互作用不显著（$F_{(3,168)}=0.113$，$p>0.05$）。事后比较可知，观看描述安全型人际依恋及"人机关系"图片的被试，前后测内隐自尊的差值显著大于观看中性图片和微笑图片的被试；观看描述安全型人际依恋图片的被试前后测内隐自尊的差值与观看"人机关系"的被试的内隐自尊差值不存在显著差异；观看微笑图片的被试前后测内隐自尊的差值与观看中性图片的被试的内隐自尊差值不存在显著差异。这些结果表明，无论手机是否在身边，描述人与手机之间关系的图片与描述安全型人际依恋的图片一样，能够促进个体对自身的积极评价。因此，随着手机使用的增多，基于手机的安全基地启动有助于改善个体的自我评价。

第四节 讨论：基于手机情景的依恋安全启动对个体情绪及内隐自尊的影响

为了探讨人与手机的关系中手机是否存在"安全基地"功能，第八章的实验一采用 2（手机接触：手机随身携带/手机不随身携带）×4（图片类型：人际依恋图片/"人机关系"图片/微笑图片/

中性图片）混合实验设计，考察了描述"人机关系"的图片对个体积极情绪的启动功能。结果发现，人际依恋图片能够启动个体的积极情绪，这一结果与以往研究结果一致。以往基于人际依恋的安全基地启动的研究发现，描述安全依恋情景的图片能够唤起被试的积极情绪，如自信、温暖、积极等，进而对其情绪健康产生积极影响（郭薇等，2011）。本研究进一步发现，"人机关系"图片与人际依恋图片一样能够启动个体的积极情绪，且启动效应更大。这在一定程度上表明，随着手机使用的增多，在人与手机的关系中，手机逐渐具备了"安全基地"的功能。这可能是因为，随着手机功能的日益强大，手机在人们工作和生活中扮演的角色越来越重要。手机不仅能够满足个体的多种心理需要，如归属需要、娱乐需要等，而且已经成为个体日常生活中人际沟通、消费娱乐、出行预订所必备的工具（Bodford 等，2017）。因此，手机在一定程度上扮演了"安全基地"的角色。以往研究也认为，手机已经成为个体安全感的重要来源。当手机在身边时，个体会更具安全感；当与手机分离时，个体会体验到焦虑、不安等消极情绪（Tams 等，2018），甚至会诱发"无手机恐惧症"（Han 等，2017）。研究一的质性研究结果也表明，手机能够对个体情绪产生积极影响。访谈对象认为，当手机在身边或手机处于正常使用的状态时，个体会觉得更踏实、心安。因此，在实验室条件下，描述"人机关系"的图片诱发的自由联想，能够促使个体产生积极的情绪体验。此外，这一结果与"物品依恋"的研究结果一致。关于"过渡物"依恋的研究表明，"过渡物"能够为幼儿带来安全感和积极的情绪体验（Litt，1986；李晓文，1991）。

在此基础上，实验二采用 2（手机可接近性：手机随身携带/手机不随身携带）×4（图片类型：安全人际依恋图片/"人机关系"图片/积极图片/中性图片）完全随机试验设计，考察了基于手机情景的依恋安全启动对个体内隐自尊的启动效应。结果发现，无论手机是否在身边，反映人与手机之间关系的图片与人际依恋的图片一样，能够启动个体对自身的积极评价。这表明，随着手机使用的增多和手机功能的日益多样化，人与手机的关系中，手机作为"安全基地"能够对个体的自我评价产生积极影响。这可能是因为在漫长的手机使用过程中，手机已经成为个体自我概念的一部分，即手机自我扩展（Hoffner等，2015），这会使个体在一定程度上将手机所具备的功能拓展为自身的能力，并因此提升个体的自我评价。研究发现，手机已经成为个体的"记忆伙伴"（Han等，2017）。个体不仅能够利用手机提高自己的工作效率，而且有助于提升个体的社交等能力，并因此促进个体对其自身能力的高估（Clayton等，2015）。此外，子研究四实验一的结果表明，"人机关系"图片能够启动个体的积极情绪。根据积极情绪的自我扩展建构理论（Isgett和Fredrickson，2004），积极情绪在个体心理中具有"溢出效应"，即积极情绪不仅有助于个体塑造积极的自我概念，而且有助于提升个体的自尊水平。实证研究也表明，手机使用的经历和体验会促进个体自身能力的高估（Gonzales，2014）。因此，描述"人机关系"的图片刺激所引起的自由联想会诱发个体手机使用的积极情绪体验，并因此促进个体的积极自我评价。

第五节　结论

　　手机在一定程度上扮演了"安全基地"的角色，不仅能够诱发个体的积极情绪，而且有助于促进个体对自我的积极评价。

　　综上，随着手机的日益普及，手机对人们工作及生活事务的渗透不断深入，人与手机之间的关系越来越密切。个体在手机使用过程中，存在趋近手机、避免与手机分离的行为特征，且当个体与手机分离后，会产生"手机分离焦虑"。同时，当个体经历消极体验后，接触手机或玩手机有助于缓解个体的消极情绪。此外，在漫长的手机使用过程中，手机已经具备了"安全基地"的功能，即手机的随身携带，有助于降低个体的不安情绪，提升个体的积极情绪及自我评价水平。

第三篇

基于调查的理论模型建构

第二篇针对人与手机之间存在依恋关系的实证依据的研究发现，随着手机的日益普及，手机对人们工作及生活事务的渗透不断深入，人与手机之间的关系越来越密切。个体在手机使用过程中，存在趋近手机、避免人机分离的行为特征，且当个体与手机分离后，会产生"手机分离焦虑"。同时，当个体经历消极体验后，接触手机或玩手机有助于缓解个体的消极情绪。此外，在漫长的手机使用过程中，手机已经具备了"安全基地"的功能，即手机随身携带，有助于降低个体的不安情绪，提升个体的积极情绪及自我评价水平。这些结果不仅表明随着手机使用的增多，人们逐渐开始对手机产生情感依恋，而且为我们用依恋理论解释人与手机的关系提供了实证依据。然而，人与手机之间的这种依恋的概念内涵及结构尚不清晰，且缺乏"人—手机依恋"的测量工具。为了填补这一空缺，也为研究者从依恋理论视角探讨人与手机的关系奠定概念及工具基础，第三篇采用问卷调查法对手机依恋的概念结构、测量工具进行探讨，并在此基础上，揭示手机依恋与人际依恋的关系。

第九章

手机依恋的概念与结构

第一节 研究目的

第四章和第五—八章分别通过一个质性研究和五个行为实验研究探讨了人与手机之间存在依恋关系的证据,为手机依恋这一概念的提出奠定了实证基础,弥补了以往研究的不足。在此基础上,我们对以往研究中研究者关于手机依恋这一概念内涵和结构的理解进行了梳理。由于理论视角的不同,研究者对手机依恋这一概念的理解也不尽相同。因此,本书拟在中国文化背景下,对手机依恋的概念、结构进行探讨,并进一步编制适用于我国大学生群体的手机依恋的测量工具。

Vincent(2006)认为,作为一种实现持续连接的方式,手机能够在个体维持社会关系(朋友关系、亲人关系以及其他社会关系)的过程中充当情感依恋渠道的角色,并指出,手机依恋是个体在通过手机与他人进行社会互动的过程中与手机建立的情感联结。作为情感依恋的渠道,手机虽然有助于个体与他人建立良好的亲密关系,满足个体寻求亲近、获得亲密的需要,但同时也会因手机不在身边等情景而产生消极情绪,如当与手机分离时,个体会感到紧张、不安。在Vincent(2006)研究的基础上,Kolsaker和Drakatos(2009)

认为个体对手机的情感依恋主要包含四个维度：（1）维持个人关系（Maintaining personal relationship）：手机有助于个体随时随地与他人保持联系，这能够促使个体对手机产生情感依恋。（2）生活中的一部分（Part of life）：手机能够满足个体打理日常私人及情感生活的需要，并因此促进个体对手机产生情感依恋。（3）保持联结（Keep in touch）：手机会使个体觉得自己是世界的一部分，满足个体的归属需要，进而诱发个体对手机的情感依恋。（4）私人物品（Customised）：个性化是用户对移动设备的态度情绪化的一个标志。手机作为私人物品，不仅包含个性化的信息，而且包含多种私人定制的信息，如壁纸等。人们可能会对手机提供的各种私人的、高质量的信息产生情感依恋。基于以上理论，Kolsaker 和 Drakatos（2009）编制了包含"维持个人关系""生活中的一部分""保持联结""私人物品"四个维度的手机依恋问卷。

　　Wehmeyer（2007）认为手机是重要的私人物品之一，手机依恋也是物品依恋的一种，即个体在使用手机的过程中与手机建立起来的依恋关系，并指出手机依恋的测量应包括三个维度：象征性（Symbolism）、美感（Aesthetics）以及感知必要性（Perceived necessity）。其中，象征性是指手机依恋源于手机的象征性功能，它是一种认知过程，即个体认识到手机的外延意义并推断出它的内涵意义。例如，手机是社会地位的象征。研究表明，将象征性功能赋予手机的个体认为手机更加重要（Hassenzahl，2004）。美感是指漂亮的外观也是个体对手机产生依恋的重要原因，手机美丽的外观有助于诱发积极情绪，并因此使个体高估手机的价值。Wehmeyer 认为，关心手机的外观并根据个人喜好来美化手机外观是手机依恋的重要表现。感知必要性是指手机在人际沟通或社会交往中的必要性是手机依恋产生的关键。

　　手机依恋是个体与移动设备之间形成的一种联结或亲密关系，这种联结或亲密关系象征或概括了人与人之间的关系（Bodford 等，2017）。根据依恋理论的观点，个体从依恋对象那里获得心理需要满足的程度不同，个体在缺乏依恋对象或与依恋对象分离、重聚时的情绪反应也存在差异，并形成不同的依恋类型，即安全型依恋、焦虑型依恋、回避型依恋（Bodford 等，2017；Bowlby，1969）。与著名的哈罗恒河猴依恋的实验相类似，在朋友或家人缺失时，个体更容易对无生命的物体产生依恋（Bodford 等，2017）。因此，手机也可能是依恋对象的替代品，即当个体的人际依恋需要得不到满足时，个体会把手机当作依恋对象，进而获得依恋需要的满足。值得注意的是，手机依恋可能与非安全依恋（焦虑型依恋和回避型依恋）的联系更加紧密，即焦虑型和回避型依恋的个体更容易将人际依恋风格扩展到个体与手机的关系中。在此基础上，Bodford 等（2017）编制了包含安全型手机依恋、焦虑型手机依恋、回避型手机依恋三个维度的手机依恋问卷。

手机依恋是个体与手机（应用）之间形成的一种联结，这种联结是由自我联结和社交联结构成的（Kim 等，2013）。其中，自我联结是指手机能够反映个体自我概念的程度。根据自我扩展理论，个体具有将他人或其他事物（物品）纳入自我概念的内在动机（Aron 等，2005），相关研究也表明，个体通过购买能够反映个体自我概念的品牌扩展个体的自我概念，并因此与该品牌之间形成一种自我联结（Belk，1988）。手机是个体自我概念扩展的重要信息来源（Hoffner 等，2015）。因此，个体在使用手机的过程中，将手机纳入自我概念中，形成自我联结，并因此对手机产生依恋。社交联结是指个体通过手机与他人保持良好的人际关系，并因此获得归属需要满足的程度。以往研究发现，归属需要不仅能够通过与他人建立或维持良好的人际关系而获得满足，而且能够通过与物品建立或维持良好的关系而获得满足（Epley 等，2010）。且有研究表明，手机是个体与他人建立或维持良好的人际关系，满足个体归属需要的重要工具（Kardos 等，2018）。自我决定理论认为，自主需要、关系需要及能力需要是人类所共有的先天性心理需要，且这些需要的满足是依恋关系产生的重要基础（La Guardia 等，2000）。因此，个体能够通过使用手机与他人建立或维持良好的人际关系，满足个体的关系需要（归属需要），并因此对手机产生情感依恋。

手机依恋是个体（自我）与手机之间形成的一种认知和情感纽带，它不仅会随着时间的推移而变化，而且存在强度上的差异（Meschtscherjakov 等，2014）。手机依恋是一种心理状态，在这种心理状态下，强烈的认知和情感将手机与个体联系在一起。但是，从依恋的本质而言，依恋是依恋主体与依恋对象之间形成的情感联结，依恋主体对依恋对象的认知态度，即所谓的"认知纽带"只是情感依恋形成的认知基础（Bowlby，1969；Litt，1986）。因此，个体对手机的认知态度只是个体对手机产生情感依恋的基础。

综上，虽然以往研究对"手机依恋"这一概念进行了相关探讨，但仍存在一些不足。首先，不同的研究者对手机依恋这一概念的内涵及结构的界定不同，这在一定程度上表明手机依恋这一概念的内涵和结构尚不清晰。其次，以往关于"手机依恋"这一概念的研究主要是在西方文化背景下，以西方高校大学生或青年人为被试进行的。鉴于中西方文化的差异，与西方的个人主义文化相比，我国的集体主义文化会在一定程度上影响个体的手机使用及个体与手机之间的关系。因此，有必要在中国文化背景下，探讨手机依恋的概念结构，并开发相应的手机依恋测量工具。

第二节　研究一：手机依恋的概念与结构

一　参与者

（一）访谈对象

以 20 名在校大学生为访谈对象，其中，男生、女生各 10 名。所有访谈对象年龄在 18—25 岁（21.7±2.20），其中，本科生和硕士研究生各 10 名。所有访谈对象手机使用年数在 1—13 年（6.13±1.96）。

（二）访谈主试

访谈主试由 1 名发展与教育心理学专业的博士研究生（本文作者）及 10 名发展与教育心理学专业的硕士研究生（男女各 5 名）构成。所有主试系统学习了 CQR 的相关知识，阅读了相关的代表性文献。在此基础上，所有访谈主试均参与了本质性研究的访谈提纲及操作手册的制定。在访谈过程中，所有访谈主试严格按照操作手册执行。

二　访谈提纲

在第四—八章的基础上，研究通过小组讨论和预访谈，形成了本研究的访谈提纲。访谈提纲（见附录 3）主要包含两部分内容：（1）基本信息，该部分主要包含访谈对象的性别、年龄、年级、专业等。（2）手机使用经历或经验，该部分主要包含①访谈对象的手机使用年数和功能偏好；②访谈对象对"手机依恋"这一概念的基本内涵及类型的看法；③访谈对象对"手机依恋"的情绪感受及行为表现的看法；④访谈对象在使用手机的过程中，依恋手机的经验或感受。

三　数据收集

（一）招募访谈对象

根据自主、自愿原则，所有访谈对象均是通过广告招募而来。在招募来的大学生中，筛选出 20 名（男生、女生各 10 名）具有手机使用经验的大学生作为本研究的访谈对象。

（二）数据收集过程

首先，主试依据统一的指导语向访谈对象介绍本次访谈的目的及大概内容；其次，主试将知情同意书交给访谈对象，提醒访谈对象在认真阅读后，选择参与或拒绝本次访谈，并签字；最后，主试依据访谈提纲及指导语开始正式访谈。

四 数据分析

所有访谈录音转录完成后,采用研究者协同一致质化研究方法(Cnsensual Qualitative Research,CQR)对访谈数据进行分析。第一,对访谈内容进行汇总整理,并在此基础上,提取出与本质性研究的主题"手机依恋的概念内涵、情绪感受、行为表现等"相关的内容;第二,为了获得具有相对独立性的域(Domain),即核心主题,将手机依恋的情绪感受、行为表现等相关内容进行梳理分类;第三,将同一域内的信息进行概括,以此凝练出各域内的核心观点(Core Idea);第四,将同属于一个域内的核心观点汇总并找出共同点,以此形成不同的类别(Category),即"手机依恋"的不同类型。

五 研究结果

"手机依恋"的内涵及结构主要可以分为4个相对独立的域,各个相对独立的域、所包含的下属类及其对应的核心观点实例见表9-1。

表9-1　　　手机依恋的概念内涵及结构:CQR 的结果

域	类	核心观点
手机依恋形成的原因	社交需要的满足	访谈对象认为,手机作为网络时代人们进行沟通交流的重要工具,不仅能够促进个体建立或维持人际关系,满足个体的人际关系需要,而且有助于个体进行自我表露和情感宣泄,满足个体自我呈现的需要
	娱乐需要的满足	访谈对象认为,手机具有强大的娱乐功能,如音乐、视频、游戏等,是个体打发无聊时间的重要工具,能够满足个体的多种娱乐需要
	其他需要的满足	随着手机功能的日益丰富化,手机为人们的工作及生活带来了诸多便利,例如支付功能、拍照、信息获取等。访谈对象认为,手机的便利性是人们对手机产生依恋的重要原因

续表

域	类	核心观点
手机依恋的经验感受及行为表现	情绪感受：手机分离焦虑、手机安全感、手机负担感和束缚感	访谈对象认为，对手机产生依恋的个体在手机无法正常使用时会感到情绪不适，甚至会感到情绪低落、焦虑、坐立不安等。当手机恢复正常状态的时候，对手机产生依恋的个体会感到生活回到了常态，情绪上会感到更加舒适、心安，更有安全感。也有访谈对象认为，一些个体也会在手机使用过程中产生负担感和束缚感，他们认为手机会带来多种负担，如信息负载、社交负载等；且会使个体产生束缚感，即个体不得不随时随地对他们的电话、短信及其他社交信息做出回应
	行为表现：趋近手机的行为、避免与手机分离的行为、逃避手机的行为	访谈对象认为，对手机产生依恋的个体会具有以下行为表现：①在做其他事情的时候，不自觉地拿出手机看；②每天睡前玩手机，起床后第一件事情也是看手机；③离不开手机；④确保手机电量充足，信号良好；⑤手机铃声响后立马就会去看消息。此外，也有访谈对象谈道，一些认为手机让自己感到负担感、束缚感的个体会产生"逃避手机"的行为，他们会将手机静音甚至关机，以避免手机打扰自己的生活
手机依恋的类型及特点	安全型手机依恋	访谈对象认为，安全型手机依恋的个体在手机可以正常使用时会比较依赖手机，比如用手机查单词、查地图等；在做其他事情的时候也会不自觉地触摸手机，拿出手机看一下；当手机不能正常使用的时候，会感到不习惯。安全型手机依恋的个体会倾向于将手机视为协助自己处理日常工作或事务的工具
	焦虑型手机依恋	访谈对象认为，焦虑型手机依恋的个体离不开手机。当手机处于正常使用状态时，他们会有一种安全感；当手机不能正常使用时，他们不仅会感到坐立不安、无所适从、无法集中注意力做其他事情，而且会担心手机无法正常运行、担心手机没电或流量耗尽。焦虑型手机依恋的个体时时刻刻都离不开手机，担心手机无法正常使用

续表

域	类	核心观点
手机依恋的类型及特点	回避型手机依恋	访谈对象认为，回避型手机依恋的个体会感到手机是一种负担，大量的手机社交信息会带来社交负载，且手机在为人们的沟通交流提供方便的同时，也像一把枷锁，限制了人们的自由。因此，即使手机不在身边，他们也能够自得其乐，甚至感觉更好。他们认为手机只是处理日常事务的工具而已
手机依恋与人际依恋的区别与联系	区别	访谈对象认为，手机依恋与人际依恋的区别在于：人际依恋是相互的，即依恋关系中的双方既会扮演依恋对象的角色，也会扮演依恋主体的角色。而手机依恋主要是人们对手机的依恋
	联系	访谈对象认为，手机依恋与人际依恋的相似之处在于：作为依恋对象，手机和人都有助于满足个体的多种需要

为了探讨"手机依恋"这一概念的内涵、类型及表现，本研究通过质性研究探讨了人们对手机依恋的概念及内涵的看法，并进一步挖掘了人们对手机产生依恋的原因、手机依恋的情绪感受和行为表现以及手机依恋与人际依恋的区别与联系，并采用研究者协同一致的质性研究方法对来自20名具有手机使用经验的大学生的访谈内容进行分析，结果表明：

（一）手机依恋形成的原因：社交需要满足、娱乐需要满足以及其他需要满足

首先，社交需要满足是指在人与手机的关系中，手机已经成为个体建立或维持人际关系的重要工具，对满足个体的归属需要具有重要意义。例如，有访谈对象认为，手机不仅有助于维持异地人际关系，而且有助于弥补线下人际关系需要的不足，对满足人们的社交需求及归属需要具有重要意义。其次，手机在人们娱乐需要满足中扮演着重要角色，人们不仅会通过手机听音乐、看视频、打游戏

放松自己，而且会利用手机的多种娱乐功能打发无聊的时间。例如，有访谈对象说道，无聊的时候就会玩手机。最后，随着手机功能的日益多样化，手机渗透到了人们工作和生活中的方方面面，能够满足人们的多种其他需要，如信息获取、自我呈现以及拍照、记忆伙伴等。例如，有访谈对象说道："手机已经成为人们获取信息的重要工具，方便我们查资料""手机作为互联网终端，已经成为人们在网上进行自我展示、自我表露、拍照并发布自拍、情绪宣泄的重要工具""手机的记事本、日历等已经成为人们的记忆小伙伴，人们倾向于将重要信息存储在手机上"。

（二）手机依恋的经验感受及行为表现

手机依恋的经验感受主要表现在以下三个方面：手机分离焦虑、手机安全感及手机负担感和束缚感。

第一，手机分离焦虑是指当手机处于或接近异常状态时，如手机网络信号差、手机快没电、手机不在身边等，对手机产生依恋的个体会感到焦虑不安的现象。例如，有访谈对象说道："如果手机没电、忘拿或不在身边，就会很焦躁""人离开手机之后就会变得非常躁动不安，或者是心情沮丧、低落，然后做事提不起动力""离开手机会浑身不自在"。

第二，手机安全感是指当手机在身边且能够正常使用时，对手机产生依恋的个体会感到更加舒适、更具安全感。例如，有访谈对象说道："手机在手上，就会觉得舒坦一些""手机在身边就会感觉很踏实""手机在那儿，就更安心一些""手机在身边会给人一种安全感（有地图，避免迷失；可以支付，不怕没现金；报警），手机就像哆啦A梦，通过手机可以解答自己的所有疑问"。

第三，手机负担感和束缚感是指个体在使用手机的过程中，会因为过多的信息及社交内容而感到认知负载，也会因为不得不随时随地处理信息而感到束缚。例如，有访谈对象说道："手机在身边的时候，我很难集中注意力做其他事情，很容易被手机信息打扰""感觉手机就像一条电子锁链，束缚着我"。

手机依恋的行为表现主要包括：趋近手机的行为、避免与手机分离的行为及逃避手机的行为。

第一，趋近手机的行为是指对手机产生依恋的个体会不自觉地接近手机。例如，有访谈对象说道："在写作业、看书的时候也会动不动想着把手机拿出来看一下""一坐下就想看手机，不管有没有人联系你""走路的时候还想玩手机""没事就喜欢开屏幕，然后再锁屏，也不知道干啥""起床后第一件事拿手机，然后睡觉前最后一件事放手机"。

第二，避免与手机分离的行为是指对手机产生依恋的个体会有意避免手机不能正常使用的情况。例如，有访谈对象说道："时时刻刻需要手机，时时刻刻把手机带在身边""不管走到哪里，不管是在上厕所还是吃饭，手里都拿着手机，就是不能离开手机""手机落在宿舍或手机快没电时，会立刻采取行动拿回手机或给手机充电"。

第三，逃避手机的行为是指个体在使用手机的过程中因感到负担感和束缚感，而有意将手机静音、关机、放在一边。例如，有访谈对象说道："我觉得手机有太多信息，让我觉得很累，所以我有时候会把手机静音、关机或放在一边，专心去做一件事情""手机不在身边或关机的时候，我会感觉更自由、更加舒适"。

（三）手机依恋的类型及特点

随着手机使用的增多，越来越多的个体会对手机产生依恋，但不同个体手机依恋的类型和特点会存在不同。通过对访谈结果进行分析，手机依恋主要可以分为三种类型，即安全型手机依恋、焦虑型手机依恋、回避型手机依恋。

第一，安全型手机依恋的个体在工作或生活中会比较依赖手机，即使在做其他事情的时候，也会不由自主地拿出手机看一下，甚至会毫无目的地打开手机，再锁上。当手机不在身边时，他们会感到不习惯。例如，有访谈对象说道："有手机会感觉很好，没有手机会感觉稍微有点不爽""手机不能正常使用的时候，我会想，如果有手机在，做事就方便多了""没有手机的时候会觉得手里少了点什么"

"走在路上的时候也会时不时摸一下手机"。

第二,焦虑型手机依恋的个体倾向于将注意力时时刻刻都放在手机上。当手机处于异常状态时,他们不仅会感到坐立不安,担心错过重要他人的消息,无法集中注意力做其他事情,而且会尽快采取措施,使手机恢复正常使用状态。例如,有访谈对象说道:"时时刻刻都想玩手机,离不开手机""离开手机的话就会觉得特别焦躁,拿到手机的话就会有一种安全感""即使开着电脑放着视频,但是自己还会用手机看小说、聊消息或者玩游戏之类的""离不开手机,手机不在身边的话就会立刻把手机找回来""没有手机的时候,坐在凳子上动来动去,抓耳挠腮,有一种很焦虑、很不安的情绪"。

第三,回避型手机依恋的个体倾向于认为手机只是一种处理日常工作或事务的工具。当手机在身边时,他们会感到社交负载、束缚;当手机不在身边时,他们也能够自得其乐,甚至会感觉更舒适,会有一种解脱感,能够沉浸于其他事情。例如:"因为手机信息太杂了,我需要一个安静的状态,没有人找我,然后我就自己看看书,自己出去休闲一下,所以周末的时候,我会关机,自己做自己想做的事情也挺开心的""手机就像一个电子锁链,别人随时随地就知道你在哪里,你在干什么都可以打断你""手机在时,我不得不及时回复别人,这让我感觉被束缚,感觉很困扰,离开手机就会觉得挺舒服的"。

(四)手机依恋与人际依恋的区别与联系

手机依恋与人际依恋的区别主要在于:人际依恋是相互的,即依恋关系中双方既会扮演依恋对象的角色,也会扮演依恋主体的角色;而手机依恋主要是人们对手机的依恋。例如,有访谈对象说道:"人际依恋是两个人之间的,就是可能我想依恋你,但是你并不想让我依恋你。但手机的话是不会的,你想依恋就依恋,手机对你是没有任何影响的""人际依恋双方都有主动性的,我觉得手机不可能主动选择,就是和你在一起或者是远离你,手机只能是被动的那种"。

手机依恋与人际依恋的相似之处在于:作为依恋对象,手机和人都有助于满足个体的多种需要。例如,有访谈对象说道:"手机和人际依恋对象都能给人一种满足感,能满足人一定的需求,比如归属,基于手机的网络社交也能满足你的归属感"。

六 讨论:手机依恋的概念内涵及结构

随着移动信息技术的发展,手机在人们的工作和生活中所扮演的角色越来越重要,人与手机的关系也日益密切。人与手机之间关系的本质是什么?这一问题也成为研究者关注的焦点问题。"手机成瘾""手机依赖""问题性手机使用"等概念被用于描述人与手机的关系。但随着研究的深入,研究者认为上述概念具有消极性和片面性,即这些概念只关注了人与手机关系的消极面,而没有关注人与手机关系的积极面。因此,有研究者基于依恋理论提出了手机依恋的概念,手机依恋是指个体在使用手机的过程中,与手机形成的一种情感或认知纽带。研究者从不同的理论视角对手机依恋形成的因素进行了探讨,例如,传统的依恋理论、使用满足理论、技术接受模型、最佳体验理论、自我扩展理论、自我延伸理论以及自我决定理论等,但手机依恋这一概念的内涵和结构尚不清晰。

为了探讨"手机依恋"这一概念的内涵、类型及表现,本研究采用研究者协同一致的质性研究方法对来自 20 名具有手机使用经验的大学生的访谈内容进行分析,研究发现:

手机依恋是指个体在使用手机的过程中,对手机产生的一种情感及认知联结。其中,情感联结是指人们在情感上依赖手机;认知联结是指人们将手机视为工作和生活中必不可少的工具。人们之所以会对手机产生依恋,是因为人们在使用手机的过程中能够得到多种心理需要的满足,主要包括:社交需要、娱乐需要及其他需要。首先,作为人际沟通的重要工具,手机有助于个体建立或维持良好的人际关系,提高人际沟通的效率。个体不仅可以通过手机与重要他人分享自己的快乐和悲伤,增进友谊,也可以通过手机与他人建立新的人际关系,拓展个体的社会资本,弥补线下人际关系需要的不足。这一结果支持了手机依恋形成的传统依恋理论和自我决定理论。根据传统的依恋理论，手机依恋是人际依恋关系不良的个体产生的一种次级依恋策略，即人际依恋关系不良的个体倾向于使用手机与他人建立或维持良好的人际关系，以满足现实生活中依恋关系的不足，并因此对手机产生依恋（Konok等，2016）。自我决定理论也认为，手机在个体关系满足中的重要作用是个体对手机产生依恋的重要原因（David 和 Roberts，2017）。其次，作为娱乐休闲的重要工具，手机也能够满足个体多种休闲娱乐的需要。个体不仅可以通过听音乐放松身心，而且可以通过看视频、看小说、打游戏打发无聊的时间，充实自己的业余生活，满足个体的娱乐需要。这一结果支持了使用满足理论，该理论认为，个体在使用手机的过程中使用手机的娱乐功能，满足个体消遣、娱乐的需要，并使个体产生积极情绪，这在一定程度上促进了个体对手机产生依恋（Fullwood等，2017）。最后，手机也是个体进行信息获取、自我呈现以及拍照、储存信息等活动的重要工具，并有助于个体多种心理需要的满足，因此个体会对手机产生依恋（Fullwood等，2017）。

手机依恋的经验感受及行为表现主要包含：手机分离焦虑、手机安全感、趋近手机行为和避免与手机分离的行为。对手机产生依恋的个体，在手机能够正常使用时会产生舒适、心安等积极感受；当手机不在身边或处于异常状态时，会产生坐立不安、焦虑等消极感受。也有个体在使用手机的过程中，会因为过多的信息及社交内容而感到认知负载，也会因为不得不随时随地处理信息而感到束缚。对手机产生依恋的个体在日常生活中倾向于"接近手机"，即倾向于使用手机处理工作和生活中的日常事务，做其他事情的时候也会不自觉地摸手机，打开手机看看；当手机不在身边或处于异常状态时，会采取措施使手机回到身边或使其恢复正常使用状态。也有个体在使用手机的过程中因感到负担感和束缚感，而有意将手机静音、关机、放在一边。这些结果与以往研究结果一致（Fullwood等，2017；Tams等，2018）。

根据手机不在身边或处于异常状态、手机恢复正常后个体的情绪及行为表现的不同，可以将手机依恋分为安全型手机依恋、焦虑型手机依恋和回避型手机依恋。安全型手机依恋的个体在工作或生活中比较依赖手机。当手机处于正常使用状态时，他们会感到舒适，倾向使用手机解决所面临的问题，甚至会毫无目的地摸手机、打开手机再锁上；当手机处于异常状态时，他们会感到不方便。焦虑型手机依恋的个体倾向于将注意力时时刻刻都放在手机上。当手机处于正常状态时，手机会给他们带来安全感；当手机处于异常状态时，他们不仅会感到坐立不安，担心错过重要他人的消息，而且无法集中注意力做其他事情。他们会经常担心手机无法正常使用，如担心手机没电、没流量。回避型手机依恋的个体倾向于认为手机只是处理日常工作或生活事务的工具，他们不会过度依赖手机，甚至当手机在身边时，他们会感到社交负载、束缚；当手机不在身边时，他们也能够自得其乐，甚至会感觉更舒适，会有一种解脱感。这一结果与Bodford等（2017）的研究结果一致。该研究认为，手机依恋与人际依恋一样存在安全型、焦虑型和回避型三种类型，并在人际依恋问卷的基础上修订了三维度结构的手机依恋问卷（Relationship Scales Questionnaire-Smartphone，RSQ-SP）。此外，也有研究认为，手机依恋主要分为"避难所"（Refuge）和"负担"（Burden）两个类型。避难所与焦虑型依恋相对应，它是指当个体可以使用手机时，个体会有安全感；当个体不能接触手机时，个体会感到焦虑或不适。负担与回避型依恋相对应，它是指当手机存在时，个体会觉得手机带来了一种负担；当个体在与手机分离时会产生解脱感，并感觉手机的存在削弱了你"活在当下"或享受某一时刻的能力（Trub和Barbot，2016）。但该研究忽略了安全型依恋的个体，安全型依恋的个体会比较依赖手机，在手机可以正常使用时会感到方便，但当手机不能正常使用时，虽然他们也会感到不习惯，但是并不会因焦虑和担心而无法集中注意力做其他事情。因此，本研究认为手机依恋应包含安全型手机依恋。

此外，本研究对手机依恋与人际依恋的区别与联系进行了探讨。手机依恋与人际依恋的主要区别在于：人际依恋是相互的，即依恋关系中双方既会扮演依恋对象的角色，也会扮演依恋主体的角色；而手机依恋主要指人们对手机的依恋。相似之处在于：作为依恋对象，手机和人都有助于满足个体的多种心理需要。这一结果表明在人与手机的关系中，人具有绝对的主动性，即个体与手机之间形成什么样的依恋关系是由个体自身决定的，个体可以通过调整自己对手机的态度和看法，使个体与手机之间形成良好的依恋关系，避免焦虑型手机依恋或回避型手机依恋。此外，手机依恋中的情感及认知成分是建立在手机的可用性的基础上的，这在一定程度上表明，个体对手机的依恋并不是依恋手机本身，而是依恋手机所具备的多种功能。由于手机具有人际交往功能，因此，手机依恋在一定程度上是人际依恋在人与手机关系中的拓展或延伸。

七　结论

第一，手机依恋是指个体在使用手机的过程中，对手机产生的一种情感及认知联结。其中，情感联结是指人们在情感上依赖手机；认知联结是指人们将手机视为工作和生活中必不可少的工具。情感联结是在认知联结的基础上建立起来的。

第二，人们之所以会对手机产生依恋，是因为人们在使用手机的过程中能够获得多种心理需要的满足。主要包括：社交需要、娱乐需要及其他需要，如自我展示、记忆伙伴等。

第三，手机依恋的经验感受及行为表现主要包含：手机分离焦虑、手机安全感、趋近手机行为和避免与手机分离的行为。

第四，手机依恋分为安全型手机依恋、焦虑型手机依恋和回避型手机依恋。

第五，手机依恋与人际依恋的主要区别在于：人际依恋是相互的，即依恋关系中双方既会扮演依恋对象的角色，也会扮演依恋主体的角色；而手机依恋主要指人们对手机的依恋。相似之处在于：

作为依恋对象，手机和人都有助于满足个体的多种心理需要。

第三节　研究二：手机依恋问卷的编制

一　研究目的

依恋是以往研究者用于解释人与人、人与其他事物之间关系的重要概念。随着人与手机的关系日益密切，依恋理论也被用于解释人与手机之间的关系。由于理论视角的不同，研究者对手机依恋这一概念的内涵及结构的理解也存在争议。因此，第九章研究一主要采用质性研究方法，在中国文化背景下，对手机依恋这一概念的内涵、经验感受、行为表现及类型等内容进行了探讨。在此基础上，研究二采用因素分析法，从传统的依恋理论视角编制手机依恋的测量工具。以往关于手机依恋的研究中也编制了相应的测量工具，主要包含：（1）Wehmeyer（2007）编制的用户—设备依恋问卷（User-Device Attachment Scale，UDAS），该问卷包含象征性（Symbolism）、美感（Aesthetics）以及感知必要性（Perceived Necessity）三个维度；（2）Bock等（2016）编制的手机依恋问卷（Mobile Phone Attachment Scale，MPAS），该问卷包含四个维度，即"手机的有用性""焦虑型依恋"、成瘾以及"7天24小时开机"；（3）Bodford等（2017）编制的手机依恋问卷（Relationship Scales Questionnaire-Smartphone，RSQ-SP），该问卷包含安全型手机依恋、焦虑型手机依恋、回避型手机依恋三个维度；（4）Trub和Barbot（2016）编制的大学生手机依恋问卷（Young Adult Attachment to Phone Scale，YAPS），该问卷包含"避难所"（Refuge）和"负担"（Burden）两个维度；（5）Weller等（2013）编制的感知手机依恋问卷（Perceived Attachment to Phones，PAP），该问卷主要测量了个体所感知到的其对手机的依恋；（6）Konok等（2016）在成人依恋（Adults Attachment Scale，AAS）问卷的基础上编制的手机依恋问卷（Mobile Attachment Scale，MAS），该问卷共包含三个维度，即寻求接近手机（4个项目）、人际沟通需要（3个项目）、手机沟通偏好（2个项目）；（7）Kolsaker和Drakatos（2009）编制的手机依恋问卷（Attachment Mobile Devices Scale，AMDS），该问卷包含四个要素，即人际关系（Personal relationship）、生活中的一部分（Part of life）、保持联络（Keep in touch）以及私人物品（Customized）；（8）Warr（2013）编制的手机依恋问卷（EAMP），该问卷包含依恋手机（Attachment to Mobile Phone）、依恋责任（Obligational Attachment）、个性化（Personalization）以及依恋功能（Services Attachment）四个部分；（9）Tlhabano等（2013）编制的消费者—手机依恋问卷（Consumer-Mobile Phone Attachment Scale，CMPAS），该问卷主要测量了消费者在使用手机的过程中体验到的依恋。由此可知，虽然以往研究对手机依恋的测量问题进行了探讨，但由于理论视角的不同，各个问卷所测量的手机依恋的内容也不尽相同，且存在诸多不足。第一，一些问卷虽然以"依恋"命名，但所测量的内容与传统的依恋理论并没有关系，这在一定程度上造成了概念的混淆，例如，Wehmeyer（2007）编制的用户—设备依恋问卷（User-Device Attachment Scale，UDAS）、Kolsaker和Drakatos（2009）编制的手机依恋问卷（Attachment Mobile Devices Scale，AMDS）；第二，一些问卷虽然基于传统的依恋理论测量了人们对手机所产生的依恋感，但测量内容相对单一，没有对手机依恋的结构进行探讨，例如，Weller等（2013）编制的感知手机依恋问卷（Perceived Attachment to Phones，PAP）、Tlhabano等（2013）编制的消费者—手机依恋问卷（Consumer-Mobile Phone Attachment Scale，CMPAS）；第三，一些问卷虽然对手机依恋的维度进行了探讨，但多个维度之间存在概念的混淆，例如，Bock等（2016）编制的手机依恋问卷（Mobile Phone Attachment Scale，MPAS），该问卷将手机成瘾纳入手机依恋的一个维度，与传统依恋理论中依恋概念的内涵不符；第四，一些问卷虽然在传统依恋理论的基础上编制了手机依恋问卷，但在维度结构上并不完整，例如，Trub和Barbot

（2016）编制的大学生手机依恋问卷（Young Adult Attachment to Phone Scale，YAPS），该问卷包含"避难所"（Refuge）和"负担"（Burden）两个维度，其中，"避难所"对应的是焦虑型手机依恋，"负担"对应的是回避型手机依恋，而忽略了安全型手机依恋；第五，一些问卷虽然从传统的依恋理论出发，在人际依恋问卷的基础上，通过修改项目表述，修订了结构相对完善的手机依恋问卷，例如，Bodford 等（2017）编制的手机依恋问卷（Relationship Scales Questionnaire-Smartphone，RSQ-SP），但是忽略了人际依恋与手机依恋在内涵及表现上可能存在的差异，仅仅对人际依恋问卷的项目表述进行修改，从而形成的手机依恋问卷是不科学的。

此外，上述问卷主要是在西方文化背景下编制的，由于中西方文化的差异，手机在中西方人群中所扮演的角色也可能存在一定的差异。因此，本研究拟在以往研究的基础上，在中国文化背景下，编制适用于中国大学生的手机依恋测量工具。

二 研究方法

（一）研究被试

由于本研究需要对自编手机依恋问卷进行探索性因素分析和验证性因素分析，因此，本研究包含初始施测被试和正式施测被试两部分。

1. 初始施测被试

采用方便取样，选取 500 名就读于山东某高校的大学生为被试。参与自编手机依恋问卷的初始施测，回收有效问卷 455 份（有效率 91.00%），其中，男生 227 名（49.89%），女生 228 名（51.11%），所有被试年龄在 17—23 岁（19.89 ± 1.19）。

2. 正式施测问卷的被试

采用方便取样，在河南某高校选取 500 名在校大学生进行手机依恋问卷及校标问卷的正式施测。回收有效问卷 454 份（90.80%），其中，男生 223 名（49.1%），女生 231 名（50.9%），所有被试年龄在 16—23 岁（19.44±1.34）。

3. 施策过程

初始问卷施测和正式问卷施测均以班级为单位进行团体施测。具体流程如下：（1）主试依据统一的指导语向被试介绍本次调查研究的目的及大概内容；（2）主试将知情同意书交给访谈对象，提醒访谈对象在认真阅读后，选择参与或拒绝本次调查研究，并签字；（3）获得被试的知情同意后，主试向被试发放调查问卷，并强调本次问卷调查的匿名性以及本次调查结果的保密性（只用于科学研究），并提醒被试根据自己的实际情况真实作答；（4）所有被试被要求在 30 分钟内完成所有项目作答。

（二）研究工具

1. 中文版手机依恋问卷

基于质性研究的结果，自编"手机依恋问卷"的初始问卷。该初始问卷共包含 25 个项目，分为安全型手机依恋、焦虑型手机依恋、回避型手机依恋三个维度。采用 Likert 5 点计分（1"非常不同意"—5"非常同意"），在某一维度上，得分越高表明个体在该维度上的手机依恋程度越高。

2. 手机成瘾指数量表

采用香港中文大学学者 Leung（2008）编制的手机成瘾指数量表（Mobile Phone Addiction Iindex，MPAI）对大学生手机成瘾情况进行施测。该量表共有 17 个题，采取 1—5 5 点计分，得分越高表明个体手机成瘾的倾向越高。本研究中该问卷的 Cronbach α 系数为 0.898。

3. 手机自我扩展问卷

采用 Hoffner 等（2015）编制的手机自我扩展问卷，对被试在日常生活中将手机纳入自我概念的程度进行评估。该问卷共包含 8 个项目，所有项目均采用 1—5 5 点计分。所有项目得分相加求平均值即为被试在该问卷上的得分，得分越高表明个体将手机纳入自我概念的程度越高。本研究中该问卷的 Cronbach α 系数为 0.941。

4. 注意控制问卷

采用连帅磊等（2018）在研究中使用的由 Derryberry 和 Reed（2002）编制，Carriere、Seli 和 Smilek（2013）修订的简版注意控制问卷的中文版对大学生的注意控制能力进行评估。该问卷共包含 8 个项目，所有项目均采用 1—5 五级评分，所有项目得分反向计分后相加求平均值，即为被试的注意控制问卷得分，分数越高，表明个体的注意控制能力越强。本次测量的注意控制问卷的 Cronbach α 系数为 0.851。

三　研究结果

（一）初测问卷的编制

初测问卷主要是基于以往研究及质性研究结果编制而成的。首先，对第九章研究一的质性研究结果进行分析整理，根据不同的手机依恋类型，在手机依恋的经验感受及行为表现中抽取具有代表性的经验感受及行为特点。由 2 名心理学博士根据不同手机类型的经验感受及行为表现编制相应的问卷项目。其次，对国外学者所编制的手机依恋问卷的项目进行收集整理，例如，Bodford 等（2017）编制的手机依恋问卷（Relationship Scales Questionnaire-Smartphone，RSQ-SP）；Trub 和 Barbot（2016）编制的大学生手机依恋问卷（Young Adult Attachment to Phone Scale，YAPS）。然后由 4 位心理学硕士和 1 位心理学博士对项目进行翻译、回译，对比分析，选择与质性研究结果相一致的项目作为初始问卷中的题目。在此基础上，邀请 9 名心理学硕士研究生及 1 名心理学博士研究生对项目的表述方式进行精练，对项目的含义进行对比分析，剔除意义重复和存在歧义的项目。

最终形成包含 25 个项目的初测问卷，其中，安全型手机依恋 8 个项目，焦虑型手机依恋 9 个项目，回避型手机依恋 8 个项目。所有项目均采用 Likert 5 点计分（1 "非常不符合"—5 "非常符合"），各维度内项目得分相加求平均值即为个体在该维度上的得分，得分越高表明个体在该维度上的手机依恋程度越高。

(二) 初测问卷施测及正式问卷形成

首先,采用极端分组决断值法对所有项目的区分度进行评估,以剔除鉴别力较低的项目。其次,采用主成分分析法及极大似然正交旋转法,以特征值大于1为因子提取标准对问卷的因子结构进行探索。

1. 项目区分度

为了对测验项目进行初步的评估、筛选,采用极端分组决断值法对施测项目的区分度进行分析评估。首先,将所有被试在各个施测项目上的评分相加求平均值,并进行高低排序。其次,分别从高分段和低分段选取27%的被试,标记为高分组和低分组。最后,采用独立样本t检验对两组被试在各个项目上的得分进行差异检验,所得t值即为各个项目的决断值(CR)。项目的CR值显著,表明该项目具有良好的区分度。CR值的绝对值越大,表明项目的区分度越大。且项目的CR值 > 3 即表明该项目的鉴别力较高。本研究中所有项目的CR值均大于3(见表9-2),表明所有项目均具有较高的鉴别力。

表9-2　　　　　　初测项目的区分度($n=455$)

项目	组别	M	SD	CR值	项目	组别	M	SD	CR值
1	高分	4.06	0.875	14.169***	14	高分	3.95	0.785	8.759***
	低分	2.18	1.160			低分	2.78	1.205	
2	高分	3.36	0.951	7.718***	15	高分	3.98	0.809	11.250***
	低分	2.42	0.914			低分	2.60	1.054	
3	高分	3.91	0.588	10.634***	16	高分	3.49	0.998	8.055***
	低分	2.72	1.050			低分	2.39	1.099	
4	高分	3.50	1.041	9.517***	17	高分	4.02	0.809	9.205***
	低分	2.20	1.056			低分	2.80	1.171	

续表

项目	组别	M	SD	CR 值	项目	组别	M	SD	CR 值
5	高分	3.71	0.838	9.846***	18	高分	3.92	0.654	10.969***
	低分	2.40	1.172			低分	2.59	1.137	
6	高分	3.91	0.603	12.114***	19	高分	3.99	0.672	10.466***
	低分	2.50	1.097			低分	2.67	1.177	
7	高分	4.04	0.819	13.850***	20	高分	3.80	0.778	9.248***
	低分	2.24	1.133			低分	2.61	1.150	
8	高分	3.56	0.883	9.209***	21	高分	3.77	0.765	8.999***
	低分	2.47	0.935			低分	2.54	1.256	
9	高分	3.86	0.702	10.182***	22	高分	3.90	0.691	11.797***
	低分	2.62	1.113			低分	2.54	1.034	
10	高分	3.81	0.739	12.493***	23	高分	3.63	0.855	7.121***
	低分	2.24	1.139			低分	2.70	1.130	
11	高分	3.88	0.864	7.878***	24	高分	3.81	0.751	10.350***
	低分	2.80	1.192			低分	2.55	1.073	
12	高分	4.02	0.652	12.322***	25	高分	3.94	0.720	10.930***
	低分	2.58	1.079			低分	2.60	1.107	
13	高分	3.81	0.840	10.479***					
	低分	2.45	1.125						

注：*** $p < 0.001$。

2. 探索性因素分析

为了检验样本是否适用于探索性因素分析，采用 KMO（Kaiser-Meyer-Olkin）和 Bartlett 球形检验对样本的 KMO 系数及 Bartlett 球形检验所得近似卡方值进行估计，结果表明样本适用于探索性因素分析（KMO = 0.912，χ^2_{Bartlett} = 3659.836，$p < 0.001$）。

采用主成分分析法及极大似然正交旋转法对问卷的因子结构进行探索。本研究中因子数量及项目剔除标准如下：（1）共同度大于 0.3 原则；（2）因子项目数大于 3 原则；（3）单一负荷，且负荷大于 0.4 原则；（4）特征值大于 1 原则；（5）碎石图原则（见图 9 -

1）；（6）可解释原则。根据上述原则，依次剔除双重负荷的项目5、项目1、项目17、项目19、项目23；然后出现项目数少于3的因子，该因子只包含项目2和项目8，且项目2因子载荷较小，故删除；再次剔除双重负荷的项目11、项目10、项目16、项目9；最后删除不可解释的项目12、项目18、项目3。最终旋转在迭代5次后收敛，提取特征值大于1的因子3个，解释总变异的55.03%，各项目因子负荷、共同度及因子贡献率见表9-3。

表9-3　　　　　　　手机依恋问卷探索性因素分析结果

题项	因子1	因子2	因子3	共同度
Q24	0.738			0.612
Q25	0.727			0.553
Q22	0.652			0.527
Q15	0.548			0.434
Q04		0.794		0.640
Q07		0.694		0.614
Q13		0.682		0.555
Q06		0.525		0.483
Q20			0.759	0.610
Q21			0.729	0.581
Q14			0.660	0.521
Q08			0.600	0.474
特征值	4.117	1.451	1.035	
贡献率（%）	19.373	17.970	17.687	
累积贡献率（%）	19.373	37.343	55.030	

最终形成的正式施测问卷共包含三个因子，即安全型手机依恋、焦虑型手机依恋、回避型手机依恋。其中安全型手机依恋包含项目15、项目22、项目24及项目25四个项目，焦虑型手机依恋包含项目4、项目7、项目6及项目13四个项目，回避型手机依恋包含项目8、项目14、项目20及项目21四个项目。

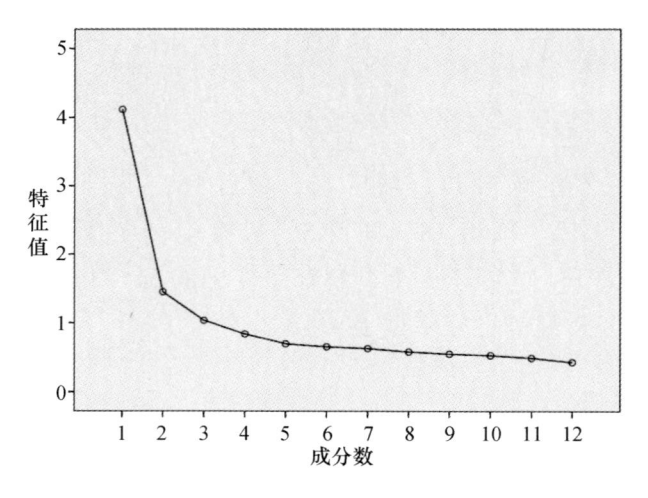

图 9-1　碎石图

(三) 正式问卷的效度分析

1. 结构效度分析

为了检验该问卷的结构效度,本研究采用 Amos 21.0 在正式施测问卷的数据中对问卷的三因子结构进行验证性因素分析。三因子结构模型 M1 的拟合指标良好 ($\chi^2/df_{(51)}$ = 3.093,RMSEA = 0.068,AGFI = 0.917,NFI = 0.910,GFI = 0.945 IFI = 937,TLI = 0.918,CFI = 0.936),所有项目因子载荷为 0.43—0.77 (见图 9-2)。因子之间的相关为 0.16—0.85,即因子 F1 (安全型手机依恋) 与因子 F2 (焦虑型手机依恋) 之间存在高相关。这一结果表明,两个因子可能属于同一个因子,即手机依恋可能为二因子结构,而不是三因子结构。因此,有必要构建二因子结构模型 M2 与三因子结构模型 M1 进行比较。

由图 9-3 可知,在二因子结构模型 M2 中,所有项目的因子载荷为 0.43—0.76。模型指标比较结果 (见表 9-4) 表明,三因子结构模型 M1 的拟合更好。首先,三因子结构模型 M1 比二因子结构模型 M2 节省了 2 个自由度;其次,三因子结构模型 M1 的拟合指数优于二因子结构模型 M2。最后,将两个模型进行嵌套比较,$\Delta\chi^2/\Delta df$ =

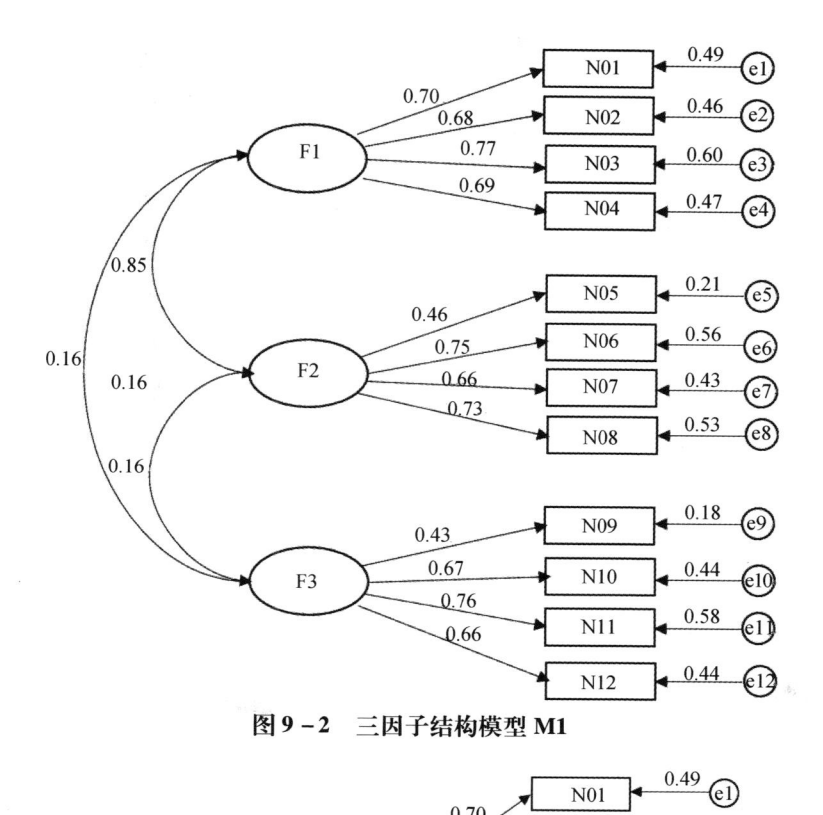

图 9-2　三因子结构模型 M1

图 9-3　二因子结构模型 M2

19.636，大于自由度 2 时，卡方分布的临界值为 13.82（$p < 0.001$）。因此，拒绝原假设，即手机依恋可能是二因子结构。从理论上看，三因子模型也符合手机依恋理论上的三种类型，即安全型手机依恋、焦虑型手机依恋、回避型手机依恋。

表 9 – 4　　　　　　　　　　模型指标比较

模型	χ^2	df	χ^2/df	RMSEA	CFI	AIC
M1	157.739	51	3.093	0.068	0.936	211.739
M2	197.011	53	3.717	0.077	0.914	247.011

2. 校标关联效度分析

首先，以往研究认为手机依恋与手机过度使用有关，且有研究表明，焦虑型手机依恋的主要特征——错失恐惧是造成个体手机成瘾的主要原因（Elhai 等，2018），因此本研究采用手机成瘾为校标。其次，手机依恋形成的自我扩展理论认为，手机依恋是个体在使用手机的过程中将手机纳入自我概念，即手机自我扩展的结果（Hoffner 等，2015；Tams 等，2018），因此，手机自我扩展也可以作为手机依恋问卷的校标。最后，有研究认为，手机依恋可能是导致个体注意控制能力下降、注意力分散的重要原因（Bodford 等，2017；Weller 等，2013），因此，注意控制也可以作为手机依恋问卷的校标。

相关分析结果（见表 9 – 5）表明，安全型手机依恋与焦虑型手机依恋存在较高的显著正相关，二者与回避型手机依恋存在较低的显著正相关。手机依恋总分与手机成瘾、手机自我扩展均存在中等程度的显著正相关，与注意控制呈显著负相关。安全型手机依恋与手机成瘾、手机自我扩展均存在中等程度的显著正相关，与注意控制存在中等程度的显著负相关。焦虑型手机依恋与手机成瘾、手机自我扩展均存在中等程度的显著正相关，与注意控制存在中等程度的显著负相关。回避型手机依恋与手机自我扩展存在显著的正相关，与注意控制存在显著负相关，与手机成瘾的相关不显著。

表9-5　　　　　　　　　　校标关联效度分析结果

	M	SD	1	2	3	4	5	6	7
手机依恋总分	3.388	0.615	1						
安全型手机依恋	3.552	0.861	0.811***	1					
焦虑型手机依恋	3.323	0.855	0.809***	0.636***	1				
回避型手机依恋	3.288	0.827	0.550***	0.110***	0.107***	1			
手机成瘾	2.935	0.774	0.394***	0.474***	0.442***	-0.072	1		
手机自我扩展	3.365	1.073	0.362***	0.354***	0.309**	0.119*	0.357***	1	
注意控制	2.998	0.755	-0.289***	-0.303***	-0.203**	-0.120*	-0.370***	-0.115*	1

注：*$p<0.05$；**$p<0.01$；***$p<0.001$。

（四）正式问卷的信度分析

采用Cronbach α系数法及各个分维度与总问卷的相关对手机依恋问卷的信度进行估计。结果（见表9-6）表明，手机依恋总量表及各个分量表的Cronbach α系数为0.719—0.802，表明手机依恋问卷信度良好。

表9-6　　　　　　　　　　手机依恋问卷的信度检验

维度	1	2	3	4
安全型手机依恋	(0.802)			
焦虑型手机依恋	0.636***	(0.742)		
回避型手机依恋	0.110***	0.107***	(0.719)	
手机依恋总分	0.811***	0.809***	0.550***	(0.754)

注：**$p<0.01$，***$p<0.001$，括号内的数字为分量表的Cronbach α系数，其余数字为相关系数。

四　讨论：手机依恋测量工具的适用性

第九章研究一的质性研究发现，由于手机能够满足个体的多种心理需要，如社交需要、娱乐需要等，因此个体在使用手机的过程中会对手机产生依恋；手机依恋的经验感受主要表现在三个方面："手机分离焦虑""手机安全感"以及"负担感和束缚感"；手机依恋的行为表现也体现在三个方面，即趋近手机行为、避免与手机分离的行为和逃避手机的行为；手机依恋存在三种类型：安全型手机依恋、焦虑型手机依恋以及回避型手机依恋。这一结果明晰了我们对手机依恋的内涵、经验感受、行为表现及结构的认识。在此基础上，研究二编制了适用于中国大学生的手机依恋测量工具，为未来探讨人与手机之间依恋关系的量化研究奠定了工具基础。

在严格遵守量表编制的相关方法和程序的基础上，本研究结合质性研究结果及现有问卷编制了手机依恋的初测问卷，并采用定量分析方法，通过两次问卷调查（两次问卷调查中，被试数量均超过了问卷项目数的10倍），分别进行项目区分度分析、探索性因素分析和验证性因素分析，对手机依恋问卷的信度、结构效度、校标关联效度进行检验。

首先，采用极端分组决断值法对所有初测项目的区分度进行分析，结果显示所有项目的决断值均大于3，表明初测问卷中所有项目均具有较高的鉴别力，即能够将不同手机依恋程度的个体区分开来。

其次，探索性因素分析结果表明，初测手机依恋问卷能够抽取出三个因子，共解释所有项目总变异的54.541%。从内容上看，三个因子所包含的项目分别属于安全型手机依恋、焦虑型手机依恋以及回避型手机依恋。其中，因子1（安全型手机依恋）反映了质性研究中"安全型手机依恋"所包含的经验感受及行为特征，即比较依赖手机；没有手机会感觉不习惯；会不由自主地拿出手机看一下；会毫无目的地打开手机再锁上。例如，"在工作或生活中，我比较容易依赖我的手机""手机不在身边的时候，我会感觉不习惯"。这一结果与Bodford，Kwan和Sobota（2017）的研究中"安全型手机依恋"所描述的内涵一致，如"我比较容易对手机产生依赖"。因子2（焦虑型手机依恋）涵盖了质性研究中"焦虑型手机依恋"所涵盖的情绪表现及行为特征，即"手机分离焦虑"、没有手机时会无所适从。例如，"手机电量、流量快要用完时，我会感到不安""手机不在身边或快没电时，我会无所适从"。这一结果与以往关于"手机分离焦虑""焦虑型手机依恋"的研究结果一致。以往研究认为，焦虑型手机依恋的个体会担心手机出现异常状态，如没电、信号差等（Bodford 等，2017；Tams 等，2018）。从统计结果来看，安全型手机依恋与焦虑型手机依恋存在较高的相关，这可能是因为安全型手机依恋和焦虑型手机依恋在概念上存在重合，比如都习惯手机的存在。但二者也存在重要差异：安全型手机依恋侧重描述个体对手机的依赖、习惯手机的存在、不由自主地看手机；焦虑型手机依恋更侧重描述个体对手机状态的担忧，如"我经常担心我的手机无法正常运行"，以及当手机无法正常运行时，个体所体验到的焦虑不安、无所适从等消极经验和感受。因子 3（回避型手机依恋）涵盖了质性研究中"回避型手机依恋"所包含的经验感受及行为特点，即手机仅仅是一种工具；手机不在身边时也能自得其乐，甚至会有解脱感；喜欢把手机放在一边，沉浸于做其他事情等。这一结果与以往研究中研究者对"回避型手机依恋"及"负担（Burden）"的描述相一致（Bodford 等，2017；Trub 和 Barbot，2016）。研究发现，回避型手机依恋的个体会认为在没有手机的情况下依然能自得其乐很重要，且他们不想太依赖手机，当手机不在身边时会体验到一种解脱感。上述结果表明，在中国文化背景下，大学生对手机的依恋与人际依恋的结构相似，主要分为三种类型，即安全型手机依恋、焦虑型手机依恋及回避型手机依恋。这在一定程度上表明，手机依恋很有可能是人际依恋在人与手机关系中的拓展或延伸。

最后，信度及校标效度分析表明，手机依恋问卷的内部一致性信度、结构效标效度良好。第一，结构效度分析表明，与二因子结构相比，三因子结构的手机依恋问卷拟合指标更好。这说明，虽然安全型手机依恋与焦虑型手机依恋存在较高的正相关，但二者并不能合并为一个因子。第二，校标效度分析表明，安全型手机依恋和焦虑型手机依恋与手机成瘾、手机自我扩展均存在显著正相关，与注意控制存在显著负相关。这表明，无论是安全型手机依恋还是焦虑型手机依恋都容易导致个体将手机纳入自我概念，甚至产生手机成瘾，其注意控制也会受到消极影响。回避型手机依恋与手机自我扩展存在显著正相关，与注意控制存在显著负相关，但与手机成瘾的相关不显著。这一结果表明，虽然回避型手机依恋的个体会有将手机纳入自我概念的倾向，且注意品质也会因此有所下降，但并不会导致手机成瘾。第三，研究数据显示，总问卷的内部一致性信度为 0.754，各维度的内部一致性信度为 0.719—0.802，通过信度分析表明手机依恋问卷是比较可靠的。

第四节　结　论

（一）手机依恋的概念与结构

1. 手机依恋是指个体在使用手机的过程中，对手机产生的一种情感及认知联结。其中，情感联结是指人们在情感上依赖手机；认知联结是指人们将手机视为工作和生活中必不可少的工具。情感联结是在认知联结的基础上建立起来的。

2. 人们之所以会对手机产生依恋是因为：人们在使用手机的过程中，能够获得多种心理需要的满足。主要包括：社交需要、娱乐需要及其他需要，如自我展示、记忆伙伴等。

3. 手机依恋的经验感受及行为表现主要包含：手机分离焦虑、手机安全感、趋近手机行为和避免与手机分离的行为。

4. 手机依恋分为安全型手机依恋、焦虑型手机依恋和回避型手机依恋。

5. 手机依恋与人际依恋的主要区别在于：人际依恋是相互的，即依恋关系中双方既会扮演依恋对象的角色，也会扮演依恋主体的角色，而手机依恋主要指人们对手机的依恋。相似之处在于：作为依恋对象，手机和人都有助于满足个体的多种心理需要。

（二）手机依恋的测量工具

1. 手机依恋问卷共包含 12 个项目，主要分为三个维度，即安全型手机依恋、焦虑型手机依恋、回避型手机依恋，各维度均包含 4 个项目。

2. 手机依恋问卷的内部一致性信度、结构效度以及校标效度均符合测量学的要求，这表明，手机依恋问卷适用于评估中国大学生在使用手机的过程中对手机产生依恋的经验感受及行为表现。

第 十 章

人际依恋与手机依恋的关系及内在作用机制

第一节　问题提出

作为物品，手机与人的关系属于"三大关系"中"人与自然（物品）关系"的范畴；作为人际沟通的工具，手机与人的关系也可能是"人与他人之间关系"在移动互联网时代的一种新的体现；作为自我的延伸、自我概念扩展的来源，手机与人的关系也可能是移动互联网时代"人与自我之间关系"的重要组成部分。而"人与他人之间关系"和"人与自我之间关系"是人际依恋的重要成分。因此，手机依恋既可能是物品依恋在人与手机关系中的扩展，也可能是人际依恋在人与手机关系中的延伸。以往研究表明，不同的人际依恋类型会对个体的手机使用行为产生不同的影响，并因此使个体形成不同的手机依恋风格（Bodford 等，2017），但以往研究尚未对人际依恋类型与手机依恋类型之间是否存在一一对应的关系这一问题进行探讨。如果人际依恋类型与手机依恋类型之间只存在一一对应的关系，说明手机依恋可能是人际依恋风格在人与手机关系中的拓展和延伸。如果人际依恋类型与手机依恋类型之间既存在一一对应关系又存在交叉对应关系，说明手机依恋虽然会受到人际依恋风格的影响，但其实质不仅是人际依恋风格在人与手机关系中的延伸和拓展，还可能是物体依恋在人与手机关系中的体现。因此，探讨人际依恋与手机依恋之间的关系，有助于明晰手机依恋是人际依恋风格在人与手机关系中的拓展或延伸，还是融合了人际依恋和物品依恋的一种新的依恋关系。为了对上述问题做出回应，第十章拟采用问卷法对人际依恋与手机依恋之间的关系进行探讨。

以往研究从不同的理论视角对手机依恋的形成及发展的影响因素进行了探讨。研究认为，人际依恋风格、自我扩展、社会交往经历是个体对手机产生依恋的重要影响因素（David 和 Roberts，2017；Kardos 等，2018；Trub 等，2014）。因此，基于以往研究，从传统的依恋理论、自我决定理论以及自我扩展理论的视角探讨个体的人际依恋风格、自我扩展以及个体在社会交往中所经历的社会排斥对个体手机依恋的影响，以揭示移动互联网时代个体对手机产生情感依恋的心理机制，并从侧面对"手机依恋是人际依恋风格在人与手机关系中的拓展或延伸，还是融合了人际依恋和物品依恋的一种新的依恋关系"等问题做出回应。

第一，传统的依恋理论认为，依恋实质上是一种以"趋近依恋对象，避免与其分离"为目标的动机系统，即依恋系统，当个体的心理或生理受到威胁时，该系统就会被自动激活（Bowlby，1969）。基于手机使用的研究表明，当人际依恋受到威胁时（依恋焦虑），个体使用手机的频率会更高，甚至会诱发手机成瘾（Han 等，2017）。此外，研究还发现，不同人际依恋类型的个体使用手机进行在线社交互动的策略也不同。安全型依恋的个体倾向于利用手机巩固已有的人际关系，即自我提升策略。焦虑型和回避型依恋的个体往往基于自我保护策略而使用手机。其中，焦虑型依恋的个体倾向于利用手机进行印象管理，缓解个体的社交焦虑水平，并与他人建立良好的人际关系，以获得归属需要的满足；回避型依恋的个体倾向于利用手机控制人际互动时间、地点以及发展关系的可能性（Trub 等，2014）。

因此，人际依恋风格可能会对个体的手机依恋风格产生重要影响。

第二，根据自我决定理论，关系需要是个体的三大基本需要之一，个体关系需要的满足状况会对个体的行为及心理社会适应产生重要影响（Deci 和 Ryan，1985；Lawman 和 Wilson，2002；刘靖东等，2013）。以往研究表明，社会排斥会对个体的关系需要产生重要威胁，它是在社会交往过程中，个体的关系需求及人际归属需求受到阻碍的因素（雷玉菊等，2018）。依恋类型是社会排斥的重要预测因素，且非安全依恋的个体在社会交往过程中更容易感知到他人的拒绝与排斥（Bauriedl-Schmidt 等，2017）。此外，社会排斥也是影响个体手机使用的重要因素。以往研究还发现，手机是个体与他人建立或维持良好的人际关系的重要工具（Kang 和 Jung，2014），当个体归属需要（关系需要）得不到满足时，个体会使用手机与他们保持联系，以获得归属需要（关系需要）的满足（Kardos 等，2018）。且有研究表明，基于手机的社会交往有助于个体获得社会资本（Park 等，2013）。因此，当经历社会排斥后，个体更容易通过使用手机获得关系需要的满足，并因此对手机产生依恋（David 和 Roberts，2017）。综上，本研究假设社会排斥能够在人际依恋与手机依恋的关系中起中介作用。

第三，自我扩展理论认为，个体将其他事物纳入自我概念的倾向也是导致个体对其他事物产生依恋的重要原因（Aron 等，2003）。基于品牌依恋的研究表明，个体与品牌之间形成的关系能够促进个体自我概念的扩展，即个体会将品牌的特性、风格及品牌理念等纳入自我概念中（Razmus 等，2017），并因此对品牌或物品产生依恋（Mi 等，2014）。基于手机依恋的研究也指出，个体的自我扩展倾向也是导致个体将手机纳入自我概念，并对其产生情感依恋的重要原因（Hoffner 等，2015；Tams 等，2018）。换言之，手机自我扩展是个体人际依恋影响手机依恋的重要桥梁。首先，手机是个体维持良好人际关系的重要工具（Kang 和 Jung，2014）。因此，具有良好人际依恋关系的个体更容易通过手机强化个体与依恋对象的关系。在这一过程中，手机作为个体人际联结的载体或象征，能够诱发个体将手机纳入自我概念，即手机自我扩展。其次，手机也是人际适应不良个体弥补线下人际关系需要缺失的重要途径（Kardos等，2018）。不良的人际依恋关系也会诱发个体使用手机与他人进行沟通交流，并因此诱发个体将手机纳入自我概念。以往研究还表明，手机自我扩展是个体对手机产生情感依恋的重要原因。综上，本研究假设手机自我扩展能够在人际依恋与手机依恋的关系中起中介作用。

第四，个体所经历的社会排斥也是个体频繁使用手机的重要原因。以往研究表明，个体在现实生活中所经历的社会排斥对个体的网络社交时间具有显著的正向预测作用（Haddon，2000），且经历社会排斥的个体更容易使用手机等通信工具与他人进行交流互动（David和Roberts，2017）。这会在一定程度上增加个体将手机纳入自我概念的可能性。因此，不良的人际依恋所诱发的社会排斥不仅可以直接预测个体的手机依恋，而且能够通过提升个体的手机自我扩展水平对个体的手机依恋产生影响，即社会排斥和手机自我扩展能够在人际依恋与手机依恋的关系中起链式中介作用。

综上，本研究基于传统的依恋理论、自我决定理论以及自我扩展理论，构建了一个链式中介模型（见图10-1），对人际依恋与手机依恋之间的关系进行了探讨，重点考察社会排斥、手机自我扩展

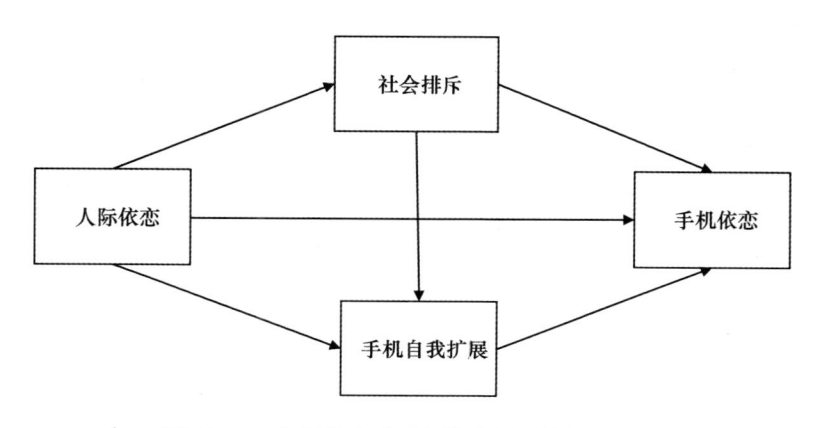

图10-1 人际依恋对手机依恋预测的概念模型

在人际依恋与手机依恋关系中的中介作用，以及社会排斥和手机自我扩展的链式中介作用。

第二节 研究方法

一 研究被试与施测程序

（一）研究被试

采用方便整群取样的方法，在武汉、四川和山东这三个地区各选取一所全日制高校，并在这三所高校大一到大三的三个年级中各抽取两个班级的学生（共1688人）参加本次问卷调查。剔除无效被试后，获得有效数据1555份（92.12%），所有被试的年龄在16—25岁（19.43 ± 1.354）。其中，男生728人（46.8%），女生827人（53.2%）；大一728人（46.8%），大二337人（21.7%），大三490人（31.5%）。

（二）施测程序

初始问卷施测和正式问卷施测均以班级为单位进行团体施测。具体流程如下：（1）主试依据统一的指导语向被试介绍本次调查研究的目的及大概内容；（2）主试将知情同意书交给访谈对象，提醒访谈对象在认真阅读后，选择参与或拒绝本次调查研究，并签字；（3）获得被试的知情同意后，主试向被试发放调查问卷，并强调本次问卷调查的匿名性以及本次调查结果的保密性（只用于科学研究），并提醒被试根据自己的实际情况真实作答；（4）所有被试被要求在30分钟内完成所有项目作答。

二 研究工具

（一）关系评定问卷

采用Bartholomew编制的关系评定问卷（Relationship Scales

Questionnaire，RSQ），对被试的人际依恋风格进行测量。该问卷共包含 30 个项目，分为安全型依恋、焦虑型依恋以及回避型依恋三个维度。该量表采取 1—5 5 点计分。各维度内项目分数相加，分数越高表明个体在该维度上的人际依恋程度越高。本研究中该问卷的 Cronbach α 系数为 0.818，安全型人际依恋维度的 Cronbach α 系数为 0.826，焦虑型人际依恋维度的 Cronbach α 系数为 0.815，回避型人际依恋维度的 Cronbach α 系数为 0.741。

（二）社会排斥问卷

社会排斥问卷采用吴惠君等（2013）编制的大学生社会排斥问卷。该问卷共 19 个题目，例如，"大家不会与我分享心情或交流经验"等，所有项目均采用 5 点计分。所有项目得分相加即为社会排斥总分，分数越高表明个体受到社会排斥的程度越高。本研究中该量表总的 Cronbach α 系数为 0.952。

（三）手机自我扩展量表

采用 Hoffner 等（2015）编制的手机自我扩展问卷，对被试在日常生活中将手机纳入自我概念的程度进行评估。该问卷共包含 8 个项目，所有项目均采用 1—5 5 点计分。所有项目得分相加求平均值即为被试在该问卷上的得分，分数越高表明个体将手机纳入自我概念的程度越高。本研究中该问卷的 Cronbach α 系数为 0.910。

（四）手机依恋问卷

采用本研究修订的中文版手机依恋问卷对被试的手机依恋程度及类型进行评估。本量表由 12 个项目构成，采用 1—5 五级评分制，得分越高表明个体在某一维度上的手机依恋程度越高。本研究中该问卷的 Cronbach α 系数为 0.737，安全型手机依恋维度的 Cronbach α 系数为 0.761，焦虑型手机依恋维度的 Cronbach α 系数为 0.739，回避型手机依恋维度的 Cronbach α 系数为 0.758。

三 共同方法偏差检验

为了降低可能存在的共同方法偏差，首先，采用匿名填写、部分项目反向计分等方式对可能存在的共同方法偏差进行程序控制。其次，根据"Harman 单因子检验法"对共同方法偏差进行检验（周浩、龙立荣，2004）。采用 MPLUS 7.4，设定公因子为 1，将所有项目作为外显变量进行验证性因素分析。验证性因素分析结果显示：模型 M1 的拟合指数（χ^2/df = 10.764，CFI = 0.683，TLI = 0.666，RMSEA = 0.079）不理想，表明不存在严重的共同方法偏差。在此基础上，本研究采用熊红星等（2012）推荐的"控制未测单一方法潜因子法"对共同方法偏差进行检验。比较模型 M1 和包含方法因子的模型 M2 得出的主要拟合指数为：χ^2/df = 0.012，CFI = 0.008，TLI = 0.001，RMSEA < 0.001。各项拟合指数的变化均小于 0.03，表明加入共同方法因子后，模型并未得到明显改善，测量中不存在明显的共同方法偏差。

第三节　研究结果

一　各变量的描述性及相关分析

各变量的描述性统计及相关分析结果（见表 10 - 1）显示：除社会排斥外，安全型人际依恋与其他变量均存在不同程度的显著正相关；焦虑型人际依恋和回避型人际依恋与其他变量均存在显著正相关；三种人际依恋两两之间均存在显著正相关；安全型手机依恋与焦虑型手机依恋和回避型手机依恋均存在显著正相关；焦虑型手机依恋与回避型手机依恋的相关不显著。

表 10 - 1　　　　　　　描述统计、相关分析结果

	M	SD	1	2	3	4	5	6	7	8
安全型人际依恋	3.385	0.919	1							
焦虑型人际依恋	2.933	0.871	0.301**	1						
回避型人际依恋	3.149	0.862	0.192**	0.302**	1					

续表

	M	SD	1	2	3	4	5	6	7	8
社会排斥	2.276	0.672	0.041	0.412**	0.257**	1				
手机自我扩展	3.099	0.780	0.334**	0.331**	0.233**	0.316**	1			
安全型手机依恋	3.449	0.771	0.198**	0.189**	0.179**	0.182**	0.320**	1		
焦虑型手机依恋	3.195	0.828	0.217**	0.314**	0.198**	0.393**	0.298**	0.430**	1	
回避型手机依恋	3.505	0.790	0.057*	0.106**	0.224**	0.093**	0.150**	0.040	0.041	1

注：** $p<0.01$。

二 社会排斥和手机自我扩展的中介效应检验

以 Mplus 8.1 为统计分析工具，在控制性别、年龄、手机使用年数、每天使用手机的时长的条件下，以社会排斥、手机自我扩展为中介变量，分别构建三种人际依恋类型对安全型手机依恋、焦虑型手机依恋以及回避型手机依恋预测的链式中介模型，采用偏差校正的百分位 Bootstrap 法，在样本群体中抽取 5000 个样本对社会排斥、手机自我扩展的中介效应的 95% 置信区间进行估计。

（一）人际依恋、社会排斥及手机自我扩展对安全型手机依恋的预测作用

首先，采用 SPSS 23.0，以性别、年龄、手机使用年数、每天使用手机的时长为控制变量，以人际依恋的三种类型为自变量，以安全型手机依恋为因变量，检验人际依恋的三种类型对安全型手机依恋预测的总效应。结果（见表 10-2）表明，安全型人际依恋（$B=0.118$，$t=4.741$，$p<0.001$）、焦虑型人际依恋（$B=0.121$，$t=4.722$，$p<0.001$）以及回避型人际依恋（$B=0.114$，$t=4.561$，$p<0.001$）对安全型手机依恋的预测作用均显著。

其次，以性别、年龄、手机使用年数、每天使用手机的时长为控制变量，以社会排斥、手机自我扩展为中介变量，构建人际依恋的三种类型对安全型手机依恋的链式中介模型。采用 Mplus 8.1 对该链式中介模型进行验证，结果显示，模型拟合指数良好（$\chi^2/df_{(5)}=2.058$，RMSEA $=0.026$，TLI $=0.977$，CFI $=0.995$，SRMR $=$

0.015）。由图 10-2 和表 10-2 可知，纳入中介变量后，安全型人际依恋（$B=0.076$，$t=3.020$，$p<0.001$）和回避型人际依恋（$B=0.070$，$t=2.878$，$p<0.001$）对安全型手机依恋的直接预测作用显著，焦虑型人际依恋对安全型手机依恋的直接预测作用不显著（$B=0.031$，$t=1.109$，$p>0.05$）。

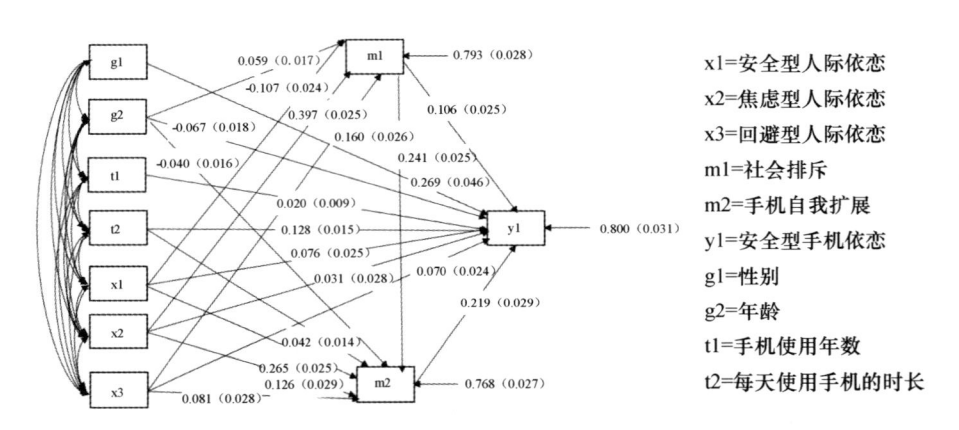

图 10-2　人际依恋、社会排斥、手机自我扩展对安全型手机依恋预测的链式中介模型

表 10-2　社会排斥及手机自我扩展的中介效应检验

回归方程（$N=1555$）			系数显著性			
结果变量	预测变量	R^2	B	t	下限	上限
安全型手机依恋		0.143				
	安全型人际依恋		0.118	4.741***	0.058	0.141
	焦虑型人际依恋		0.121	4.722***	0.062	0.153
	回避型人际依恋		0.114	4.561***	0.055	0.146
	性别		0.126	5.264***	0.122	0.271
	年龄		-0.090	-3.759***	-0.078	-0.024
	手机使用年数		0.051	2.123*	0.001	0.029
	每天使用手机时长		0.199	8.301***	0.077	0.125
社会排斥		0.207				
	安全型人际依恋		-0.107	-4.401***	-0.154	-0.058
	焦虑型人际依恋		0.397	15.886***	0.349	0.448

续表

回归方程（$N=1555$）			系数显著性		
结果变量	预测变量	R^2	B	t	下限	上限
	回避型人际依恋		0.160	6.264***	0.108	0.211
	年龄		0.059	3.523***	0.027	0.091
手机自我扩展		0.231				
	安全型人际依恋		0.265	10.561***	0.216	0.313
	焦虑型人际依恋		0.126	4.368***	0.069	0.182
	回避型人际依恋		0.081	2.899**	0.027	0.138
	社会排斥		0.241	9.750***	0.193	0.291
	年龄		−0.040	−2.450*	−0.073	−0.008
	每天使用手机时间		0.042	3.002**	0.014	0.070
安全型手机依恋		0.200				
	安全型人际依恋		0.076	3.020**	0.029	0.127
	焦虑型人际依恋		0.031	1.109	−0.024	0.084
	回避型人际依恋		0.070	2.878**	0.022	0.118
	手机自我扩展		0.219	7.559***	0.162	0.275
	社会排斥		0.106	4.300***	0.059	0.157
	性别		0.269	5.838***	0.180	0.361
	年龄		−0.067	−3.820***	−0.102	−0.033
	手机使用年数		0.020	2.217*	0.002	0.037
	每天使用手机时长		0.128	8.402***	0.099	0.158

注：模型中各变量均采用标准化后的变量带入回归方程，下同。*** $p<0.001$；** $p<0.01$；* $p<0.05$。

最后，社会排斥、手机自我扩展的中介效应分析结果（见表10-3）显示，社会排斥、手机自我扩展在安全型人际依恋与安全型手机依恋关系中总的中介效应为0.041，占总效应（0.118）的35.59%，其中，社会排斥的效应为−0.011（占总效应的9.32%），手机自我扩展的中介效应为0.058（占总效应的49.45%），二者的链式效应为−0.006（占总效应的5.08%）。由此可知，安全型人际依恋不仅能够直接预测安全型手机依恋，而且主要能够通过手机自我扩展的中介作用正向预测安全型手机依恋。此外，社会排斥的效应及其与手机自我扩展的链式效应与直接效应的符号相反，根据温忠麟和叶宝娟（2014）的观点，社会排斥及其与手机自我扩展的链式结构能够在安全型人际依恋与安全型手机依恋的关系中起遮掩效应，而非中介效应。虽然在纳入中介变量后，焦虑型人际依恋对安全型手机依恋的预测作用不显著（$B=0.031$，$t=1.109$，$p>0.05$），但焦虑型人际依恋可以通过社会排斥和手机自我扩展的中介作用以及二者的链式中介作用对安全型手机依恋产生影响。其中，社会排斥的中介效应为 0.042（占总效应的 34.71%），手机自我扩展的中介效应为 0.028（占总效应的 49.45%），二者的链式中介效应为 0.021（占总效应的 5.08%）。回避型人际依恋不仅能够直接预测安全型手机依恋，而且能够通过社会排斥和手机自我扩展的中介作用以及二者的链式中介作用对安全型手机依恋产生影响，其中，总的中介效应为 0.043（占总效应的 37.73%），社会排斥的中介效应为 0.017（占总效应的 14.91%），手机自我扩展的中介效应为 0.018（占总效应的 15.79%），二者的链式中介效应为 0.008（占总效应的 7.02%）。

表 10-3　　中介效应分解

自变量	中介变量	效应值	Boot 标准误	Boot CI 下限	Boot CI 上限	相对效应值
安全型人际依恋	总的间接效应	0.041	0.011	0.022	0.064	35.59%
	社会排斥	-0.011	0.004	-0.021	-0.005	9.32%
	手机自我扩展	0.058	0.010	0.041	0.078	49.45%
	社会排斥和手机自我扩展	-0.006	0.002	-0.009	-0.003	5.08%
焦虑型人际依恋	社会排斥	0.042	0.010	0.024	0.064	34.71%
	手机自我扩展	0.028	0.007	0.014	0.043	23.14%
	社会排斥和手机自我扩展	0.021	0.004	0.014	0.029	17.36%

续表

自变量	中介变量	效应值	Boot 标准误	Boot CI 下限	Boot CI 上限	相对效应值
回避型人际依恋	总的间接效应	0.043	0.009	0.027	0.062	37.72%
	社会排斥	0.017	0.005	0.009	0.028	14.91%
	手机自我扩展	0.018	0.006	0.006	0.032	15.79%
	社会排斥和手机自我扩展	0.008	0.002	0.005	0.013	7.02%

注：Boot 标准误、Boot CI 下限和 Boot CI 上限分别指通过偏差校正的百分位 Bootstrap 法估计的间接效应的标准误差、95% 置信区间的下限和上限；所有数值通过四舍五入保留两位小数，下同。

综上，安全型人际依恋和回避型人际依恋对安全型手机依恋的直接预测作用显著，而焦虑型人际依恋对安全型手机依恋的直接预测作用不显著；焦虑型人际依恋和回避型人际依恋均能通过社会排斥和手机自我扩展的单独中介作用以及二者的链式中介作用正向预测安全型手机依恋；安全型人际依恋只能通过手机自我扩展的中介作用对安全型手机依恋产生影响；社会排斥及其与手机自我扩展的链式结构在安全型人际依恋与安全型手机依恋的关系中起遮掩效应，而非中介效应。这一结果表明，虽然安全型人际依恋能够直接正向预测安全型手机依恋，也能够通过手机自我扩展的单独中介作用对安全型手机依恋产生影响，但其效应值会因社会排斥及其与手机自我扩展的链式结构的遮掩效应影响而受到削弱。

（二）人际依恋、社会排斥及手机自我扩展对焦虑型手机依恋的预测作用

首先，采用 SPSS 23.0，以性别、年龄、手机使用年数、每天使用手机的时长为控制变量，以人际依恋的三种类型为自变量，以焦虑型手机依恋为因变量，分析人际依恋的三种类型对焦虑型手机依恋预测的总效应。结果（见表 10-4）表明，安全型人际依恋（$B = 0.114$，$t = 4.577$，$p < 0.001$）、焦虑型人际依恋（$B = 0.252$，$t = 9.826$，$p < 0.001$）以及回避型人际依恋（$B = 0.097$，$t = 3.886$，

$p < 0.001$)对焦虑型手机依恋的预测作用均显著。

其次,以性别、年龄、手机使用年数、每天使用手机的时长为控制变量,以社会排斥、手机自我扩展为中介变量,构建人际依恋的三种类型对焦虑型手机依恋的链式中介模型。采用 Mplus 8.1 对该链式中介模型进行验证,结果显示,模型拟合指数良好($\chi^2/df_{(4)}$ = 1.660,RMSEA = 0.021,TLI = 0.987,CFI = 0.998,SRMR = 0.011)。由图 10 - 3 和表 10 - 4 可知,在纳入中介变量后,安全型人际依恋($B = 0.120$,$t = 5.174$,$p < 0.001$)、焦虑型人际依恋($B = 0.103$,$t = 3.870$,$p < 0.001$)对焦虑型手机依恋的直接预测作用均显著;回避型人际依恋对焦虑型手机依恋的直接预测作用不显著($B = 0.033$,$t = 1.413$,$p > 0.05$)。

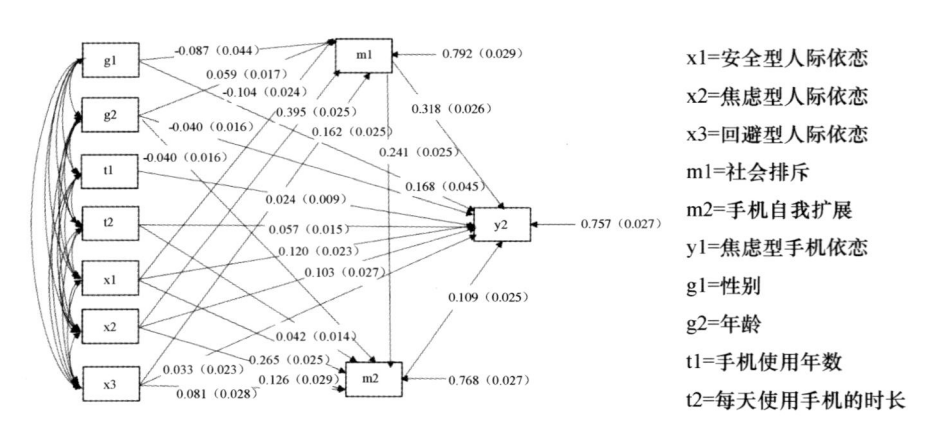

图 10 - 3 人际依恋、社会排斥、手机自我扩展对焦虑型手机依恋预测的链式中介模型

表 10 - 4   社会排斥及手机自我扩展的中介效应检验

回归方程（$N = 1555$）		系数显著性				
结果变量	预测变量	R^2	B	t	下限	上限
焦虑型手机依恋		0.140				
	安全型人际依恋		0.114	4.577***	0.060	0.144
	焦虑型人际依恋		0.252	9.826***	0.192	0.288

续表

回归方程（$N=1555$）			系数显著性			
结果变量	预测变量	R^2	B	t	下限	上限
	回避型人际依恋		0.097	3.886 ***	0.045	0.140
	性别		0.071	2.956 **	0.041	0.197
	年龄		−0.032	−1.331	−0.048	0.007
	手机使用年数		0.059	2.463 *	0.004	0.034
	每天使用手机时长		0.074	3.096 **	0.013	0.066
社会排斥		0.209				
	安全型人际依恋		−0.104	−4.234 ***	−0.151	−0.055
	焦虑型人际依恋		0.395	15.644 ***	0.347	0.447
	回避型人际依恋		0.162	6.393 ***	0.110	0.213
	性别		−0.087	−1.952	−0.172	0.003
	年龄		0.059	3.526 ***	0.027	0.092
手机自我扩展		0.231				
	安全型人际依恋		0.265	10.561 ***	0.216	0.313
	焦虑型人际依恋		0.126	4.368 ***	0.069	0.182
	回避型人际依恋		0.081	2.899 **	0.027	0.138
	社会排斥		0.241	9.750 ***	0.193	0.291
	年龄		−0.040	−2.450 *	−0.073	−0.008
	每天使用手机时间		0.042	3.002 **	0.014	0.070
焦虑型手机依恋		0.245				
	安全型人际依恋		0.120	5.174 ***	0.075	0.166
	焦虑型人际依恋		0.103	3.870 ***	0.054	0.157
	回避型人际依恋		0.033	1.413	−0.012	0.079
	手机自我扩展		0.109	4.291 ***	0.061	0.160
	社会排斥		0.318	12.178 ***	0.265	0.368
	性别		0.168	3.729 ***	0.078	0.255
	年龄		−0.040	−2.566 *	−0.071	−0.008
	手机使用年数		0.024	2.734 **	0.007	0.041
	每天使用手机时长		0.057	3.747 ***	0.026	0.086

注：* $p<0.05$；** $p<0.01$；*** $p<0.001$。

最后，社会排斥、手机自我扩展的中介效应分析结果（见表10-5）表明，手机自我扩展在安全型人际依恋与焦虑型手机依恋关系中的单独中介效应显著，效应值为0.029（占总效应的25.44%）。此外，社会排斥的效应及其与手机自我扩展的链式效应的效应值与直接效应的符号相反，根据温忠麟和叶宝娟（2014）的观点，社会排斥及其与手机自我扩展的链式结构能够在安全型人际依恋与焦虑型手机依恋的关系中起遮掩效应，而非中介效应。社会排斥的遮掩效应值为−0.033（占总效应的28.95%），社会排斥与手机自我扩展的遮掩效应值为−0.003（占总效应的2.63%），这导致了社会排斥和手机自我扩展在安全型人际依恋与焦虑型手机依恋关系中的总间接效应不显著。焦虑型人际依恋不仅能够直接预测焦虑型手机依恋，还可以通过社会排斥和手机自我扩展的中介作用以及二者的链式中介作用对焦虑型手机依恋产生影响。其中，社会排斥的中介效应为0.125（占总效应的49.60%），手机自我扩展的中介效应为0.014（占总效应的5.56%），二者的链式中介效应为0.010（占总效应的3.97%）。回避型人际依恋只能通过社会排斥和手机自我扩展的中介作用以及二者的链式中介作用对焦虑型手机依恋产生影响，其中，总的中介效应为0.065（占总效应的67.01%），社会排斥的中介效应为0.052（占总效应的53.61%），手机自我扩展的中介效应为0.009（占总效应的9.28%），二者的链式中介效应为0.004（占总效应的4.12%）。

表10-5　中介效应分解

自变量	中介变量	效应值	Boot标准误	Boot CI 下限	Boot CI 上限	相对效应值
安全型人际依恋	总的间接效应	−0.007	0.011	−0.029	0.016	
	社会排斥	−0.033	0.008	−0.050	−0.018	28.95%
	手机自我扩展	0.029	0.007	0.016	0.045	25.44%
	社会排斥和手机自我扩展	−0.003	0.001	−0.005	−0.001	2.63%

续表

自变量	中介变量	效应值	Boot 标准误	Boot CI 下限	Boot CI 上限	相对效应值
焦虑型人际依恋	总的间接效应	0.149	0.013	0.125	0.177	59.13%
	社会排斥	0.125	0.012	0.102	0.150	49.60%
	手机自我扩展	0.014	0.005	0.006	0.025	5.56%
	社会排斥和手机自我扩展	0.010	0.003	0.006	0.017	3.97%
回避型人际依恋	总的间接效应	0.065	0.010	0.045	0.086	67.01%
	社会排斥	0.052	0.009	0.035	0.070	53.61%
	手机自我扩展	0.009	0.003	0.003	0.018	9.28%
	社会排斥和手机自我扩展	0.004	0.001	0.002	0.007	4.12%

综上，安全型人际依恋和焦虑型人际依恋均能够直接预测焦虑型手机依恋，回避型人际依恋不能直接预测焦虑型手机依恋。焦虑型人际依恋和回避型人际依恋能够通过社会排斥和手机自我扩展的单独中介作用以及二者的链式中介作用对焦虑型手机依恋产生影响；而安全型人际依恋只能通过手机自我扩展的单独中介作用对焦虑型手机依恋产生影响，且由于受到社会排斥及其与手机自我扩展的链式的掩蔽效应的影响，社会排斥和手机自我扩展在安全型人际依恋与焦虑型手机依恋关系中的总间接效应不显著。

（三）人际依恋、社会排斥及手机自我扩展对回避型手机依恋的预测作用

首先，采用 SPSS 23.0，以性别、年龄、手机使用年数、每天使用手机的时长为控制变量，以人际依恋的三种类型为自变量，以回避型手机依恋为因变量，分析人际依恋的三种类型对回避型手机依恋预测的总效应。结果（见表10-6）表明，回避型人际依恋（$B = 0.207$，$t = 7.934$，$p < 0.001$）对回避型手机依恋的预测作用显著，而安全型人际依恋（$B = 0.006$，$t = 0.244$，$p > 0.05$）、焦虑型人际

依恋（$B=0.041$，$t=1.533$，$p>0.05$）对回避型手机依恋的预测作用均不显著。社会排斥和手机自我扩展在安全型人际依恋和焦虑型人际依恋与回避型手机依恋关系中的间接效应也不显著。

其次，以性别、年龄、手机使用年数、每天使用手机的时长为控制变量，以社会排斥、手机自我扩展为中介变量，构建回避型人际依恋对回避型手机依恋的链式中介模型。采用 Mplus 8.1 对该链式中介模型进行验证，结果显示，模型拟合指数良好（$\chi^2/df_{(16)}$ = 1.996，RMSEA = 0.025，TLI = 0.9893，CFI = 0.967，SRMR = 0.013）。由图 10 – 4 和表 10 – 6 可知，在纳入中介变量后，回避型人际依恋（$B=0.263$，$t=9.454$，$p<0.001$）对回避型手机依恋的直接预测作用显著。

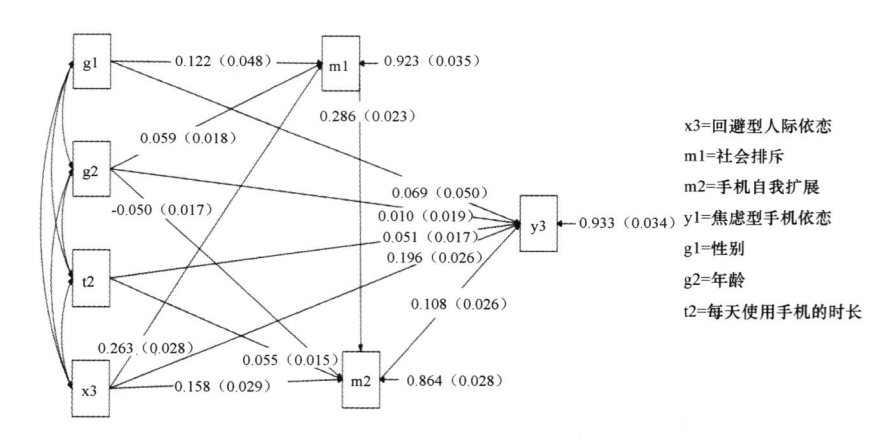

图 10 – 4　人际依恋、社会排斥、手机自我扩展对回避手机依恋预测的链式中介模型

表 10 – 6　　　　社会排斥及手机自我扩展的中介效应检验

回归方程（$N=1555$）			系数显著性			
结果变量	预测变量	R^2	B	t	下限	上限
回避型手机依恋		0.058				
	安全型人际依恋		0.006	0.244	-0.039	0.050
	焦虑型人际依恋		0.041	1.533	-0.011	0.085

续表

回归方程（$N=1555$）		系数显著性			
结果变量	预测变量	R^2	B	t	下限	上限
	回避型人际依恋		0.207	7.934***	0.140	0.237
	性别		0.034	1.338	-0.023	0.134
	年龄		-0.020	-0.780	-0.041	0.019
	手机使用年数		0.014	0.553	-0.011	0.019
	每天使用手机时长		-0.071	-2.832**	-0.064	-0.012
社会排斥		0.076				
	回避型人际依恋		0.263	9.454***	0.207	0.318
	性别		-0.122	-2.553	-0.214	-0.028
	年龄		0.059	3.271**	0.025	0.095
手机自我扩展		0.138				
	回避型人际依恋		0.158	5.527***	0.103	0.216
	社会排斥		0.286	12.463***	0.242	0.333
	年龄		-0.050	-2.895**	-0.085	-0.016
	每天使用手机时间		0.055	3.587***	0.026	0.085
回避型手机依恋		0.067				
	回避型人际依恋		0.196	7.618***	0.145	0.246
	手机自我扩展		0.108	4.099***	0.058	0.162
	性别		0.034	1.381	-0.025	0.170
	年龄		-0.013	-0.515	-0.045	0.027
	每天使用手机时长		-0.077	-3.090**	-0.083	-0.019

注：** $p<0.01$；*** $p<0.001$。

最后，社会排斥、手机自我扩展的中介效应分析结果（见表10-7）表明，回避型人际依恋不仅能够直接预测回避型手机依恋，而且能够通过手机自我扩展的单独中介作用及其与社会排斥的链式中介作用对回避型手机依恋产生影响，其中，总的中介效应为0.025（占总效应的12.07%），手机自我扩展的中介效应为0.017（占总效应的8.21%），二者的链式中介效应为0.008（占总效应的3.86%）。

表 10 – 7　　　　　　　　　　中介效应分解

中介变量	效应值	Boot 标准误	Boot CI 下限	Boot CI 上限	相对效应值
总的间接效应	0.025	0.007	0.013	0.041	12.07%
手机自我扩展	0.017	0.005	0.009	0.030	8.21%
社会排斥和手机自我扩展	0.008	0.002	0.004	0.013	3.86%

综上，回避型人际依恋不仅能够直接预测回避型手机依恋，而且能够通过手机自我扩展的单独中介作用及其与社会排斥的链式中介作用对回避型手机依恋产生影响。

三　中介模型检验结果的比较与汇总

对三个模型的结果进行比较可知，安全型人际依恋能够直接正向预测安全型手机依恋和焦虑型手机依恋，而不能直接预测回避型手机依恋。焦虑型人际依恋只能直接正向预测焦虑型手机依恋，而不能直接正向预测安全型手机依恋和回避型手机依恋。回避型人际依恋能够直接正向预测安全型手机依恋和回避型手机依恋，而不能直接正向预测焦虑型手机依恋。

值得注意的是，焦虑型人际依恋能够通过社会排斥和手机自我扩展的单独中介作用以及二者的链式中介作用正向预测安全型手机依恋和焦虑型手机依恋，而安全型人际依恋只能通过手机自我扩展的中介作用正向预测安全型手机依恋和焦虑型手机依恋。社会排斥及其与手机自我扩展的链式结构在安全型人际依恋与安全型手机依恋和焦虑型手机依恋的关系中均存在遮掩效应。由于遮掩效应存在，社会排斥和手机自我扩展在安全型人际依恋与安全型手机依恋和焦虑型手机依恋关系中的总间接效应均受到削弱，甚至不显著。

此外，回避型人际依恋能够通过社会排斥和手机自我扩展的单独中介作用以及二者的链式中介作用正向预测安全型手机依恋，但只能通过手机自我扩展的单独中介作用及其与社会排斥的链式中介作用对回避型手机依恋产生影响。

第四节　讨论

在探讨了人与手机之间关系的特征、手机依恋关系存在的实验依据以及手机依恋的概念结构的基础上，本研究进一步对手机依恋与人际依恋的关系，即个体的人际依恋是否会影响个体的手机依恋等问题进行了探讨。具体而言，本研究考察了人际依恋对手机依恋的预测关系，并纳入社会排斥及手机自我扩展作为中介变量，探讨了人际依恋影响手机依恋的中介作用机制。研究结果显示，安全型人际依恋、焦虑型人际依恋、回避型人际依恋与手机自我扩展、安全型手机依恋、焦虑型手机依恋及回避型手机依恋均存在不同程度的显著正相关，即无论是安全型人际依恋，还是非安全型人际依恋（焦虑型人际依恋和回避型人际依恋）均会促进个体在手机使用的过程中将手机纳入自我概念，并因此对手机产生依恋。这一结果表明，手机作为个体建立或维持人际关系的重要工具，对不同人际依恋类型的个体均具有重要意义。首先，根据"富者更富模型"（Burke 等，2011），安全型人际依恋之所以会产生手机自我扩展并对手机产生依恋，可能是因为基于手机的线上人际互动已经成为安全型人际依恋个体"自我提升"的工具，即基于手机的人际互动有助于安全型人际依恋的个体扩大社交网络，提高人际交往的效率。因此，安全型人际依恋会促进个体在人际交往过程中依赖手机与他人建立或维持人际关系，并将手机纳入自我概念，对手机产生依恋。其次，根据依恋理论，当个体的依恋关系不良，无法从依恋对象那里获得心理需要的满足时，个体的次级依恋策略就会被激活（Ainsworth，1989；Cassidy 和 Kobak，1988）。因此，当非安全型人际依恋的个体在人际交往过程中的依恋需要无法得到满足时，个体会倾向于利用手机与他人进行互动，以弥补线下社会交往的不足。相关研究也表明，缺乏安全感的个体会低估自己的人际交往能力，这使得他们不太可能启动线下关系，从而更依赖寻找在线关系（Jenkins-Guarnieri等，2012）。因此，焦虑型人际依恋和回避型人际依恋的个体也会在手机使用过程中将手机纳入自我概念，并对手机产生依恋（Trub和Barbot，2016）。不同的是，焦虑型人际依恋、回避型人际依恋与社会排斥的相关显著，而安全型人际依恋与社会排斥的相关不显著。这可能是因为，安全型依恋有助于个体与他人形成良好的人际关系，并使个体形成积极的自我模式和他人模式（Collins和Allard，2004），因此提升其对他人积极回应及社会支持的感知水平，降低个体对他人的消极回应及社会排斥的感知水平。以往有研究也表明，良好的依恋关系不仅有助于提升个体的社会支持水平，而且能够促进个体形成积极的自我概念（连帅磊等，2016），降低个体的拒绝敏感性（李志勇等，2019）。相反，非安全型人际依恋的个体往往具有消极的自我—他人模型，即认为自己是不值得被爱的，他人是不友好的（连帅磊等，2016），因此在人际交往中会感受到更高的社会排斥。

研究发现，安全型人际依恋能够直接正向预测安全型手机依恋和焦虑型手机依恋，而不能直接预测回避型手机依恋。焦虑型人际依恋只能直接正向预测焦虑型手机依恋，而不能直接正向预测安全型手机依恋和回避型手机依恋。回避型人际依恋能够直接正向预测安全型手机依恋和回避型手机依恋，而不能直接正向预测焦虑型手机依恋。根据依恋理论（Ainsworth，1989；Cassidy和Kobak，1988）以及"富者更富模型"（Burke等，2011），安全型人际依恋可能会促使个体将手机视为"自我提升"的工具，焦虑型人际依恋可能会促使个体将手机视为"失补偿"的工具。虽然二者诱发个体对手机产生依恋的机制不同，但二者都会促使个体习惯使用手机获得心理需要的满足，以达到"自我提升"或"失补偿"的目的。因此，无论是安全型人际依恋，还是焦虑型人际依恋，都会促使个体习惯手机的存在，对手机产生依赖感（安全型手机依恋），并会促使个体将手机视为安全感的来源，担心手机无法正常使用（焦虑型手机依恋），而不会促使个体将手机视为一种束缚和负担（回避型手机依恋）。

进一步的中介效应分析表明，焦虑型人际依恋能够通过社会排斥和手机自我扩展的单独中介作用正向预测安全型手机依恋和焦虑型手机依恋。这可能是因为，焦虑型人际依恋会促使个体产生消极的自我模式和他人模式，提升个体的拒绝敏感性（李志勇等，2019），并因此体验到更多的社会排斥。以往研究也表明，社会排斥是诱发个体对基于手机的社交媒体产生依恋的重要因素（David 和 Roberts，2017），因此，焦虑型人际依恋会通过社会排斥的中介作用促使个体习惯于手机的存在、对手机产生依赖感（安全型手机依恋），并会促使个体将手机视为安全感的重要来源，甚至担心手机无法正常使用（焦虑型手机依恋）。以往研究还发现，焦虑型人际依恋会促使个体过度使用手机，并高估手机的重要性（Bodford 等，2017）。这会在一定程度上促使个体将手机纳入自我概念，并对手机产生依恋（Hoffner 等，2015）。因此，手机自我扩展也能在焦虑型人际依恋与安全型手机依恋及焦虑型手机依恋的关系中起中介作用。此外，社会排斥是诱发个体手机使用，将手机纳入自我概念的重要因素。当个体在现实人际交往中的关系需要得不到满足时，个体会更依赖基于手机的社交互动获得关系需要的满足，并将手机纳入自我概念，即手机自我扩展（Roy 等，2017）。因此，焦虑型人际依恋也能通过社会排斥和手机自我扩展的链式中介作用诱发个体的安全型手机依恋和焦虑型手机依恋。

而安全型人际依恋只能通过手机自我扩展的中介作用正向预测安全型手机依恋和焦虑型手机依恋，社会排斥及其与手机自我扩展的链式结构在安全型人际依恋与安全型手机依恋和焦虑型手机依恋的关系中均存在遮掩效应。由于遮掩效应存在，社会排斥和手机自我扩展在安全型人际依恋与安全型手机依恋和焦虑型手机依恋关系中的总间接效应均受到削弱，甚至不显著。这可能是因为安全型人际依恋会促使个体形成积极的自我模式和他人模式，即认为自己是值得被他人尊重的，他人是值得被信任的、友好的（Collins 和 Allard，2004），因此他们在人际交往过程中不容易感知到社会排斥，相反会感知到更多的社会支持，并形成积极的自我概念（连帅磊等，2016）。

回避型人际依恋能够直接预测回避型手机依恋。以往研究表明，回避型人际依恋者倾向于在人际关系中采取依恋抑制策略，即抑制被照顾的需要，倾向于自力更生的信念，不愿意相信依恋对象，努力保持情感距离和独立性（Bartholomew，1990；Shaver 和 Mikulincer，2007）。因此，回避型人际依恋会促使个体将手机视为一种负担，手机在身边时他们会感到有负担和束缚，这会在一定程度上促使其形成回避型手机依恋（Trub 和 Barbot，2016）。相关研究也表明，回避型人际依恋的个体使用手机较少（Jin 和 Pe A，2010；Morey，Gentzler 等，2013）。此外，回避型人际依恋也能直接预测安全型手机依恋，而不能直接预测焦虑型手机依恋。这可能是因为，随着智能手机的普及，手机已经成为人们赖以生存的重要工具，这在一定程度上促使回避型人际依恋的个体也会在一定程度上依赖手机与他人进行交流互动，并对手机产生依赖，习惯于手机的存在，即产生安全型手机依恋。但由于回避型人际依恋会促使个体追求独立自主，并与他人或物品保持情感距离（Bartholomew，1990；Shaver 和 Mikulincer，2007），因此，他们仅仅将手机视为处理日常工作及生活事务的工具，不会过度依赖手机，更不会因手机无法正常使用而焦虑、担心。

此外，回避型人际依恋能够通过社会排斥和手机自我扩展的单独中介作用以及二者的链式中介作用正向预测安全型手机依恋，但只能通过手机自我扩展的单独中介作用及其与社会排斥的链式中介作用对回避型手机依恋产生影响。这可能是因为，回避型人际依恋个体所持有的消极他人模式会使其在人际交往过程中感知到更多的社会排斥，导致其关系需要得不到满足，因此，他们会通过手机与他人建立良好的人际关系，以获得关系需要的满足，并产生安全型手机依恋，而不会因手机的存在而感知到负担和束缚，产生回避型手机依恋。手机自我扩展的单独中介作用表明，随着手机功能的日益强大和手机普及率的提高，手机可能已经成为回避型人际依恋个体追求独立自主、自力更生、抑制被照顾需要的重要工具。因此，回避型人际依恋也会促使个体将手机纳入自我概念，即协助自己独立面对日常工作及生活事务的工具，这会在一定程度上促使其产生安全型手机依恋。但回避型人际依恋对独立自主、自力更生的追求（Bartholomew，1990；Shaver 和 Mikulincer，2007），又会避免其过度依赖手机，并因此产生回避型手机依恋。此外，社会排斥的链式中介作用结果表明，回避型人际依恋所诱发的社会排斥会导致个体关系需要的不满足，这会促使回避型人际依恋个体使用手机与他人进行社会互动，并因此将手机纳入自我概念，产生安全型手机依恋。但是，手机使用过程中过度的信息及社交任务，比如及时回复他人的消息，又会使其产生较高的负担感和束缚感，因此，他们也会在经历社会排斥、手机自我扩展后产生回避型手机依恋（Trub 和 Barbot，2016）。

第五节　结论

1. 安全型人际依恋能够直接正向预测安全型手机依恋和焦虑型手机依恋，而不能直接预测回避型手机依恋。焦虑型人际依恋只能直接正向预测焦虑型手机依恋，而不能直接正向预测安全型手机依恋和回避型手机依恋。回避型人际依恋能够直接正向预测安全型手机依恋和回避型手机依恋，而不能直接正向预测焦虑型手机依恋。

2. 焦虑型人际依恋能够通过社会排斥和手机自我扩展的单独中介作用以及二者的链式中介作用正向预测安全型手机依恋和焦虑型手机依恋，而安全型人际依恋只能通过手机自我扩展的中介作用正向预测安全型手机依恋和焦虑型手机依恋。社会排斥及其与手机自我扩展的链式在安全型人际依恋与安全型手机依恋和焦虑型手机依恋的关系中均存在遮掩效应。由于遮掩效应存在，社会排斥和手机自我扩展在安全型人际依恋与安全型手机依恋和焦虑型手机依恋关系中的总间接效应均受到削弱，甚至不显著。

3. 回避型人际依恋能够通过社会排斥和手机自我扩展的单独中介作用以及二者的链式中介作用正向预测安全型手机依恋，但只能通过手机自我扩展的单独中介作用及其与社会排斥的链式中介作用对回避型手机依恋产生影响。

第十一章

实证基础和理论模型的整合讨论

随着智能手机的普及，手机在人们工作和生活中扮演的角色越来越重要。人与手机的关系也越来越密切。研究者对人们使用手机的经历和体验及其影响因素和后效展开了一系列研究，提出了手机成瘾、病理性手机使用等概念，并对人与手机的关系进行了探讨。但上述概念对人与手机之间关系的探讨具有片面性，且重点聚焦在手机使用对个体心理社会适应的消极影响。作为移动互联网时代信息技术革命的产物，手机为人们的工作和生活带来的诸多便利不容忽视（Cho，2015；Kang 和 Jung，2014；Seidman，2013；Xie，2014）。因此，在探讨人与手机的关系时，不仅要关注人与手机关系中的消极侧面，也要关注人与手机关系中的积极侧面。如前所述，依恋理论为不同领域研究者探讨人与人、人与事物之间关系的问题提供了重要框架和视角，如同伴关系（Gorrese 和 Ruggieri，2013）、婚恋关系（Hazan 和 Shaver，1987）、宠物依恋（Johnson 等，1992）、物品依恋（Litt，1986）、地方依恋（Hidalgo 和 Hernández，2001）以及品牌依恋（Park 等，2010）。在依恋理论框架下，安全型依恋有助于描述人与人、人与其他事物之间关系的积极侧面，非安全型依恋有助于描述人与人、人与其他事物之间关系的消极侧面。因此，从依恋理论视角探讨人与手机的关系，不仅有助于揭示人与手机关系中的消极侧面，而且有助于加深我们对人与手机关系中积极侧面的认识。此外,基于依恋关系探讨人与手机的关系,不仅有助于揭示人与手机关系的本质,而且能够为深入了解移动互联网时代人与技术的关系提供新的视角。

基于此,围绕人与手机的关系,本书开展了一系列研究,具体而言:第四章采用质性研究方法对移动互联网时代人与手机之间关系("人机关系")的行为特征进行了初步探讨。第五—八章采用实验室行为实验法,通过5个行为实验,分别从"趋近行为""分离焦虑""避风港"及"安全基地"四个角度,对人与手机之间的关系是否属于依恋关系进行了探讨,为"手机依恋"这一概念的合理性提供了实证依据。第九章研究一采用质性研究对手机依恋的概念、结构及表现进行了探讨。在此基础上,研究二采用问卷法,编制了适用于我国大学生群体的手机依恋测量工具。第十章基于传统的依恋理论、自我决定理论以及自我扩展理论,构建了一个链式中介模型,对人际依恋与手机依恋之间的关系进行了探讨,重点考察了社会排斥、手机自我扩展在人际依恋与手机依恋关系中的中介作用,以及社会排斥和手机自我扩展的链式中介作用,以此为揭示人与手机关系的本质,加深我们对互联网时代人与技术关系的认识奠定了理论基础。

第一节 人与手机之间关系的特征

近年来,随着移动互联网技术的发展,手机作为主要的移动互联网终端,逐渐改变了人们的生存方式和生活习惯。首先,作为网络社交的重要工具,手机改变了人际交往方式。基于手机的网络社交使人际沟通及人际关系的建立与发展跨越了时间和空间的限制,极大地提高了人际沟通的效率(David 和 Roberts,2017)。其次,手机作为个体有针对性地获取目标信息及新闻资讯的工具,改变了人们的信息获取、储存及记忆提取的方式。手机不仅能够为个体获取信息提供便利，而且已经成为人们的"记忆伙伴"，是个体记忆内容的重要载体（Han 等，2017）。再次，手机作为人们休闲娱乐、支付购物的重要工具，不仅有助于个体打发无聊的时间，使个体在手机音乐、手机游戏等休闲娱乐中获得轻松、愉快的情绪体验（Gökçearslan 等，2016），而且为人们的理财、购物提供了极大的便利，甚至改变了人们的消费、购物方式（赵胜民、刘笑天，2018）。最后，随着手机导航、手机预订功能的发展，手机改变了人们的出行方式、生存及生活习惯（钱建伟和 Law，2016）。由此可知，人与手机的关系日益密切，手机在人们的工作和生活中所扮演的角色越来越重要，人与手机的关系也逐渐成为研究者关注的焦点问题。随着研究的深入，研究者发现人与手机的关系中也存在"悖论"，即"在场和缺席悖论"以及"自由和奴役悖论"（David 和 Roberts，2017；Sukenick，2012）。前者是指虽然个体与朋友和家人在物理空间上是相近的（如聚餐、家庭会议时），但是每个人的注意力可能完全被手机所吸引，即物理空间上，个体是在场的，但是从心理感受的角度看，个体仍是"缺席"的。因此，这种手机使用行为会对个体的人际关系发展产生不利影响。相关实证研究也表明，"低头行为"，即当个体和朋友在一起时低头看手机的行为，能够负向预测个体的人际关系满意度（Roberts 和 David，2016）。后者是指个体在享受手机所提供的便利、满足心理需要的同时，也受到了手机的"奴役"，即个体不得不随时随地、及时地对来电或消息做出反应。当手机存在时，个体也会体验到一种负担；当个体与手机分离时，个体会产生解脱感（Trub 和 Barbot，2016）。

综上，研究者认为，人与手机的关系是复杂的，且以往研究中用于描述人与人、人与物品之间关系本质的依恋理论可能是明晰人与手机之间关系本质的重要视角（Konok 等，2016），但人与手机之间是否存在"依恋关系"仍有待进一步探讨。以往研究认为，"趋近行为""分离焦虑""避风港"及"安全基地"是依恋关系存在的四个基本特征（Bowlby，1969）。因此，对人与手机关系的行为及情绪特征进行探讨，并对这些行为及情绪特征是否契合依恋关系存在的四种基本特征进行判断，不仅有助于判断人与手机的关系中是否存在依恋关系，而且有助于检验依恋理论在人与手机的关系中是否具有适用性。

基于此，第四章采用质性研究方法，对"人机关系"的特征进行了探讨，并采用研究者协同一致的质性研究方法对来自20名具有手机使用经验的大学生的访谈内容进行分析，以此判断人与手机的关系是否满足依恋关系存在的四种基本特征，即"趋近行为""分离焦虑""避风港"及"安全基地"。研究结果发现：（1）从手机使用习惯上看，人们具有维持手机可接近性及可使用性，避免手机不可使用状态的倾向；（2）当个体处于"手机分离"的状态时，个体会体验到焦虑不安、无聊等消极情绪，并会试图使手机恢复到正常使用的状态，这一特征契合了依恋关系中"分离焦虑"特征；（3）手机使用存在工具性诱因和情绪性诱因两大类，其中，前者主要指在处理日常事务时，个体倾向于利用手机解决所面对的问题，后者主要指在不同的情绪状态下，个体都会使用手机宣泄、表达、分享个体的情绪，这一特征契合了依恋关系的"避风港"特征；（4）手机是把"双刃剑"，让人们"又爱又恨"，即手机在扮演"安全基地"角色，使个体体验到安全感，促进个体更好地探索、适应外部世界的同时，也给个体带来了烦恼。因此，"人机关系"中不仅存在安全型依恋，也可能存在回避型依恋。

第四章的质性研究结果表明，人与手机的关系符合依恋关系存在的四种基本特征，不仅有利于我们深入理解"人机关系"，也为"手机依恋"概念的提出奠定了基础。这一结果支持了以往研究的观点（Fullwood 等，2017）。虽然人与手机的关系中存在"趋近行为""分离焦虑""避风港"及"安全基地"四种特征，但其内涵上也存在些许差异。首先，从"趋近行为"来看，人际依恋中的趋近行为指的是个体接近依恋对象的倾向；而人与手机关系中的"趋近行为"不仅是个体接近手机，而且强调手机的可用性，即个体具有维持手机正常使用的倾向。其次，人际依恋中的分离焦虑指的是个体在与依恋对象分离后产生的焦虑、不安等消极情绪；"人机关系"中的"分离焦虑"不仅指手机未随身携带时个体所产生的焦虑、不安等消极情绪，而且包含手机电量快要耗尽、没有网络信号时个体所产生的消极情绪。再次，人与手机关系中的"避风港"特征也扩大了人际依恋中"避风港"特征的内涵，即个体不仅会在遇到困难或消极情绪时，使用手机处理问题或缓解消极情绪，也会在体验到积极情绪时，使用手机与他人分享自己的积极情绪。最后，虽然"人机关系"中手机具有"安全基地"的功能，但手机作为一把"双刃剑"，在对个体心理产生积极影响的同时，也会使个体产生"负担感"和"束缚感"等烦恼。这一结果与以往手机依恋的研究结果一致（Trub和 Barbot，2016）。

第二节　手机依恋存在的实证依据

第四章采用质性研究方法对人与手机之间关系的特征及其是否符合依恋关系存在的四种基本特征进行了探讨，为判定人与手机之间存在"依恋关系"、提出"手机依恋"概念的合理性提供了初步依据。但是，人与手机的关系较为复杂，"手机依恋"作为揭示人与手机之间关系本质的新视角需要更多的实证研究佐证。因此，在质性研究的基础上，第五—八章采用实验室行为实验法，从"趋近行为""分离焦虑""避风港"及"安全基地"四个角度，对人与手机之间的关系是否属于依恋关系进行了探讨，以此为提出"手机依恋"这一概念的合理性提供实证依据。

一　"趋近行为"存在的实证依据

传统依恋理论认为，趋近行为是指个体接近依恋对象，回避与依恋对象分离的行为倾向（Bowlby，1969）。这一行为特征是早期心理学研究者在对婴幼儿与母亲的互动模式进行现场观察及访谈的基础上提炼出来的，其本质是个体有意识地趋近依恋对象，避免与依恋对象分离的"趋避行为"。虽然，研究者并没有采用行为实验的方式对人际依恋关系中的这种"趋避行为"进行考察，但以往研究者在实验室条件下对个体的"趋避行为"进行了深入考察，并形成了科学严谨的实验范式——模拟"小人"实验范式。模拟"小人"实验范式是以往研究在考察被试有意识地趋近或回避某种刺激的经典范式（Krieglmeyer 等，2011）。由于该范式采用模拟"小人"降低了被试自我信息加工的程度，不利于提升实验的生态效度，因此，本研究采用马惠霞等（2016）在其研究中改进的"小人"范式。该范式主要将原实验范式中的"小人"替换为被试的头像（一英寸照片），以此提高被试自我信息加工的程度，更加准确地考察了被试对呈现刺激的趋避行为，提高了实验的生态效度。通过比较在改进后的"小人"范式中，被试趋近或回避手机相关词汇、安全型人际依恋相关词汇以及中性词汇时的反应时，考察人与手机关系中个体对手机是否具有趋近效应，不仅有助于弥补以往研究基于理论推演提出手机依恋这一概念的不足，而且能够为考察依恋关系中的"趋避行为"特征提供新的研究方法视角。

第五章根据 Hybl 和 Stagner 对挫折的操作定义设计挫折情境（Hybl 和 Stagner，1952），编制字谜游戏，作为挫折情绪诱发程序。以与手机相关的文字刺激（如短信、微信、充电、无线网、联系人等）、与手机不相关的中性文字刺激（如毛巾、水杯、纸巾等）以及描述安全依恋的文字刺激（如温暖、关爱、支持、安全、亲密等）为实验材料，采用 2（挫折感：挫折组/无挫折组）×3（词语类型：手机相关词汇/安全型人际依恋相关词汇/中性词汇）×2（反应类型：趋近/回避）的三因素混合实验设计，对挫折组和无挫折组被试在改进后的"小人"范式中，趋近或回避手机相关词汇、安全型人际依恋相关词汇以及中性词汇时的反应时进行了比较。结果发现，无论被试是否经历了挫折体验，被试趋近依恋相关的词汇图片、手机相关的词汇图片的反应时以及远离中性图片的反应时更短。当经历挫折后，被试趋近依恋相关的词汇图片、手机相关的词汇图片的反应以及远离中性图片的反应更快。这一结果表明，无论被试是否经历挫折体验，被试都会对依恋相关的词汇及手机相关的词汇具有趋近倾向，且当经历挫折后，被试更容易趋近依恋相关的词汇及手机相关的词汇。这可能是因为，（1）手机作为移动互联网时代人际沟通的重要工具，已经成为人们的小伙伴（Fullwood 等，2017），为个体带来了诸多积极、温暖的情绪体验；（2）手机作为个体处理日常工作、生活、休闲娱乐的重要工具，能够给个体带来诸多有趣的体验（Lyngs，2017）。因此，在改进后的"小人"范式中，被试对"手机相关词汇"表现出了与"安全依恋相关词汇"相同的趋近效应。这一结果与研究一质性研究结果一致，即个体具有维持手机可接近性及可使用性，避免手机不可使用状态的倾向——"趋近手机效应"。移动互联网时代，在人与手机的关系中，人对手机产生了"趋近行为"倾向，即把手机看作依恋的对象，当遇到挫折或不愉快时，倾向于接近手机。这些结果为人与手机关系中存在依恋关系的"趋近行为"特征提供了实证依据，弥补了以往研究基于理论推演提出手机依恋这一概念的不足。

二 "分离焦虑"存在的实证依据

传统依恋理论认为，分离焦虑是指个体与依恋对象分离时所体验到痛苦、不安等消极情绪（Bowlby，1969）。基于亲子依恋的研究发现，"分离焦虑"或"分离痛苦"是亲子依恋的重要特征，主要表现为当母亲或主要抚养者离开婴幼儿时，婴幼儿会产生痛苦、不安、情绪低落等消极情绪。为了考察人与手机关系中是否存在"分离焦虑"这种情绪特征，第六章采用"线索暴露范式"，考察"手机分离"相关刺激对个体状态焦虑情绪的诱发作用。"线索暴露范式"是以往研究者在考察网络成瘾者的网络渴求感时提出来的，其主要目的在于考察网络相关的刺激对网络成瘾者网络渴求感的诱发作用（牛更枫等，2016），其本质是要求被试在看到电脑显示屏所呈现的刺激后，围绕刺激进行自由联想，以此诱发个体的情绪感受，并通过被试对特定情绪感受的自我评定，考察刺激对特定情绪感受的诱发作用。因此，采用"线索暴露范式"考察"手机分离"情景对个体状态焦虑的诱发效果，能够为考察人与手机关系中是否存在"分离焦虑"特征提供实证依据。

为了考察"手机分离"情景对个体状态焦虑的诱发效果，第六章以"手机分离"相关刺激（如我的手机屏幕碎了）及中性刺激（如我的书包是黑色的）为实验材料，采用2（刺激类型：手机分离威胁刺激/中性刺激）×2（手机可接近性："手机随身携带"/"手机不随身携带"）的二因素混合实验设计，通过比较不同实验条件下，被试在"线索暴露"实验范式中的状态焦虑自评得分，考察"手机分离"刺激对个体焦虑情绪的诱发作用。结果发现，无论手机是否随身携带，被试接触"手机分离"相关刺激后的状态焦虑自评分数均显著高于被试接触"中性刺激"后的状态焦虑自评分数，且当手机不随身携带时，接触"手机分离"相关刺激对被试的状态焦虑的诱发效应更大。由此可见，无论手机是否随身携带，当被试接触"手机分离"相关的刺激时，均会产生焦虑情绪，且当被试不随身携带手机时，"手机分离"相关的刺激对被试的状态焦虑的诱发作用更大。

这一结果表明，移动互联网时代，在人与手机的关系中，"手机分离"会使个体产生焦虑情绪。这也支持了第四章质性研究的结果，即当手机不在身边或手机无法正常使用时，个体会产生焦虑、不安等消极情绪。这可能是因为，一方面，随着手机社交功能的日益强大，手机已经成为个体与他人进行人际交往、及时获取社交消息的重要工具。当手机不在身边或无法正常使用时，个体不仅会担心他人无法及时找到自己，也会担心自己错过重要他人的社交消息，并因此产生错失恐惧（Elhai等，2018）。另一方面，随着手机的普及，手机已经成为个体自我概念扩展的重要来源，个体会在手机使用过程中将手机的功能纳入自我概念。当个体与手机分离或手机无法正常使用时，个体的自我概念会在一定程度上受到威胁（Hoffner 等，2015），并产生焦虑、不安等消极情绪。此外，手机已经成为个体的"记忆伙伴"（Han 等，2017）。当手机无法正常使用时，个体的记忆内容会面临丢失的风险，这会在一定程度上诱发个体的焦虑情绪。因此，"手机分离"相关的刺激所引起的自由联想会诱发被试的状态焦虑情绪。这一结果不仅有助于加深我们对人与手机之间关系的情感特征的认识，而且能够为人与手机关系中存在依恋关系的"分离焦虑"特征提供新的证据。

三 "避风港"存在的实证依据

传统依恋理论认为，避风港是指当个体在生活中遇到挫折或不愉快时，依恋对象能够为个体提供帮助和安慰，以缓解个体的消极情绪，即依恋对象具有"避风港"功能（Bowlby, 1969），其实质是指个体与依恋对象的沟通交流有助于缓解个体的消极情绪。为了考察人与手机的关系中手机是否具有"避风港"功能，即个体在经历消极生活事件后使用手机是否能够缓解个体的消极情绪，第七章根据 Hybl 和 Stagner 对挫折的操作定义设计挫折情境（Hybl 和 Stagner, 1952），编制字谜游戏，作为挫折情绪诱发程序。采用单因素（手机接触组：A 手机关机，接触作为物品的手机本身；B 手机开机，接触手机并体验手机的功能；C 休息，但不能拿出手机）完全随机实验设计，考察了不同类型的手机接触对个体挫折体验的缓解作用。

研究发现，在经历挫折后，即使是在手机不开机的情况下，被试接触手机也有助于缓解其消极情绪，当允许被试随便玩手机时，不仅能够缓解被试的消极情绪，而且有助于诱发被试的积极情绪。换言之，手机接触有助于缓解被试的挫败感。以往研究认为，手机作为个体人际沟通、交流情感的工具，有助于个体与他人维持或建立良好的人际关系（Lepp 等，2016）。基于手机的社交网站也已成为个体情感宣泄、获取心理安慰或线上社会资本的重要途径（周宗奎等，2017）。因此，在长期的手机使用过程中，手机已经成为个体情感安慰的"刺激强化物"，即虽然手机本身并不能给个体带来情感安慰，但是它作为个体情感宣泄、获取线上情感社会支持的媒介，已经具备了缓解个体消极情绪、维持个体情绪健康的功能。研究还指出，随着手机使用的增多，手机已经不仅是个体进行社会互动的工具，而且逐渐成为个体社交网络的代名词（Kardos 等，2018）。个体不仅能够通过手机获得归属需要的满足，而且能够通过手机分享自己的喜怒哀乐，并因此缓解个体的消极情绪，促进个体的情绪健康发展。此外，研究者采用质性研究方法就人与手机的关系的问题进行了调查访谈，发现随着手机使用频率的增加以及"机不离身"的使用习惯，手机已经成为个体的"虚拟伙伴"（Fullwood 等，2017）。由此可知，手机作为非生命体已经被赋予了"人"的身份，并成为个体获得情感安慰的重要来源。基于"过渡物"的研究也表明，当儿童对某种物品赋予人的身份或意义时，儿童就会对其产生依恋，并会在得不到依恋对象的情绪安慰时，通过接触"过渡物"以获得情感抚慰（Winnicott，1953）。研究结果不仅为人与手机关系中存在"避风港"特征提供了实证依据，而且将"过渡物"依恋中过渡物的情感抚慰效应扩展到了成年人与手机的关系中。这不仅有助于我们从依恋理论视角理解人与手机关系中手机的情感抚慰功能，而且将依恋系统的次级激活理论扩展到了人与手机的关系中，即手机已经成为移动互联网时代的次级依恋对象，有助于抚慰个体的情绪，促进个体的情绪适应。

四 "安全基地"存在的实证依据

传统依恋理论认为，"安全基地"是指个体在依恋对象存在时会感到更加安全，更加主动地探索外部世界，它是判断依恋关系是否存在的重要标准之一（Bowlby，1969）。基于人际依恋的研究认为，"安全基地"具有多种心理适应功能。它不仅有助于提升个体的心理安全感，促进个体在人际互动中对他人专注、热情，对人际关系持有较高的满意度，而且能够缓解个体的消极情绪，诱发个体的积极情绪，促进个体的情绪适应（郭薇等，2011）。随着研究的深入，研究者发现人际依恋中的"安全基地"并不是一成不变的。在实验室条件下，安全依恋的情境性激活也有助于激活个体的安全依恋表征，提升个体的心理安全感，进而对个体情绪、自我评价产生积极影响（郭薇等，2011）。因此，在实验室条件下，安全依恋的情境性激活对个体情绪及自我评价的启动效应是"安全基地"适应性功能的重要体现，也是判断人际关系中是否存在依恋关系的重要标准。

在此基础上，本书在实验室条件下，通过对比描述"安全依恋"的图片、描述"人机关系"的图片、微笑图片、中性图片对个体情绪及自我评价的启动效应，对人与手机关系中手机是否具有"安全基地"的功能进行探讨。具体而言，第八章的实验一采用2（手机接触：手机随身携带/手机不随身携带）×4（图片类型：人际依恋图片/"人机关系"图片/微笑图片/中性图片）混合实验设计，考察了描述"人机关系"的图片对个体积极情绪的启动功能。结果发现，描述"人机关系"的图片与描述"安全型人际依恋"的图片一样能够启动个体的积极情绪，且启动效应更大。在此基础上，实验二采用2（手机可接近性：手机随身携带/手机不随身携带）×4（图片类型：安全人际依恋图片/"人机关系"图片/积极图片/中性图片）完全随机试验设计，考察了基于手机情景的依恋安全启动对个体内隐自尊的启动效应。结果发现，无论手机是否在身边，描述"人机关系"的图片与描述"安全依恋"的图片一样，能够启动个体的积极自我评价。

以往研究认为，良好的亲子依恋关系是促进青少年情绪适应良好、人际关系健康发展、形成积极的自我概念的重要基础（琚晓燕等，2011）。基于同伴依恋的研究也发现，良好的同伴依恋关系不仅有助于个体获取社会支持资源，而且有助于个体形成积极的自我概念，并因此缓解其抑郁情绪，促进其情绪健康发展（连帅磊等，2016）。基于实验室条件下的依恋安全启动研究也发现，安全依恋启动有助于提升个体对无意义字符（如"甲骨文"）的喜欢程度（韩元花，2013）。本研究进一步发现，描述"人机关系"的图片与描述"安全依恋"的图片一样能够提升个体对"甲骨文"的喜欢程度，并能够提升个体的内隐自尊水平。这一结果表明，随着人与手机的关系日益密切，手机在人们的工作和生活中具备了"安全基地"的功能。这可能是因为：（1）手机的娱乐功能。随着手机娱乐应用的发展，手机已经成为人们打发无聊时间、寻求积极体验的重要途径，对个体娱乐需要的满足具有重要意义（Tlhabano等，2013）。因此，当被试看到描述"人机关系"的图片时会诱发个体的积极情绪体验。（2）手机的社交功能。手机已经不再仅仅是手机本身，对移动互联网时代的个体而言，它意味着"人际关系网"（Kardos等，2018）、"虚拟伙伴"（Fullwood等，2017）。手机不仅有利于个体与他人进行沟通交流、情感宣泄、建立或维持人际关系，而且有利于个体从朋友或家人那里获取归属感、心理安慰。由此可知，手机已经成为个体归属感、心理安慰的"刺激强化物"。因此，当被试看到描述"人机关系"的图片时，会诱发其温暖、安全的情绪体验，并因此提升其对"甲骨文"的喜欢程度以及对自身的积极评价。（3）手机已经成为个体处理日常工作及生活事务的得力助手，它不仅有助于提高个体的工作效率，而且有助于个体自我效能感的提升（Kim等，2013）。且有研究指出，手机使用会导致个体对自身能力的高估，即手机使用会提升个体的自我评价（Gonzales，2014）。因此，观看描述"人机关系"的图片所诱发的自由联想不仅会诱发个体的积极情绪体验，而且能够提升个体的自我评价水平。研究结果不仅揭示了人与手机关系中手机对个体情绪及自我评价的积极意义，而且为人与手机关系中手机具有"安全基地"功能这一判断提供了实证依据。

第三节 手机依恋的概念与结构

第五—八章采用实验室行为实验法,从"趋近行为""分离焦虑""避风港"及"安全基地"四个角度,对人与手机之间的关系是否属于依恋关系进行了探讨,以此为提出"手机依恋"这一概念的合理性提供实证依据。结果表明,随着手机的日益普及,手机对人们工作及生活事务的渗透不断深入,人与手机之间的关系越来越密切。个体在手机使用过程中,存在趋近手机、避免与手机分离的行为特征,且当个体与手机分离后,会产生"手机分离焦虑"。同时,当个体经历消极体验后,接触手机或玩手机有助于缓解个体的消极情绪。此外,在漫长的手机使用过程中,手机已经具备了"安全基地"的功能,即随身携带手机,有助于缓解个体的情绪不安,提升个体的积极情绪及自我评价水平。这些结果为"手机依恋"这一概念的提出提供了进一步的实证依据。在此基础上,第九章研究一通过质性研究探讨了人们对手机依恋的概念及内涵的看法,以此明晰手机依恋的概念、结构和内涵。研究二采用问卷法,编制了适用于中国大学生的手机依恋测量工具,为未来探讨人与手机之间依恋关系的量化研究奠定了工具基础。

一 手机依恋的概念

随着智能手机功能的多样化发展,手机的普及率越来越高,人与手机的关系越来越密切,手机也被赋予了更加重要的角色。例如,有研究发现,手机已经成为个体人际关系网络的代名词(Kardos 等,2018),且被赋予了"虚拟伙伴"的拟人化身份(Fullwood 等,2017)。因此,"手机依恋"已经成为移动互联网时代人与手机关系的重要特征,引起了相关领域研究者的关注与研究。但随着研究者对这一现象关注的增多,不同的研究者对"手机依恋"这一概念的内涵、结构的认识并不一致。有研究认为，手机依恋与人际依恋一样属于三因素结构，即安全型依恋、焦虑型依恋以及回避型依恋（Bodford 等，2017）；还有研究认为，手机依恋只包含焦虑型依恋和回避型依恋两个维度，即二因素结构（Trub 和 Barbot，2016）。但这些研究均是在西方文化背景下进行的，鉴于东西方在手机使用上可能存在的文化差异，本研究通过质性研究，在中国文化背景下，探讨了人们对手机依恋的概念及内涵的看法，并进一步挖掘了人们对手机产生依恋的原因、手机依恋的情绪感受和行为表现以及手机依恋与人际依恋的区别与联系，并采用研究者协同一致的质性研究方法对来自 20 名具有手机使用经验的大学生的访谈内容进行分析。

研究发现：（1）手机依恋是指个体在使用手机的过程中，对手机产生的一种情感及认知联结。其中，情感联结是指人们在情感上依赖手机；认知联结是指人们将手机视为工作和生活中必不可少的工具。情感联结是在认知联结的基础上建立起来的。（2）人们之所以会对手机产生依恋，是因为人们在使用手机的过程中，能够获得多种心理需要的满足。主要包括社交需要、娱乐需要及其他需要，如自我展示、记忆伙伴等。（3）手机依恋的经验感受及行为表现主要包含：手机分离焦虑、手机安全感、趋近手机行为和避免与手机分离的行为。（4）手机依恋分为安全型手机依恋、焦虑型手机依恋和回避型手机依恋。（5）手机依恋与人际依恋的主要区别在于：人际依恋是相互的，即依恋关系中双方既会扮演依恋对象的角色，也会扮演依恋主体的角色；而手机依恋主要指人们对手机的依恋。相似之处在于：作为依恋对象，手机和人都有助于满足个体的多种心理需要。

首先，研究结果表明，手机依恋与人际依恋、物品依恋一样，是个体在与他人或物品相处的过程中，逐渐形成的一种情感及认知联结（Bodford 等，2017；Bowlby，1969；Wallendorf 和 Arnould，1988）。不同的是，人际依恋更强调依恋关系中的情感成分；而手机依恋和物品依恋不仅强调个体对手机或物品的情感依恋，而且强调手机或物品的可用性价值，即认为手机是个体工作和生活中必不可少的工具（Bock 等，2016）。且个体对手机的情感依恋是建立在手机可用性的基础上的，换言之，手机依恋中个体依恋的是手机所具有的功能，而不是手机本身（Trub 和 Barbot，2016）。其次，与人际依恋一样，手机依恋也是建立在心理需要得到满足的基础上的，即手机作为依恋对象能够满足个体的多种心理需要，如社交需要、娱乐需要等，且手机依恋是个体在人际依恋需要得不到满足时所产生的一种次级依恋策略（Konok 等，2016）。不同的是，人际依恋关系中的依恋双方既扮演依恋对象的角色，也扮演依恋主体的角色；而手机依恋主要是指人们作为依恋主体对手机的依恋，这与以往研究中物品依恋的内涵相一致，即个体将物品拟人化，并从与物品的接触中获得心理安慰（Wallendorf 和 Arnould，1988）。再次，与人际依恋相同，手机依恋也分为安全型依恋、焦虑型依恋、回避型依恋，这与以往研究结果一致（Bodford 等，2017），与另外一个研究结果不一致（Trub 和 Barbot，2016）。这可能是因为，Trub 及其同事在研究中忽略了依赖手机但又不会因手机不可使用而担心的个体。最后，回避型手机依恋与回避型人际依恋在概念的内涵上存在差异，回避型手机依恋主要强调手机作为负担或束缚的来源，个体倾向于远离手机，并仅仅将其视为处理日常工作和生活事务的工具，在情感上不依赖手机，甚至当手机不在身边时，会有一种解脱感；而回避型人际依恋是指个体不寻求接近依恋对象，与依恋对象分离或重逢后也没有任何情绪及行为反应。

二 手机依恋的结构

第九章研究一的质性研究发现，由于手机能够满足个体的多种心理需要，如社交需要、娱乐需要等，因此个体在使用手机的过程中会对手机产生依恋；手机依恋的经验感受主要表现在三个方面："手机分离焦虑""手机安全感"以及"负担感和束缚感"；手机依恋的行为表现也表现在三个方面，即趋近手机行为、避免与手机分离的行为以及逃避手机的行为；手机依恋存在三种类型：安全型手机依恋、焦虑型手机依恋以及回避型手机依恋。这一结果明晰了我们对手机依恋的内涵、经验感受、行为表现及结构的认识。在此基础上，第九章研究二编制了适用于中国大学生的手机依恋测量工具，为未来探讨人与手机之间依恋关系的量化研究奠定了工具基础。

本研究对质性研究的结果进行了简化、提炼，在保证项目精练、无歧义的前提下，采用访谈过程中被试对不同类型手机依恋的情绪及行为特点作为手机依恋问卷的项目，并在此基础上，参考现有手机依恋问卷的项目表述，形成自编手机依恋问卷的初始项目。然后，严格遵守量表编制的相关方法和程序，通过对初测问卷数据进行探索性因素分析，探明自编手机依恋问卷的结构，即在中国文化背景下，大学生手机依恋问卷包含三个因子：安全型手机依恋、焦虑型手机依恋、回避型手机依恋。随后基于正式施测数据，采用验证性因素分析、相关分析等对该问卷的结构效度、校标效度、内部一致性信度进行检验，结果显示，该问卷的结构效度、校标效度以及内部一致性信度符合问卷编制的相关要求，表明该问卷可用于对中国大学生的手机依恋进行测量评估。

自编手机依恋问卷的三个因子，涵盖了质性研究中不同手机依恋个体所表现出来的情绪及行为特点。安全型手机依恋侧重于描述个体在日常生活中对手机的依赖，习惯用手机。例如，"在工作或生活中，我比较容易依赖我的手机"。焦虑型手机依恋侧重于描述个体在手机使用过程中为手机不可使用而担心。如"手机电量、流量快要用完时，我会感到不安"。回避型依恋则侧重于描述个体在手机使用过程中所感知到的负担感和束缚感以及没有手机时个体所体验到的解脱感。如"与手机在身边时相比，手机不在身边时，我感觉更好"。这与以往研究对安全型手机依恋、焦虑型手机依恋及回避型手机依恋的描述一致（Bodford 等，2017）。由此表明，手机作为移动互联网时代大学生的依恋对象，不仅能够诱发大学生对手机的依赖、习惯手机的陪伴，使其形成安全型手机依恋，而且能够为大学生带来安全感，引起大学生对手机无法正常使用的担心，即手机分离焦虑（Bragazzi 和 Puente，2014；Tams 等，2018），使其形成焦虑型手机依恋。此外，手机作为大学生获取外界信息、维持人际关系的重要工具，虽然为大学生带来了诸多便利，但面对"信息爆炸""社交负载和信息负载"，大学生在手机使用过程中也会产生"负担感"和"束缚感"（Trub 和 Barbot，2016），并因此使个体产生想要回避手机的行为和感受，即回避型手机依恋。

第四节 手机依恋与人际依恋的关系

在探讨了人与手机之间关系的特征、手机依恋关系存在的实验依据以及手机依恋的概念结构的基础上，第十章进一步对手机依恋与人际依恋的关系，即个体的人际依恋是否会影响个体的手机依恋以及如何影响等问题进行了探讨。具体而言，第十章探讨了人际依恋对手机依恋的预测关系，并纳入社会排斥和手机自我扩展作为中介变量，重点考察了社会排斥和手机自我扩展在人际依恋与手机依恋关系中的中介作用机制。研究结果显示：

1. 安全型人际依恋能够直接正向预测安全型手机依恋和焦虑型手机依恋，而不能直接预测回避型手机依恋。焦虑型人际依恋只能直接正向预测焦虑型手机依恋，而不能直接正向预测安全型手机依恋和回避型手机依恋。回避型人际依恋能够直接正向预测安全型手机依恋和回避型手机依恋，而不能直接正向预测焦虑型手机依恋。以往研究认为，安全型人际依恋往往具有良好的人际关系，且会受到自我提升动机的驱使（郭薇等，2011），使其更加依赖手机与重要他人进行沟通交流，以维持或拓展人际关系网络。这不仅会促使个体形成安全型手机依恋，即对手机产生依赖，习惯手机在身边，而且会促使其高估手机的重要性，并因此导致其产生焦虑型手机依恋（Bodford 等，2017）。而焦虑型人际依恋个体往往会对依恋对象的可获得性而担心、不安,这会激发次级依恋策略,即将手机视为满足其依恋需要的工具或途径,因此会对手机产生依赖,并习惯手机的陪伴,形成安全型手机依恋(Konok 等,2016)。然而,由于受到弥漫性焦虑、不安情绪的驱使,焦虑型人际依恋更容易促使个体将依恋风格扩展到其与手机的关系中,并因此产生焦虑型手机依恋(Bodford 等,2017)。此外,无论是安全型人际依恋还是焦虑型人际依恋,都具有较高的关系需要,其行为往往会受到关系维持或增强动机的驱使(Bowlby,1969),这会降低其对手机所带来的"负担感"和"束缚感"的敏感性,并因此不容易产生回避型手机依恋。

2. 焦虑型人际依恋能够通过社会排斥和手机自我扩展的单独中介作用以及二者的链式中介作用正向预测安全型手机依恋和焦虑型手机依恋,而安全型人际依恋只能通过手机自我扩展的中介作用正向预测安全型手机依恋和焦虑型手机依恋。社会排斥及其与手机自我扩展的链式结构在安全型人际依恋与安全型手机依恋和焦虑型手机依恋的关系中均存在遮掩效应。由于遮掩效应存在,社会排斥和手机自我扩展在安全型人际依恋与安全型手机依恋和焦虑型手机依恋关系中的总间接效应均受到削弱,甚至不显著。依恋的内部工作模式理论可以对这一结果进行解释。根据依恋的内部工作模式理论(马原啸等,2016;王争艳等,2005),安全型人际依恋会促使个体形成积极的自我模式和他人模式,即不仅认为自己是值得被爱的,也会认为他人都是友好的。因此,安全型人际依恋有助于降低个体的拒绝敏感性以及对社会排斥的感知水平。由于安全型人际依恋不容易感知到社会排斥,这使得社会排斥能够在安全型人际依恋与安全型手机依恋和焦虑型手机依恋的关系中起遮掩效应,即降低安全型人际依恋导致安全型手机依恋和焦虑型手机依恋的可能性。相反,焦虑型人际依恋往往会使个体形成消极的自我模式和他人模式,即认为自己是不值得被爱的,他人是不友好的。这会诱发个体对他人积极反馈可获得性的担心,不信任他人(Marshall 等,2013),促使其在人际交往过程中感受到更多的社会排斥。因此,社会排斥能够在焦虑型人际依恋与安全型手机依恋和焦虑型手机依恋的关系中起中介作用。研究表明，社会排斥、人际关系不良是导致个体频繁使用手机，并产生手机自我扩展的关键因素（Hoffner 等，2015）。因此，社会排斥和手机自我扩展能够在人际依恋与手机依恋的关系中起链式中介作用。不同的是，由于安全型人际依恋会降低个体感知社会排斥的可能性，因此，二者在安全型人际依恋与安全型或焦虑型手机依恋的关系中起遮掩效应，在焦虑型人际依恋与安全型或焦虑型手机依恋的关系中起中介效应。但是，由于受到自我增强动机或失补偿的驱使，无论是安全型人际依恋还是焦虑型人际依恋，均会促使个体使用手机与他人建立或维持良好的人际关系（Konok 等，2016）。且长期使用手机与他人进行社交互动，会促使个体将手机纳入自我概念，即手机自我扩展，并产生安全型或焦虑型手机依恋（Hoffner 等，2015）。因此，手机自我扩展能够在安全型或焦虑型人际依恋与安全型或焦虑型手机依恋的关系中起中介作用。

3. 回避型人际依恋能够通过社会排斥和手机自我扩展的单独中介作用以及二者的链式中介作用正向预测安全型手机依恋，但只能通过手机自我扩展的单独中介作用及其与社会排斥的链式中介作用对回避型手机依恋产生影响。首先，以往研究认为，回避型人际依恋的个体以"无论依恋对象靠近或是分离，都漠不关心"为特征，且会避免与他人进行亲密接触（Bowlby，1969），这使得基于手机的在线交流方式成为其参与必要的人际沟通的重要工具。因此，他们会在长期的基于手机的人际互动中，对其产生依赖，并对手机产生依恋。但是，由于其关系需要水平较低，在基于手机的在线社交中，大量的社交信息及人际互动也会使其感受到较高的"信息技术负载和社交负载"，使其产生"负担感"或"束缚感"。因此，为了在进行必要的社会交往的同时，避免面对面的亲密社交，回避型人际依恋促使个体依赖基于手机的在线社交，并使个体产生安全型手机依恋。而在手机使用过程中，回避型人际依恋也会因在线社交的"负担感"或"束缚感"而形成回避型手机依恋（Trub 和 Barbot，

2016)。其次，由于社会排斥造成的关系需要得不到满足，个体会对基于手机的社会交往方式产生依赖（David 和 Roberts，2017）。因此，回避型人际依恋在人际交往过程中所感知到的社会排斥会进一步导致其对手机产生安全型依恋，即依赖手机满足个体的关系需要。但是，社会排斥造成的关系需要的缺失，并不会提升个体在基于手机的在线社交中感知到"负担感"和"束缚感"的可能性，因此，社会排斥并不能在回避型人际依恋与回避型手机依恋的关系中起中介作用。最后，如前所述，社会排斥造成的关系需要得不到满足，会使个体对基于手机的社会交往方式产生依赖（David 和 Roberts，2017），这会在一定程度上促使个体将手机纳入自我概念，即手机自我扩展（Hoffner 等，2015）。根据手机依恋的自我扩展理论，手机自我扩展是个体对手机产生依恋的主要原因（Hoffner 等，2015；Tams 等，2018）。因此，回避型人际依恋不仅能通过手机自我扩展的单独中介作用正向预测安全型手机依恋，也能通过社会排斥和手机自我扩展的链式中介作用正向预测安全型手机依恋。值得注意的是，由于关系需要的过度缺失，个体会过度卷入基于手机的社会交往，并产生较高的手机自我扩展，这会使个体在基于手机的在线社交中感知到更多的"负担感"和"束缚感"，并产生回避型手机依恋。因此，回避型人际依恋也能通过手机自我扩展的单独中介作用及其与社会排斥的链式中介作用对回避型手机依恋产生影响。

综上，人际依恋类型与手机依恋类型之间不仅存在一一对应的预测关系，而且存在交叉对应的关系。这表明，虽然手机依恋是依恋关系在人与手机关系中的体现，但手机依恋并不完全是人际依恋在人与手机关系中的延伸。由于手机是人际交往的工具，在使用手机与他人交流互动的过程中，个体会不自觉地将人际依恋风格扩展到其与手机的关系中，并形成相应的依恋风格。但作为物品，手机与人之间的关系也可能是物品依恋风格在人与手机关系中的延伸或扩展。因此，人际依恋类型与手机依恋类型之间不仅存在一一对应的预测关系，也存在交叉预测关系。

第五节　结论

本研究着眼于移动互联网时代人与手机的关系，围绕手机依恋这一主题对人与手机的关系进行了探讨，不仅明晰了人与手机关系中存在依恋关系的依据以及手机依恋的基本内涵和结构，还编制了适用于中国大学生的手机依恋测量工具，并在此基础上对人际依恋与手机依恋之间的关系进行了探讨。通过上述研究主要得出了以下结论。

1. 从手机使用习惯上看，人们具有维持手机可接近性及可使用性，避免手机不可使用状态的倾向，这一特征与依恋关系中的"趋近行为"特征是相契合的；当个体处于"手机分离"的状态时，个体会体验到焦虑不安、无聊等消极情绪，并会试图使手机恢复到正常使用的状态，这一特征契合了依恋关系中"分离焦虑"特征；手机使用存在工具性诱因和情绪性诱因两大类，其中前者主要指在处理日常事务时，个体倾向于利用手机解决所面对的问题，后者主要指在不同的情绪状态下，个体都会使用手机宣泄、表达、分享个体的情绪，这一特征契合了依恋关系的"避风港"特征，同时也扩大了"避风港"特征的内涵，即个体不仅会在遇到困难或消极情绪时，使用手机处理问题或缓解消极情绪，也会在体验到积极情绪时，使用手机与他人分享自己的积极情绪。手机是把"双刃剑"，让人们"又爱又恨"，即手机在扮演着"安全基地"角色，使个体体验到安全感，促进个体更好地探索、适应外部世界的同时，也给个体带来了烦恼。因此，"人机关系"中不仅存在安全型依恋，也可能存在回避型依恋。

2. 人与手机的关系中，存在"趋近行为"特征，即当个体在工作和生活中经历挫折等消极体验后，具有趋近手机的行为倾向；人与手机的关系中，存在"分离焦虑"特征，即当个体与手机分离后会产生焦虑情绪；在人与手机的关系中，手机已经逐渐成为人们缓解消极情绪的"避风港"，能够为个体带来安全感，缓解其消极情绪；在人与手机的关系中，手机在一定程度上扮演了"安全基地"的角色，不仅能诱发个体的积极情绪，而且有助于促进个体对自我的积极评价。

3. 第一，手机依恋是指个体在使用手机的过程中，对手机产生的一种情感及认知联结。其中，情感联结是指人们在情感上依赖手机；认知联结是指人们将手机视为工作和生活中必不可少的工具。情感联结是在认知联结的基础上建立起来的。第二，人们之所以会对手机产生依恋，是因为人们在使用手机的过程中，能够获得多种心理需要的满足。主要包括社交需要、娱乐需要及其他需要，如自我展示、记忆伙伴等。第三，手机依恋的经验感受及行为表现主要包含：手机分离焦虑、手机安全感、趋近手机行为和避免与手机分离的行为。第四，手机依恋分为安全型手机依恋、焦虑型手机依恋和回避型手机依恋。第五，手机依恋与人际依恋的主要区别在于：人际依恋是相互的，即依恋关系中双方既会扮演依恋对象的角色，也会扮演依恋主体的角色，而手机依恋主要指人们对手机的依恋。相似之处在于：作为依恋对象，手机和人都有助于满足个体的多种心理需要。

4. 手机依恋问卷共包含12个项目，主要分为三个维度，即安全型手机依恋、焦虑型手机依恋、回避型手机依恋，各维度均包含4个项目。手机依恋问卷的内部一致性信度、结构效度以及校标效度均符合测量学的要求，表明手机依恋问卷适用于评估中国大学生在使用手机的过程中对手机产生依恋的经验感受及行为表现。

5. 安全型人际依恋能够直接正向预测安全型手机依恋和焦虑型手机依恋，而不能直接预测回避型手机依恋。焦虑型人际依恋只能直接正向预测焦虑型手机依恋，而不能直接正向预测安全型手机依恋和回避型手机依恋。回避型人际依恋能直接正向预测安全型手机依恋和回避型手机依恋，而不能直接正向预测焦虑型手机依恋。焦虑型人际依恋能通过社会排斥和手机自我扩展的单独中介作用以及二者的链式中介作用正向预测安全型手机依恋和焦虑型手机依恋，而安全型人际依恋只能通过手机自我扩展的中介作用正向预测安全型手机依恋和焦虑型手机依恋。社会排斥及其与手机自我扩展的链式在安全型人际依恋与安全型手机依恋和焦虑型手机依恋的关系中均存在遮掩效应。由于遮掩效应存在，社会排斥和手机自我扩展在安全型人际依恋与安全型手机依恋和焦虑型手机依恋关系中的总间接效应均受到削弱，甚至不显著。回避型人际依恋能通过社会排斥和手机自我扩展的单独中介作用以及二者的链式中介作用正向预测安全型手机依恋，但只能通过手机自我扩展的单独中介作用及其与社会排斥的链式中介作用对回避型手机依恋产生影响。

第六节　理论意义及其对教育实践的启示

一　理论意义

本研究围绕手机依恋这一主题，对移动互联网时代人与手机的关系进行了较为系统的研究。第四—八章分别通过质性研究和行为实验法，对移动互联网时代人与手机的关系中所存在的行为及情绪特征是否符合依恋关系存在的四个标准（"趋近行为""分离焦虑""避风港"及"安全基地"）进行了探讨，不仅为手机依恋这一概念的提出奠定了基础，而且为揭示移动互联网时代人与手机的关系提供了新的视角，即人与手机的关系是依恋关系。这说明，手机作为移动互联网时代改变人们工作和生活方式的重要工具，已经被人们赋予了拟人化的身份，如虚拟伙伴（Fullwood 等，2017）。虽然手机作为非生命体不能对人的心理需要做出主动的回应或反馈，但随着手机功能的多样化发展，手机使用作为移动互联网时代人们的重要生存方式，在满足人们的多种心理需要中发挥着重要作用，使其成为人们依恋的对象。这也在一定程度上说明，人与手机之间关系的本质也属于"依恋"的范畴，且与其他物品依恋一样，在手机依恋中，人们依恋的不是手机本身，而是手机所具备的多种适应功能，如社交功能（Kardos等，2018）、娱乐功能（Tlhabano等，2013）等。

第九章揭示了手机依恋的内涵和结构，并在中国文化背景下编制了适用于中国大学生的手机依恋测评工具。手机依恋与人际依恋一样，存在安全型依恋、焦虑型依恋、回避型依恋。这说明，虽然手机的使用功能使个体都会对手机产生依恋，但由于手机使用经验不同，个体对手机所产生的依恋类型也会存在差异。这一结果提示研究者，人与手机的关系并不是简单的一元结构，为了深入揭示人与手机关系的本质，有必要基于特定的理论视角，对不同个体在手机使用过程中形成的特定的"人机关系"进行描述，这样才能更加接近移动互联网时代人与手机关系的本质。

第十章揭示了人际依恋与手机依恋的关系及其内在作用机制。结果表明，人际依恋的三种类型与手机依恋的三种类型并不是一一对应的关系。虽然在安全型人际依恋、焦虑型人际依恋、回避型人际依恋分别对安全型手机依恋、焦虑型手机依恋、回避型手机依恋的预测关系中表现出了依恋风格的"溢出效应"，即个体的人际依恋风格扩展到了其与手机的关系中，并形成了相应的手机依恋风格，但同样也呈现出了交叉预测的现象，即安全型人际依恋也能预测焦虑型手机依恋，焦虑型人际依恋和回避型人际依恋也能预测安全型手机依恋。这表明，虽然手机依恋与人际依恋存在一定关系，但手机依恋并不完全是人际依恋在人与手机关系中的扩展和延伸（Bodford等，2017）。

二 对教育实践的启示

人与"技术"的关系一直是人类进化或人类文明发展过程中的核心问题，从人类的祖先——类人猿从树上走下来，拿起石块或棍子进行狩猎的那一刻开始，人与"技术"的关系史便拉开了序幕。

石器时代，人类祖先利用石头打造的工具进行狩猎或农耕劳作获取食物，以石头工具为代表的"技术"提高了人类生存的可能性。铁器时代，人类利用原始的金属冶炼技术打造铁制工具开展各种劳作以解决温饱问题，以铁制工具为代表的"技术"改善了人类生活的质量。第一次科技革命后，人类进入了"以机器代替手工劳动"的时代；第二次科技革命后，人类进入了"电气化、自动化"的时代；第三次科技革命后，人类进入了"信息化"时代。在漫长的"技术"发展史中，人类的生产力和生产关系都在随着"技术"的发展发生着翻天覆地的变化，唯一不变的主旋律是人类与"技术"的关系日益密切。"技术"发展水平越来越高，给人类的生存和生活带来了诸多便利，同时，"技术"作为顶尖科学家智慧劳动的产物也变得越来越复杂，人类作为"技术"发展的受益者，在先进而复杂的"技术"面前，变得越来越渺小。"技术"使用也从"人尽皆知、人尽可用、人尽能用"的低知识背景时代，进入了"莫名其妙、不知所云、不知所能"的高知识背景时代。例如，面对传统的工具（如刀、人力车），我们在简单地观察过后就能知道某种工具的属性、构造、制作方法和用途，甚至可以动手仿制这一工具。而面对高科技工具，如计算机、手机等，即使我们认真阅读说明书或参加相关的技术培训，也不能完全了解某种工具的属性、构造、制作方法、功能及用途，更不可能动手仿制这一工具。

随着第三次科技革命的到来，人类在"技术"面前变得越来越渺小，传统的人类知识体系不足以支撑人类对信息科技革命产物（如计算机、手机、智能机器人）的理解和掌握。"技术"于人类而言变得越来越神秘，同时，"技术"以其强大而丰富的功能也迅速地渗透到了人类生活的方方面面，不仅催生了全球经济、政治及文化的重大变革，而且改变了人类的生存、生活及思维方式。人类在"技术"面前的"无知状态"和"技术"的迅猛渗透力，诱发了人类的"未知恐惧"，"技术威胁论"自此而生。小到"人类对电视的担忧"，大到"机器人占领世界"，"技术威胁"逐渐成为人类面对先进"技术"发展产物的第一反应。

本书所关注的手机，作为信息技术革命的产物，虽然给人类的工作和生活带来了诸多便利，改善了人类生活的质量，但其强大的功能和渗透力以及迅猛的普及速度也诱发了人类对这一信息科技产物的恐惧，"技术威胁论"也自然成为探讨"人与手机关系"的主旋律，手机成瘾这种描述人与手机关系的消极概念也成为研究者关注的焦点问题。然而正如前文所述，这种对人与手机关系的片面解读显然是不可取的。为了走出"技术威胁论"的阴影，我们首先要意识到，"技术威胁"源于人类对"技术"的未知恐惧以及人类在"技术"面前的低控制感。为了消除"未知恐惧"，我们要更加全面而深刻地认识人与手机的关系，并在此基础上，提升我们对手机的控制感。

本书基于传统的依恋理论视角，通过系列研究对人与手机的关系展开了深入探讨，不仅明晰了人与手机关系中存在依恋关系的依据以及手机依恋的基本内涵和结构，还编制了适用于中国大学生的手机依恋测量工具，并在此基础上对人际依恋与手机依恋之间的关系进行了探讨。研究发现，人们在手机使用过程中存在"趋近行为""分离焦虑""避风港"以及"安全基地"的依恋行为模式；人与手机的关系属于依恋关系，且存在安全型手机依恋、焦虑型手机依恋、回避型手机依恋三种风格；手机依恋风格是个体人际依恋风格、社会交往、手机使用经验共同作用的结果。因此，为了避免个体形成非安全型手机依恋，促进个体更好地利用手机为其工作及生活服务，形成安全型手机依恋。教育工作者、家长应在引导个体与他人建立或维持良好的依恋关系的同时，适度使用手机为自己的工作和生活服务，既要避免过度依赖手机，形成焦虑型手机依恋，产生手机成瘾（Asante，2018），也要避免为了逃避手机带来的负担感和束缚感而回避使用手机，给自己的生活和工作带来不便。具体可以从以下几个方面展开。

（一）正确看待人与手机的关系

1. 作为物品的手机与人的关系——物品依恋

作为物品的手机与人的依恋关系，即物品依恋，是指个体因安全感缺失、自我概念的扩展或延伸而对手机产生的一种认知或情感偏好。首先，早期研究者对"过渡物依恋"的研究表明，安全感的缺失是个体对"过渡物"产生情感依恋的心理基础（Litt，1986；李晓文，1991）。其次，根据自我延伸理论（Belk，1988），手机作为个体随身携带的私人物品具有一定的象征性功能（Xie 等，2016），其品牌、功能等属性均在一定程度上代表了个体的价值观和物质观，是个人自我概念的外化体现，也是个体自我概念的延伸。最后，根据自我扩展理论（Razmus 等，2017），手机作为潮流物品，其品牌、属性所传达的态度、价值观等核心概念内涵也是自我概念扩展的信息源。基于手机的自我概念延伸或扩展使得个体既将手机视为自我概念的延伸，也将手机视为构建自我概念的信息源，并因此对手机产生了一定的认知及情感偏好。

正确看待作为物品的手机与人的关系需要注意以下三点：（1）手机只是在依恋需要得不到满足时，个体为了弥补自身安全感的缺失，寻找的依恋对象的替代品。因此，在依恋需要得不到满足时，个体可以主动采取可行性措施，修复依恋关系，或与他人建立新的依恋关系，以弥补自身安全感的缺失，从而避免个体对作为物品的手机产生过度的认知及情感依恋。（2）手机所具有的某些属性是个体表达自我态度和价值观的一种途径，但并不是唯一途径。同时，手机作为个体自我概念的"代言人"具有诸多局限性，如片面性，即手机只能将自我概念中与手机属性相契合的某些成分表达出来。因此，个体应该认识到手机虽然具有一定的象征性功能，但并不能很好地传达个体的自我概念，从而避免依赖手机传达自身的态度及价值观。（3）虽然手机为个体自我概念的扩展提供了信息源，但这种信息源是干瘪而匮乏的。不同品牌的手机所具备的功能、属性以及营销概念所传达的态度和价值观是相对简单且有限的，而个体的自我概念扩展建构是复杂而深刻的,手机能够为自我概念的扩展建构提供浅表层的信息源,如社会地位,但无法满足个体自我概念扩展建构的所有信息需求。因此,个体可以有意识地将手机所传达的概念、态度及价值观扩展到自我概念中,但不能过度依赖手机进行自我概念的扩展建构。

2. 作为移动互联网接入设备的手机与人的关系

自第三次科技革命以来,信息技术及其产物(如互联网、计算机、手机等)作为人类历史上影响最为复杂且深远的工具已经渗透到了人类生存和生活的方方面面,且深刻地重塑了人类社会的政治、经济、文化形态。其中,手机作为信息技术产物的典型代表,已经成为人类日常工作和生活的必需品。以手机为接入设备的移动互联网更是以其突出的共享性、智能性和渗透性,深刻地改变了人们的精神及物质生活状态。

尤其是在全人类正奋起抗疫的疫情时代以及未来的后疫情时代,小到个人的"行程码""健康码",大到国家政府高效地应对公共突发事件,人类生活的各个角落(公共生活、职业生活、家庭生活)无不充斥着手机的影子,个体生活的"衣""食""住""行"无不为手机所渗透。从人类生活层面来看,首先,手机已经成为人类在公共空间里相互联系、相互影响的重要纽带,深刻地改变了人类的公共生活方式。例如,基于手机的移动网络社交深刻地改变了人类的社交形态,任何两个用户之间的"五度间隔"概率是99.6%,"四度间隔"的概率是92%。基于传统社交途径提出的"六度分隔理论"正逐渐为"四度分隔理论"所替代(Ugander等,2011)。其次,手机作为个体职业劳动的辅助工具正深刻地改变着人类的职业生活方式。手机以其强大的通信、办公功能极大地提高了职业办公效率。例如,各部门员工之间可以跨时间、地点的限制进行无障碍的沟通交流、高效的资源共享及分工协作,这不仅降低了企业的运营成本,而且提升了企业管理的时效性。最后,以手机为载体的沟通交流方式和休闲娱乐方式也深刻地改变着人类的家庭生活状态。

家庭成员之间可以通过手机进行异地视频对话，对维持家庭成员之间的情感联系具有积极意义。同时，家庭成员不恰当的手机使用，如坐在一起，各玩各的手机，也在一定程度上对家庭成员之间的互动质量产生了消极影响。从个体生活层面来看，个体可以利用基于手机的"虚拟穿搭"选择更适合自己的衣服，并利用手机购买衣服；个体可以利用手机订餐，并边用手机看视频、听音乐、看小说边用餐；个体可以利用基于手机的智能家居软件实现智能家居生活，也可以利用手机完成出行预订（包括酒店和车票）。

遗憾的是，手机作为移动互联网时代人类生活的必需品，虽给人类生活带来了诸多便利，但也对个体生理及心理发展产生了严重的消极影响，甚至消极影响更大。如前文所述，不恰当的手机使用不仅会导致个体的情绪适应不良，如导致抑郁、焦虑等情绪适应问题（Lian等，2021），而且能够对个体认知及行为适应产生消极影响，如降低个体的注意控制能力，诱发拖延行为（连帅磊等，2018）。因此，我们需要清晰地意识到，手机是把"双刃剑"。我们需要在利用手机服务于个体工作及生活的同时，避免过度依赖手机，也需要在消除手机对个体心理社会适应产生消极影响的同时，切忌"因噎废食"，避免回避或抵制使用手机。当我们不得不与手机这把"双刃剑"共舞的时候，为了更好地利用手机为我们的工作和生活服务，促进我们的身心健康发展，我们应有意识地与手机建立积极的"人机关系"。本书通过系列研究发现，人与手机之间既可能形成积极的关系模式，即安全型手机依恋，也可能形成消极的关系模式，即焦虑型手机依恋和回避型手机依恋。我们作为手机依恋的主体应有意识地将手机视为辅助我们日常工作或生活的工具，依赖手机并利用手机，维持我们的安全感，提高我们的工作效率，改善我们的物质及精神生活质量。但避免将注意力时时刻刻放在手机上；避免因手机不在身边或处于异常状态而坐立不安，无法集中注意力完成其他事情；也要避免将手机视为带给我们社交负载、束缚的"电子锁链"，因而回避手机，放弃手机给我们的工作或生活所带来的诸多便利。具体而言，我们需要做到以下几点：①安全型手机依恋的个体在有目的地利用手机为自己的工作及生活服务的同时，提升注意控制能力，避免注意力被手机的功能和内容"俘获"，从而陷入无意识的、习惯化的手机使用状态；避免"多任务加工"，在做其他事情时，将手机放在视野之外，避免一边做事一边玩手机；③焦虑型手机依恋的个体将手机信息铃声打开，降低个体错失消息的焦虑及恐惧情绪；利用手机为工作和生活服务，但避免过度依赖手机。④回避型手机依恋的个体将手机信息铃声关闭，在避免被打扰的同时，主动选择特定的时间段处理社交信息。

（二）学校层面的信息技术素养教育

手机作为信息技术革命的产物，其复杂性远远超过了普通用户的想象力，只有经过全面且系统的信息技术素养教育，普通用户才能更加全面地认识这一高度技术化的工具，并在此基础上更好地驾驭这一工具。

信息技术素养已经成为影响移动信息化时代个体工作、学习及生活质量的基本能力。信息技术素养作为一种综合能力，是信息技术相关能力的综合体现，包含信息意识、计算思维、数字化学习与创新、信息社会责任四种成分。其中，信息意识是指个体对网络信息的敏感度以及对信息价值的判断力；计算思维是指个体将计算机科学领域的思维方法用于问题解决过程、形成问题解决方案的一系列思维活动；数字化学习与创新是指个体在评估和筛选数字化资源和工具的基础上，运用数字化资源或工具管理学习资源和学习过程，并创造性地解决学习问题或学习任务、形成新作品的能力；信息社会责任是指信息社会中个体在文化修养、道德规范和行为自律等方面应尽的责任。学校通过开设信息技术素养课程，提升学生的信息意识、信息社会责任意识、计算思维能力和数字化学习与创新能力。具体而言：（1）提升学生对手机基础功能的利用能力。全面掌握搜索引擎的功能及搜索技巧，了解信息管理工具和个人管理工具的功能及用途。（2）提升学生对信息的分辨及识别能力，并培养学生的手机用户责任意识，如不传谣，不参与网络欺负或网络攻击行为。（3）在培养学生的隐私保护意识及能力的基础上，塑造学生的互联网共享精神。这不仅有助于青少年或大学生正确看待其在手机使用过程中所接触到的网络信息，避免手机不良信息给个体带来的消极影响，也有助于塑造个体利用手机为其心理及社会生活服务的意识，避免过度沉迷手机或回避抵制手机，为建立安全型手机依恋关系奠定基础。

此外，学校应在加强对学生的信息技术教育的同时，重点强调手机在学习及日常生活中的功能及积极作用，提升青少年或大学生利用手机为其学习和生活服务的能力，进而促进个体与手机建立积极的关系模式，即安全型手机依恋关系。首先，普及利用手机进行学习的方法和途径，培养青少年及大学生利用手机进行学习的意识，提升其利用手机为其学习服务的能力。不同课程的任课教师可以在教学过程中，讲解如何利用手机学习本门课程的相关知识。学生可以以班级为单位开展利用手机进行学习的方法及途径的经验分享及讨论。其次，引导青少年或大学生利用手机与家人、同学、朋友建立并维持良好的依恋关系，以满足其依恋需要，提升其心理安全感，进而避免将安全感建立在手机上。具体而言：（1）引导大学生利用手机定期与异地的父母、同学、朋友进行沟通交流，建立并维持良好的依恋关系；（2）鼓励青少年或大学生既进行积极的自我呈现以塑造积极的自我形象，也鼓励其进行真实的自我呈现以提升其获得情感社会支持的可能性，以此提升其心理安全感；（3）在手机使用过程中，充分认识他人自我呈现的积极化偏向，避免与他人进行社会比较，以避免"优秀他人"对个体情绪及自我评价的消极影响。最后，引导青少年或大学生合理利用手机进行适当的休闲娱乐、购物及出行预订，改善其生活质量；同时引导其避免过度依赖手机或将手机视为逃避现实的工具和途径。

（三）学校层面的心理素质教育

学校应通过开设多种形式的心理健康教育课程，从个体人格特质、情绪适应、人际适应及自我概念发展四个视角，提升学生的心理素质及心理调适能力，降低学生因逃避消极心理及生活状态而沉迷手机、与手机建立焦虑型依恋关系的可能性。

首先，个体人格特质方面。以往研究认为，消极的人格特质是导致个体产生非适应性手机使用（焦虑型手机依恋或回避型手机依恋）的重要诱因之一，而积极的人格特质则会降低个体产生非适应性手机使用行为的可能性（安全型手机依恋）。例如，研究发现，正念、自我控制作为积极的个体人格特质能够提升个体对手机使用行为的觉知，并在此基础上提升个体对手机使用行为的有效控制，进而避免个体产生非适应性手机使用行为（杨秀娟等，2021；张秀阁等，2019）。相反，无聊倾向（童媛添等，2019；张亚利等，2019）、自我隐瞒（詹启生、许俊，2020）、完美主义（刘桂荣等，2020）、述情障碍（黄明明、赵守盈，2020）、特质拖延（杨晓凡等，2020）、物质主义（李放，2021）等消极人格特质则会诱发个体的非适应性手机使用行为。因此，以心理健康课程为抓手的学校层面的心理素质教育应着重培养或塑造学生的正念、自我控制等积极人格特质，并通过心理咨询、团体辅导等心理健康教育手段矫正学生的消极人格特质，如特质拖延、述情障碍等。例如，通过正念训练课程提升学生的特质正念水平；通过情绪表达训练课程降低学生的述情障碍；通过时间管理能力训练课程及行为管理课程缓解学生的特质拖延；通过引导学生建立良好的人际关系提升学生获取社会支持的能力，进而降低学生的自我隐瞒水平。

其次，情绪适应方面。以往研究认为，情绪适应问题能够诱发个体的非适应性手机使用行为（焦虑型手机依恋和回避型手机依恋），良好的情绪适应指标则有助于缓解个体的非适应性手机使用。研究发现，孤独感（张亚利等，2020；高峰强等，2017；李丽等，2016）、情绪调节困难（叶宝娟等，2017）、错失恐惧（韩玲玲等，2019）、压力（秦鹏飞等，2020）、社交焦虑（黄凤等，2021）、自我调节疲劳（王财玉等，2021）等情绪适应问题均能够诱发个体的行为适应不良（非适应性手机适应）。相反，安全感（吴茜玲等，2019）、生命意义感（张秀阁等，2019）则有助于降低个体产生非适应性手机使用行为的可能性。因此，学校层面的心理素质教育应聚焦于培养学生的情绪智力，在引导学生正确面对压力的同时，通过情绪管理训练课程提升学生认识情绪、调节情绪的能力。例如，通过训练学生建立或维持人际关系的能力，降低个体产生孤独感的可能性；通过情绪调节方法的训练提升学生的情绪调节能力；通过社交训练降低个体的社交焦虑。

再次，人际适应方面，以往研究发现，人际适应性（张亚利等，2017）、社交回避（张雪凤等，2018；吴茜玲等，2019）等人际适应问题也是导致个体沉迷手机的重要原因。当个体无法与其他人建立或维持良好的人际关系时，或个体缺乏必要的社交技能时，个体会依赖手机进行社交，并因此沉迷基于手机的网络社交，如社交网站成瘾。本书第十章的研究也发现，人际依恋能够预测个体的手机依恋。因此，学校层面的心理素质教育应注重培养学生的社交能力，降低学生对手机这一社交工具的依赖性。进入学龄阶段后，学校是个体建立或维持人际关系的重要场所，尤其是进入大学以后，学生的人际关系越来越复杂，社会交往过程中产生人际关系问题（如宿舍人际关系、恋爱关系问题）的可能性也更高。因此，学校层面的心理素质培养，应从小学阶段开始培养学生的社交能力，促进学生与他人建立或维持良好的人际关系；同时强调手机只是人际沟通交流的备选工具，绝不能替代也无法替代面对面的人际互动。

最后，自我概念方面。研究发现，自我概念清晰性和自尊也是非适应性手机使用的重要预测因素（丁倩等，2020；李放等，2019）。因此，学校层面的心理素质教育应在心理健康课或其他课程实施的过程中注重培养学生辩证地认识自我的能力，同时培养学生的自尊心和自信心，促进学生对自身形成积极的自我评价。

（四）家庭层面的言传身教

家庭教育作为教育的起点，对个体个性特质、情绪适应能力、人际适应能力、自我概念、行为适应能力的发生和发展均起到了决定性的作用。个体在与家庭成员进行交流互动的过程中不仅习得了父母等重要他人的个性特征，也学会了父母等重要他人的情绪调节策略、人际交往技巧、行为习惯以及自我评价方式。良好的家庭教育环境不仅有助于塑造个体的积极人格特质，而且有助于个体情绪适应能力、人际适应能力、行为适应能力及自我概念的优化发展。相反，消极的家庭教育环境则会使个体形成消极的人格特质，并阻碍个体情绪适应能力、人际适应能力、行为适应能力及自我概念的发展，甚至导致情绪障碍、行为问题、人际适应不良、消极的自我概念等心理问题。如前所述，个体的消极人格特质、情绪适应问题、人际适应问题、自我概念发展问题均会诱发非适应性手机使用。因此，为了彻底铲除非适应性手机使用的土壤，父母及其他抚养者作为孩子的第一任老师，应该以身作则，培养孩子积极的心理品质。第一，父母及其他抚养者应有意识地塑造孩子积极健康的人格特质，如自我控制、正念、乐观、意志控制、责任心、宜人性等。第二，父母及其他抚养者应重视孩子情绪智力的发展，有针对性地培养孩子应对压力和挫折的能力，并在此基础上教会孩子健康的情绪调节策略和方法，以提升其情绪调节能力。第三，父母及其他抚养者作为孩子最原始的社交对象，应有意识地培养孩子的社交技能，不仅要教会孩子如何正确地与他人建立或维持良好的人际关系的方法和技巧，还要教会孩子解决人际关系问题的策略和方法。第四，自我意识是孩子在与父母或其他抚养者社交互动的过程中逐渐形成的，父母或其他抚养者有责任也有能力通过调整自己对孩子的评价策略及评价结果进而塑造孩子的自我评价模式，使孩子对自我有清晰的认识，并促使孩子形成积极的自我评价。

此外，以往研究发现，父母低头（丁倩等，2018）、童年心理虐待（李羽萱等，2019）、粗暴养育（魏华等，2021；祁迪等，2020）、父母冲突（卿再花等，2017）、童年期心理忽视（朱丽娟等，2021）、手机相关的父母教养行为（马榕梓等，2021）、主观社会经济地位（何安明等，2021）、父母监控（丁倩等，2019）等家庭环境因素是影响个体手机使用行为及问题的关键因素。因此，家庭教育可以从以下几个方面塑造孩子的手机使用行为，使其与手机建立安全型依恋关系。首先，研究发现，父母的低头行为是孩子沉迷手机的重要诱因。因此，父母应以身作则，与手机建立积极健康的关系模式，即安全型手机依恋关系，以此降低孩子沉迷手机的可能性，促进孩子与手机建立安全型依恋关系。其次，父母对孩子的心理虐待、粗暴养育以及心理忽视能够正向预测孩子的非适应性手机使用行为。因此，为了降低孩子与手机建立非安全型依恋关系的可能性，父母应调整教养态度及行为，避免心理虐待及忽视，更要杜绝粗暴养育行为，以此促进孩子的心理健康发展，降低孩子将手机作为其满足个体心理需要的工具或途径，进而避免孩子与手机建立焦虑型或回避型依恋关系。最后，父母监控有助于培养孩子良好的手机使用习惯。因此，父母对孩子的手机使用采取必要的监控措施有助于孩子与手机建立良好的依恋关系。本书第十章的研究也揭示了人际依恋与手机依恋的密切关系。作为个体依恋模式的根源，亲子依恋关系中的自我模式和他人模式对个体与他人（同伴或伴侣）以及事物（如过渡物、手机、宠物）形成什么样的依恋关系起着决定性作用。因此，父母应该有意识地与孩子建立安全型依恋关系，不仅要对孩子的心理需要敏感，而且要给予孩子及时的高质量的回应，为孩子打造高质量的避风港和安全基地，帮助孩子应对消极情绪，促进孩子积极的自由探索。

（五）自我层面的行为塑造

自我教育是个体在自我认识和自我评价的基础上，设定自我目标，并通过自我监督、自我控制和自我调节实现自我目标、重塑自我的过程（纪德奎、蒙继元，2016）。随着信息技术的发展，互联网为个体获取学习资源创造了良好条件，使得自我教育逐渐成为个体心理发展的最大驱动力。具备良好的自我教育能力的个体会在客观而全面的自我认识或自我评价的基础上，辩证地看待自己的优势与不足，并通过网络学习相关知识与技能，从而弥补自身不足，重塑自我，实现个体的优化发展。随着手机的普及，手机作为一把"双刃剑"，既为个体的工作和生活带来了诸多便利，促进了个体情绪及行为的健康发展，也对个体的心理社会适应产生了严重的消极影响。因此，如何合理地使用手机为个体的工作及生活服务、促进个体心理及行为健康发展已成为个体自我教育的重要内容。个体不仅可以通过自我教育调整手机使用习惯，而且可以通过自我教育与手机建立安全型依恋关系或适应性"人机关系"，以此避免手机可能对个体心理发展产生的消极影响，促进手机对个体心理的积极效益的最大化。

　　首先，全面而客观的自我意识和自我评价是自我教育得以优化自我发展的基础。面对手机，个体应有意识地评估自己与手机的关系，对手机使用给个体工作和生活带来的积极效应和潜在风险有清晰的认识。其次，设定自我目标，并通过自我监督、自我控制和自我调节实现自我目标、重塑自我是自我教育的重要内容。在探明自己与手机的关系模式的基础上，设定重塑手机使用习惯的目标，如与手机建立安全型依恋关系，并通过多种手段监控自己的手机使用行为，控制习惯性手机使用的时间和频率，觉察并调整自己的手机使用模式，以此优化自己与手机的关系模式。具体而言，手机使用模式的自我教育可以包含以下步骤：①个体采用手机依恋问卷对自身的手机依恋类型进行评估，以深入了解自己与手机的关系模式；②设定构建安全型手机依恋关系的目标；③监控自己的手机使用行为，包括手机使用目的、手机使用时间、手机使用效果评估；④通过正念训练，提升手机使用的自我意识性，减少习惯化手机使用的时间和频率，即时刻觉察手机使用的目的，避免无意识的手机使用，如漫无目的地刷短视频或社交网站；⑤全面认识自己的手机使用模式，即哪些情况下自己会特别想使用手机，哪些情况下自己会长时间使用手机，哪些情况下自己会有目的地使用手机，哪些情况下自己会漫无目的地玩手机，等等；⑥在觉察自己的手机使用模式的基础上，调整自己的手机使用习惯，降低不必要的手机使用，避免对手机的过度依赖。

第七节　创新和不足之处

一　特色与创新

第一，在研究主题上，本研究在移动互联网时代背景下，从发展心理学的核心研究主题——依恋这一视角，对信息时代人与手机之间的关系进行了探讨，揭示了人与手机关系中可能存在的关系模式，即手机依恋。该主题的研究不仅有助于加深我们对"手机在人类的生存发展中扮演着什么角色"这一问题的认识，而且能够促进我们对人与手机之间关系的本质、内涵、结构的理解，并有利于我们更加全面、深入地看待人际依恋风格在移动互联网时代个体与手机关系的建立与发展中的作用及内在机制。这一主题有一定的理论价值，即启示我们从"人机关系"的视角看待移动互联网时代人的"三大关系问题"［人与自己的关系、人与他人的关系及人与自然（物品）的关系］，具有广阔的研究空间。

具体而言，人与人的关系、人与自我的关系以及人与自然的关系是人类所面临的三大问题，也是哲学、社会科学、心理学领域研究者关注的核心话题，对人类的生存发展、人类文明的进步均具有重要意义。随着移动互联网时代的到来，人与移动信息技术的关系逐渐成为"三大关系"的集中体现。从移动互联网社交来看，技术在人与人的关系中扮演着重要角色，技术将人与人的关系扩展到了基于移动互联网的"第三空间"中，因此，人与技术的关系可能是人与人的关系在移动互联网技术使用过程中的延伸或扩展。从移动互联网中的自我概念延伸或扩展来看，技术对人与自我的关系也具有重要影响，其不仅改变了人与自我相处的方式，而且扩展了人与自我关系的内涵，即人与自我关系不仅包含人与现实自我的关系，还包含人与网络自我的关系。物品是技术得以体现的重要载体，人与技术的关系在一定程度上扩展了人与自然（物品）的关系，即人与技术的关系是人与自然关系的重要组成部分，这将人与自然的关系从物理世界扩展到了基于互联网的虚拟世界。如前所述，依恋理论不仅是揭示人与人、人与自我、人与物品等关系的重要理论视角，而且有助于我们更加全面地认识人与人、人与其他事物之间的关系。因此，在移动互联网时代背景下，聚焦于手机这一移动信息技术的重要载体，从依恋理论视角探讨人与手机关系的本质，不仅能为我们揭示人与技术之间的关系提供新的理论视角，而且有助于将依恋理论的适用范围扩展到人与技术的关系中。此外，如前所述，人与技术的关系是人类所面临的"三大关系"问题的集中体现，探讨移动互联网时代人与手机关系的本质——手机依恋，对深入了解移动互联网时代人的"三大关系"具有重要意义。

第二，在研究方法上，目前探讨移动互联网时代人与手机之间关系的研究，多停留在现象描述、理论推演层面上，这使得以往描述"人机关系"的概念具有片面性（如手机成瘾）或仅仅建立在理论推演的基础上，这些概念犹如无本之木，无源之水，如"手机依恋"。本研究采用以往研究中涉及的"手机依恋"的概念，更加全面地描述了"人与手机"关系的本质，而且采用实证研究的思路，为"手机依恋"这一概念的提出奠定了实证基础，并考察了人际依恋与手机依恋之间的关系，进一步推进了"人机关系"的研究。

第三，本研究从传统依恋理论出发，结合质性研究、量化研究的方法，围绕移动互联网时代人与手机的关系展开了一系列研究。研究不仅明晰了"人机关系"存在的行为及情绪特征，为判定"人机关系"中存在依恋关系提供了佐证，而且揭示了手机依恋的基本内涵和结构，编制了适用于中国大学生的手机依恋测评工具，并从传统的依恋理论、自我决定理论、自我扩展理论视角探讨了移动互联网时代人际依恋与手机依恋之间的关系及内在作用机制。这不仅促进了我们对移动互联网时代"人机关系"的深入理解，也为后续相关研究奠定了理论基础。

第四，在理论层面，本研究在传统依恋理论的基础上，结合以往研究中探讨人与手机之间关系的研究结果，为手机依恋这一概念的提出提供了佐证，并对手机依恋与人际依恋之间的关系进行了探讨。本研究结果指出，手机依恋不仅仅是人际依恋在"人机关系"中的延伸，即虽然人际依恋风格在"人机关系"中存在一定的"溢出效应"，但也存在交叉预测的效应。这不仅整合了有关依恋风格与手机使用之间关系的研究，拓展了依恋理论的应用范围，而且推进了我们对移动互联网时代人与手机关系本质的认识。

二 不足与展望

第一，被试的代表性和年龄范围。首先，本研究采用方便取样法，被试主要来自湖北、四川、浙江、河南、山东的多所高校，虽然涵盖了我国的多个省份，样本具有一定的代表性，但由于受到样本量的局限，研究结果的进一步推广需慎重对待。其次，从研究的可行性出发，本研究的被试以大学生为主，这在一定程度上缩小了"移动互联网时代人与手机之间的关系"这一现象的范围。随着年龄的发展变化，个体的手机使用经历和体验也不同，人与手机之间的关系也处于不断发展变化之中。例如，国外相关研究表明，与老年人相比，年轻人更容易对手机产生依恋（Cushing，2012）。因此，未来研究应关注不同年龄段群体的手机依恋，以更加全面地揭示移动互联网时代人与手机之间关系的本质。

第二，在考察基于手机情景的依恋安全启动对个体自我评价的影响时，本研究仅考察了不同情景图片对个体内隐自尊中认知成分的影响，而忽略了内隐自尊中的情感成分。鉴于依恋启动可能具有更强的情绪效应，因此未来研究需进一步考察基于手机情景的图片对个体内隐自尊中情绪成分的启动效应。此外，由于研究采用前后测内隐自尊之间的差值作为不同情景图片对自我评价的启动效应的指标，这一过程中可能会存在练习效应，未来研究应进一步设计巧妙的实验，将两种效应分离出来，以更加精确地考察不同情景图片的启动效应。同时，未来研究应采用 fMRI 等认知神经实验方法，探讨人与手机关系中存在依恋关系的实证基础。

第三，本研究主要采用横断研究对人际依恋与手机依恋的关系及其内在作用机制进行了考察，未来研究应采用纵向研究设计对变化中的人际依恋与手机依恋之间的关系进行考察，以进一步揭示人际依恋风格与手机依恋风格之间的因果链。

第四，在对人际依恋与手机依恋之间关系及内在作用机制的探讨中，没有关注其中可能存在的个体差异，如不同年龄群体的差异、不同手机使用偏好的差异等。此外，手机作为移动互联网时代人们随身携带的物品，手机依恋也可能是建立在物品依恋的基础上的，因此，在考察人际依恋与手机依恋之间的关系时应纳入物品依恋作为控制变量或调节变量，以更加深入地了解人际依恋、物品依恋与手机依恋之间的关系及其内在作用机制。

参考文献

马克思、恩格斯：《马克思恩格斯选集》，中国广播电视出版社 1992 年版。

蔡华俭：《内隐自尊效应及内隐自尊与外显自尊的关系》，《心理学报》2003 年第 6 期。

陈奕曼：《跨文化交际中拉近面子距离的策略研究》，《重庆三峡学院学报》2012 年第 1 期。

程艳丽：《小学高年级儿童宠物依恋对亲社会行为的影响——社会支持与孤独感的多重中介作用》，硕士学位论文，河南大学，2016 年。

戴姜：《基于心流体验理论的儿童虚拟社区研究》，硕士学位论文，西南财经大学，2011 年。

丁倩、孔令龙、张永欣、周宗奎、胡伟：《父母"低头族"与初中生手机成瘾的交叉滞后分析》，《中国临床心理学杂志》2018 年第 5 期。

丁倩、王兆琪、张永欣：《自尊与手机成瘾：错失恐惧和问题性社交网络使用的序列中介作用》，《中国临床心理学杂志》2020 年第 6 期。

丁倩、张永欣、周宗奎：《父母低头族与中学生手机成瘾的关系：父母监控的调节作用》，《中国特殊教育》2019 年第 1 期。

丁倩、周宗奎、张永欣、魏华、熊婕：《定制、沉浸感对网络游戏忠诚的影响：基于玩家的视角》，《心理与行为研究》2018 年第

2 期。

高峰强、张雪凤、耿靖宇、胥兴安、韩磊：《孤独感对手机成瘾的影响：安全感与沉浸的中介作用》，《中国特殊教育》2017 年第 7 期。

郭海辉、韦小满、赵守盈、金童林：《中文版数据囤积行为问卷测评大学生群体的信度与效度》，《中国临床心理学杂志》2020 年第 3 期。

郭薇、陈旭、杨楠：《安全基地启动及其脑机制》，《心理发展与教育》2011 年第 5 期。

韩玲玲、刘爱书、肖曼曼：《大学生错失恐惧对手机成瘾倾向的影响：学习方式的中介作用》，《中国特殊教育》2019 年 12 期。

韩元花：《安全基地对病理性网络使用大学生的情绪启动效应》，硕士学位论文，河南大学，2013 年。

何安明、闫永田、惠秋平：《主观社会经济地位对中学生智能手机成瘾的影响：感恩的调节作用》，《中国临床心理学杂志》2021 年第 3 期。

衡书鹏、周宗奎、雷玉菊、牛更枫：《现实—理想自我差异对青少年游戏成瘾的影响：化身认同和沉浸感的序列中介作用》，《心理与行为研究》2018 年第 2 期。

侯静：《依恋理论与社会网络理论的进展》，《心理发展与教育》2008 年第 1 期。

黄凤、郭锋、丁倩、洪建中：《社交焦虑对大学生手机成瘾的影响：认知失败和情绪调节自我效能感的作用》，《中国临床心理学杂志》2021 年第 1 期。

黄明明、赵守盈：《述情障碍对大学生手机成瘾倾向的影响：孤独感与正念的作用》，《心理与行为研究》2020 年第 5 期。

纪德奎、蒙继元：《自我教育：内涵发展与时代意蕴》，《当代教育与文化》2016 年第 5 期。

姜岩、董大海：《品牌依恋的概念架构及其理论发展》，《心理科学进展》2008 年第 4 期。

琚晓燕、刘宣文、方晓义:《青少年父母、同伴依恋与社会适应性的关系》,《心理发展与教育》2011 年第 2 期。

雷玉菊、张晨艳、牛更枫、童媛添、田媛、周宗奎:《网络社会排斥对抑郁的影响:一个有调节的中介效应模型》,《心理科学》2018 年第 1 期。

李放、王琴瑶、钟林鹏、郑雪、武碧云:《大学生自我概念清晰性与智能手机成瘾的关系:自尊与社交焦虑的中介作用》,《中国临床心理学杂志》2019 年第 5 期。

李放:《物质主义对大学生智能手机成瘾的影响:自主需要满足及社交焦虑的中介机制》,《中国临床心理学杂志》2021 年第 1 期。

李丽、梅松丽、牛志民、宋玉婷:《大学生孤独感和睡眠质量的关系:智能手机成瘾的中介作用及性别的调节作用》,《中国临床心理学杂志》2016 年第 2 期。

李晓敏、辛铁钢、张琳钰、杜玉凤、刘勇、姜永志:《中学生无聊倾向自我控制与手机成瘾的关系》,《中国学校卫生》2016 年第 10 期。

李晓明、谢佳:《偶然情绪对延迟选择的影响机制》,《心理学报》2012 年第 12 期。

李晓文:《儿童"过渡物"依恋现象研究概观》,《心理科学》1991 年第 2 期。

李羽萱、柴晓运、刘勤学、林丹华:《童年期心理虐待经历与大学生手机成瘾:自尊和心理弹性的作用》,《中国临床心理学杂志》2019 年第 3 期。

李志勇、吴明证、陈明:《成人依恋与个体真实性的关系:拒绝敏感性与自尊的链式中介效应》,《中国临床心理学杂志》2019 年第 1 期。

连帅磊、刘庆奇、孙晓军、周宗奎:《手机成瘾与大学生拖延行为的关系:有调节的中介效应分析》,《心理发展与教育》2018 年第

5 期。

连帅磊、孙晓军、田媛、闫景蕾、牛更枫、童媛添：《青少年同伴依恋对抑郁的影响：朋友社会支持和自尊的中介作用》，《心理科学》2016 年第 5 期。

连帅磊、田媛、孙晓军、张晨艳：《主动性社交网站使用与青少年友谊质量的关系：积极反馈和人际不确定性的中介作用》，《心理与行为研究》2017 年第 2 期。

廖慧云、钟云辉、王冉冉、唐宏：《大学生手机成瘾倾向、自尊及羞怯与人际关系困扰的关系》，《中国临床心理学杂志》2016 年第 5 期。

林悦、刘勤学、邓寒、李羽萱、丁凯旋：《智能手机成瘾者的注意执行控制功能：心智游移的作用》，《心理发展与教育》2018 年第 3 期。

刘露：《碎片化阅读及相关概念辨析》，《新世纪图书馆》2017 年第 11 期。

刘桂荣、滕秀芹、王孟成：《大学生完美主义、学业拖延与手机成瘾的关系：有调节的中介模型》，《中国特殊教育》2020 年第 9 期。

刘靖东、钟伯光、姒刚彦：《自我决定理论在中国人人群的应用》，《心理科学进展》2013 年第 10 期。

刘勤学、杨燕、林悦、余思、周宗奎：《智能手机成瘾：概念、测量及影响因素》，《中国临床心理学杂志》2017 年第 1 期。

刘庆奇、牛更枫、范翠英、周宗奎：《被动性社交网站使用与自尊和自我概念清晰性：有调节的中介模型》，《心理学报》2017 年第 1 期。

刘庆奇、周宗奎、牛更枫、范翠英：《手机成瘾与青少年睡眠质量：中介与调节作用分析》，《心理学报》2017 年第 12 期。

马惠霞、宋英杰、刘瑞凝、朱雅丽、杨琼、郝胤庭：《情绪的动机维度对趋避行为的影响》，《心理科学》2016 年第 5 期。

马榕梓、蒙浩然、阎丽丽、陈妤、曹洪健、周楠、邓林园、张锦涛：

《手机相关的父母教养行为与青少年手机成瘾：一项全国性调查》，《心理与行为研究》2021 年第 2 期。

马原啸、冉光明、陈旭：《不安全依恋者注意偏向的形成机制及神经基础》，《心理科学进展》2016 年第 3 期。

牛更枫、鲍娜、范翠英、周宗奎、孔繁昌、孙晓军：《社交网站中的自我呈现对自尊的影响：社会支持的中介作用》，《心理科学》2015 年第 5 期。

牛更枫、鲍娜、周宗奎、范翠英、孔繁昌、孙晓军：《社交网站中的自我呈现对生活满意度的影响：积极情绪和社会支持的作用》，《心理发展与教育》2015 年第 5 期。

牛更枫、孙晓军、周宗奎、孔繁昌、范翠英、魏华：《网络相关文字刺激和压力对网络成瘾者线索诱发渴求的影响》，《心理发展与教育》2016 年第 4 期。

牛更枫：《网络成瘾者的上网渴求研究》，硕士学位论文，华中师范大学，2014 年。

潘琼：《用户贡献内容：数字化时代的自我延伸》，《新闻界》，2016 年第 24 期。

祁迪、林悦、刘勤学：《"打"出来的手机成瘾？父母粗暴养育对青少年智能手机成瘾的作用》，《心理发展与教育》2020 年第 6 期。

钱建伟、Law R：《"互联网＋"时代的旅游业巨变》，《旅游学刊》2016 年第 6 期。

秦鹏飞、赵守盈、李大林、黄明明、刘国庆：《压力知觉对大学生手机成瘾的影响：自我控制和学习倦怠的序列中介效应》，《心理科学》2020 年第 5 期。

卿再花、吴彩虹、曹建平、刘小群、邱小艳：《父母冲突对大学生手机成瘾的影响：认知评价与孤独感的链式中介作用》，《中国临床心理学杂志》2017 年第 6 期。

童媛添、连帅磊、孙晓军、邱晓雯：《无聊倾向对手机成瘾的影响：有调节的中介效应分析》，《中国临床心理学杂志》2019 年第

6 期。

汪向东、王马：《心理卫生评定量表手册》增订版，中国心理卫生杂志社 1999 年版。

王财玉、雷雳、乔雪：《愉悦追求在自我调节疲劳与大学生智能手机成瘾之间的中介作用：自然联结的调节作用》，《心理发展与教育》2021 年第 4 期。

王斐、苗冬青、许燕：《安全基地启动对非安全依恋者的效应》，《中国特殊教育》2016 年第 8 期。

王益蓉：《中国民航飞行学院飞行人员干眼症影响因素分析》，《中国职业医学》2017 年第 5 期。

王玉龙、姚明：《挫折情境对不同心理弹性大学生情绪的影响：积极音乐的作用》，《心理研究》2015 年第 3 期。

王争艳、刘迎泽、杨叶：《依恋内部工作模式的研究》概述及探讨，《心理科学进展》2005 年第 5 期。

王争艳、杨叶、汪斌：《依恋内部工作模式的社会认知研究》，《心理科学进展》2006 年第 6 期。

魏华、周宗奎、牛更枫、何灿：《定制、角色依恋和网络游戏忠诚的关系研究》，《心理科学》2014 年第 2 期。

魏华、朱丽月、陈武、刘元、张贤：《粗暴养育对手机成瘾的影响：体验回避模型的视角》，《中国临床心理学杂志》2021 年第 3 期。

温忠麟、叶宝娟：《中介效应分析：方法和模型发展》，《心理科学进展》2014 年第 5 期。

吴惠君、孙靓樱、张姝玥：《大学生社会排斥类型初探》，《中国健康心理学杂志》，2013 年第 7 期。

吴丽敏、黄震方、王坤、张郴：《国内外旅游地地方依恋研究综述》，《热带地理》2015 年第 2 期。

吴茜玲、罗娇、白纪云、侯木兰、李霞：《大学生安全感对手机成瘾的影响：回避现实社交的中介作用》，《心理发展与教育》2019 年第 5 期。

吴薇莉、方莉:《成人依恋测量研究》,《中国临床心理学杂志》2004年第2期。

熊红星、张璟、叶宝娟、郑雪、孙配贞:《共同方法变异的影响及其统计控制途径的模型分析》,《心理科学进展》2012年第5期。

闫景蕾:《童年创伤对大学生恋爱满意度的影响:自尊与感知伴侣应答的序列中介作用》,硕士学位论文,武汉体育学院,2017年。

杨丽玲:《幼儿园中的"过渡物"依恋研究》,硕士学位论文,华南师范大学,2010年。

杨晓凡、李秀芳、胡平:《特质拖延与手机成瘾:负性情绪体验的中介作用》,《中国临床心理学杂志》2020年第6期。

杨秀娟、范翠英、周宗奎、刘庆奇、连帅磊:《正念与手机成瘾倾向的关系:无聊倾向和未来时间洞察力的作用》,《心理发展与教育》2021年第3期。

叶宝娟、方小婷、杨强、郑清、刘林林、郭少阳:《情绪调节困难对大学生手机成瘾的影响:相貌负面身体自我和社交回避与苦恼的链式中介作用》,《心理发展与教育》2017年第2期。

于婷婷、刘一帆:《智能手机使用对"90后"大学生生活方式的影响研究》,《新闻大学》2016年第4期。

詹启生、许俊:《自我隐瞒与大学生手机成瘾的关系:反向自尊和心理压力的中介作用》,《中国特殊教育》2020年第2期。

张春兴:《张氏心理学辞典》,上海辞书出版社1992年版。

张冬静、周宗奎、雷玉菊、牛更枫、朱晓伟、谢笑春:《神经质人格与大学生网络小说成瘾关系:叙事传输和沉浸感的中介作用》,《心理科学》2017年第5期。

张国华、伍亚娜、雷雳:《青少年的同伴依恋、网络游戏偏好与"网络成瘾"的关系》,《中国临床心理学杂志》2009年第3期。

张立荣、管益杰、王詠:《品牌至爱的概念及其发展》,《心理科学进展》2007年第5期。

张陆、卞玉薇、王雅丽、游志麒:《社交焦虑对手机成瘾的影响:公正世界信念的缓冲作用》，《中国特殊教育》2018 年第 1 期。

张茂杨、彭小凡、胡朝兵、张兴瑜：《宠物与人类的关系：心理学视角的探讨》，《心理科学进展》2015 年第 1 期。

张秀阁、秦婕、黄文玉：《大学生生命意义感与手机成瘾倾向的关系：自我控制的中介作用》，《心理与行为研究》2019 年第 4 期。

张雪凤、高峰强、耿靖宇、王一媚、韩磊：《社交回避与苦恼对手机成瘾的影响：孤独感、安全感和沉浸的多重中介效应》，《中国临床心理学杂志》2018 年第 3 期。

张亚利、李森、俞国良：《大学生无聊倾向与认知失败的关系：手机成瘾倾向的中介作用及其在独生与非独生群体间的差异》，《心理发展与教育》2019 年第 3 期。

张亚利、李森、俞国良：《孤独感和手机成瘾的关系：一项元分析》，《心理科学进展》2020 年第 11 期。

张亚利、陆桂芝、刘艳丽、周扬：《大学生自我认同感在人际适应性与手机成瘾倾向间的中介作用》，《中国心理卫生杂志》2017 年第 7 期。

赵胜民、刘笑天：《互联网金融影响了商业银行的非利息收入吗》，《当代财经》2018 年第 2 期。

郑日昌、傅纳、Headey B.：《宠物犬对"空巢父母"身心健康影响的研究》，《心理科学》2005 年第 6 期。

钟歆、刘聚红、陈旭：《青少年同伴依恋：基于发展的视角》，《心理科学进展》2014 年第 7 期。

周春燕、黄希庭：《成人依恋表征与婚恋依恋》，《心理科学进展》2004 年第 2 期。

周浩、龙立荣：《共同方法偏差的统计检验与控制方法》，《心理科学进展》2004 年第 6 期。

周宗奎、连帅磊、田媛、牛更枫、孙晓军：《社交网站使用与青少年生活满意度的关系：一个有调节的中介模型》，《心理发展与教育》2017 年第 3 期。

周宗奎、刘勤学:《网络心理学:行为的重构》,《中国社会科学评价》2016年第3期。

朱丽娟、彦廷鹤、张守臣、张亚利、王湃、刘勇:《童年期心理忽视与大学生智能手机成瘾的关系:错失焦虑的中介作用》,《中国临床心理学杂志》2021年第2期。

中国互联网络信息中心.（2021）.第47次中国互联网络发展状况统计报告.http：//www.cnnic.net.cn/hlwfzyj/hlwxzbg/hlwtjbg/202102/P020210 203334633480104.pdf.

Aaker, J. L. (1999). Themalleable self: The role of self-expression in persuasion. *Social Science Electronic Publishing*, 36 (1), 45 – 57.

Abeele, M. M. V., Antheunis, M. L., & Schouten, A. P. (2016). The effect of mobile messaging during a conversation on impression formation and interaction quality. *Computers in Human Behavior*, 62, 562 – 569.

Abeele, M. V., Antheunis, M. L., & Schouten, A. P. (2014). Me, myself and my mobile: A segmentation of youths based on their attitudes towards the mobile phone as a status instrument. *Telematics & Informatics*, 31 (2), 194 – 208.

Ainsworth, M. (1989). Attachment beyond infancy. *Ame Psychol*, 44, 932 – 937.

Ainsworth, M. D. (1974). The development of infant-mother attachment. Review of Child Development. *Chicago: Chicago Press, University of Chicago*.

Albert, A., Bulcroft, K. (1987). Pets and Urban Life. *Anthrozoos A Multidisciplinary Journal of the Interactions of People & Animals*, 1 (1), 9 – 25.

Alitto, G. (1986). The last Confucian: Liang Shu-ming and the Chinese dilemma of modernity (Vol. 20). Univ of California Press.

Aron, A., Aron, E. N., & Norman, C. (2003). Self-expansion Model of Motivation and Cognition in Close Relationships and Beyond. In C. M & F. G

(Eds.), *Blackwell Handbook of Social Psychology: Interpersonal Processes* (pp. 478 –501). Malden, MA: Blackwell.

Aron, A., Fisher, H., Mashek, D. J., Strong, G., Li, H., & Brown, L. L. (2005). Reward, motivation, and emotion systems associated with early – stage intense romantic love. *Journal of Neurophysiology*, 94 (1), 327 –337.

Aron, E. N., Aron, A. (1996). Love and expansion of the self: The state of the model. *Personal Relationships*, 3 (1), 45 –58.

Arpaci, I., Baloolu, M., Kozan, H. I. O., & Kesici, S. (2017). Individual differences in the relationship between attachment and nomophobia among college students: The mediating role of mindfulness. *Journal of Medical Internet Research*, 19 (12), e404.

Asante, R. K. (2019). Exploration of the forms of mobile phone attachment among traders in Ghana. *Mobile Media & Communication*, 7 (1), 24 –40.

Baldwin, M. W. (1992). Relational schemas and the processing of social information. *Psychological Bulletin*, 112 (3), 461 –484.

Baldwin, M. W., Fehr, B., Keedian, E., Seidel, M., & Thomson, D. W. (1993). An exploration of the relational schemata underlying attachment styles: Self-report and lexical decision approaches. *Personality & Social Psychology Bulletin*, 19 (6), 746 –754.

Baldwin, M. W., Keelan, J. P. R., Fehr, B., Enns, V., & Kohrangarajoo, E. (1996). Social-cognitive conceptualization of attachment working models: Availability and accessibility effects. *Journal of Personality & Social Psychology*, 71 (1), 94 –109.

Barr, N., Pennycook, G., Stolz, J. A., & Fugelsang, J. A. (2015). The brain in your pocket: Evidence that Smartphones are used to supplant thinking. *Computers in Human Behavior*, 48, 473 –480.

Bartholomew, K. (1990). Avoidance of intimacy: An attachment perspective. *Journal of Social & Personal Relationships*, 7（2）, 147 – 178.

Bauriedl-Schmidt, C., Jobst, A., Gander, M., Seidl, E., Sabaß, L., Sarubin, N., ...& Buchheim, A. (2017). Attachment representations, patterns of emotion regulation, and social exclusion in patients with chronic and episodic depression and healthy controls. *Journal of Affective Disorders*, 210, 130 – 138.

Belk, R. W. (1988). Possessions and the Extended Self. *Journal of Consumer Research*, 15（2）, 139 – 168.

Belk, R. W. (2013). Extended Self in a Digital World. *Journal of Consumer Research*, 40（3）, 477 – 500.

Bock, B. C., Thind, H., Fava, J. L., Walaska, K., Barnett, N., Rosen, R., ...& Lantini, R. (2016, January). Development of the mobile phone attachment scale. In 2016 *49th Hawaii International Conference on System Sciences（HICSS）*（pp. 3401 – 3407）. IEEE.

Bodford, J. E., Kwan, V. S. Y., & Sobota, D. S. (2017). Fatal Attractions: Attachment to Smartphones Predicts Anthropomorphic Beliefs and Dangerous Behaviors. *Cyberpsychology, Behavior, and Social Networking*, 20（5）, 320 – 326.

Bowlby, J. M. (1969). Attachment and Loss: Vol. 1.（4）, 595 – 599.

Bragazzi, N. L., Puente, G. D. (2014). A proposal for including nomophobia in the new DSM-V. *Psychology Research & Behavior Management*, 7（default）, 155 – 160.

Bretherton, I. (1988). Open communication and internal working models: their role in the development of attachment relationships. *Nebraska Symposium on Motivation Nebraska Symposium on Motivation*, 36（36）, 57.

Bretherton, I. (1990). Open communication and internal working models: Their role in the development of attachment relationships. In R. A. Thompson（Ed.）, *Nebraska Symposium on Motivation*：

Vol. 36. *Socioemotional development*. (pp. 57 – 113). Lincoln: University of Nebraska Press.

Bretherton, I., & Munholland, K. A. (2008). Internal working models in attachment relationships: Elaborating a central construct in attachment theory. In J. Cassidy & P. R. Shaver (Eds.), *Handbook of attachment* (pp. 102 – 127). New York: The Guilford Press.

Bricker, K. S., Kerstetter, D. L. (2000). Level of specialization and place attachment: an exploratory study of whitewater recreationists. *Leisure Sciences*, 22 (4), 233 – 257.

Brody, S. (1980). Transitional objects: idealization of a phenomenon. *Psychoanal Q*, 49 (4), 561 – 605.

Bryant, B. K. (1990). The Richness of the Child-Pet Relationship: A Consideration of Both Benefits and Costs of Pets to Children. *Anthrozoos A Multidisciplinary Journal of the Interactions of People & Animals*, 3 (4), 253 – 261.

Burke, M., Kraut, R., & Marlow, C. (2011, May). Social capital on Facebook: Differentiating uses and users. In *Proceedings of the SIG-CHI conference on human factors in computing systems* (pp. 571 – 580). ACM.

Calvert, M. M. (1989). Human-pet interaction and loneliness: a test of concepts from Roy's adaptation model. *Nursing Science Quarterly*, 2 (4), 194 – 202.

Carriere, J. S., Seli, P., & Smilek, D. (2013). Wandering in both mind and body: individual differences in mind wandering and inattention predict fidgeting. *Can J Exp Psychol*, 67 (1), 19 – 31.

Cassidy, J., Kobak, R. R. (1988). Avoidance and its relation to other defensive processes. In J. Belsky & T. Nezworski (Eds.), *Clinical Implications of Attachment* (pp. 300 – 323).

Chang, J. J., Chang, J. J., & Tang, K. Y. (2016). Exploring the influential factors in continuance usage of mobile social Apps. *Telematics & Informatics*, 33（2）, 342 – 355.

Chang, P. L., Chieng, M. H. （2010）. Building consumer-brand relationship: A cross-cultural experiential view. *Psychology & Marketing*, 23（11）, 927 – 959.

Chang, Y. O. （2017）. The effects of smartphome addiction on university students on interpersonal competence and depression. *Kor J Youth Res*, 24（7）, 235 – 255.

Charnetski, C. J., Riggers, S., & Brennan, F. X. （2004）. Effect of petting a dog on immune system function. *Psychological Reports*, 95（2）, 1087 – 1091.

Chen, J. V., Widjaja, A. E., Yen, D. C. （2015）. Need for Affiliation, Need for Popularity, Self-Esteem, and the Moderating Effect of Big Five Personality Traits Affecting Individuals' Self-Disclosure on Facebook. *International Journal of Human Computer Interaction*, 31（11）, 815 – 831.

Cho, J. （2015）. Roles of smartphone app use in improving social capital and reducing social isolation. *Cyberpsychology, Behavior, and Social Networking*, 18（6）, 350 – 355.

Chui, R. C. F. （2015）. Smartphone Usage, Social Relations and Life Satisfaction of Hong Kong College Students. In *New Media, Knowledge Practices and Multiliteracies* （pp. 171 – 178）. Springer, Singapore.

Clayton, R. B., Leshner, G., & Almond, A. （2015）. The Extended iSelf: The Impact of iPhone Separation on Cognition, Emotion, and Physiology. *Journal of Computer-mediated Communication*, 20（2）, 119 – 135.

Collins, N. L., Allard, L. M. （2004）. Cognitive Representations of Attachment: The Content and Function of Working Models., *Social cognition.* （pp. 75 – 101）. Malden: Blackwell Publishing.

Contena, B., Loscalzo, Y., & Taddei, S. (2015). Surfing on Social Network Sites. *Computers in Human Behavior*, 49, 30 – 37.

Crisp, R. J., Farrow, C. V., Rosenthal, H. E. S., Walsh, J., Blissett, J., Penn, N. M. K. (2009). Interpersonal attachment predicts identification with groups. *Journal of Experimental Social Psychology*, 45 (1), 115 – 122.

Csikszentmihalyi, M. (1990). *Flow: The psychology of optimal experience*. New York: Harper and Row.

Cushing, Amber L. (2012). "Possessions and Self Extension in Digital Environments: Implications for Maintaining Personal Information," PhD dissertation, School of Information and Library Science, University of North Carolina at Chapel Hill.

Cyders, M. A., Dzemidzic, M., Eiler, W. J., Coskunpinar, A., Karyadi, K. A., & Kareken, D. A. (2015). Negative Urgency Mediates the Relationship between Amygdala and Orbitofrontal Cortex Activation to Negative Emotional Stimuli and General Risk-Taking. *Cerebral Cortex*, 25 (11), 457 – 462.

Damon, W., Eisenberg, N. (2013). Handbook of child psychology: Social, emotional, and personality development, Vol. 3, 5th ed.

David, M. E., Roberts, J. A. (2017). Phubbed and Alone: Phone Snubbing, Social Exclusion, and Attachment to Social Media. *Journal of the Association for Consumer Research*, 2 (2), 155 – 163.

Davis, F. D. (1986). A technology acceptance model for empirically testing new end-user information systems: Theory and results. *Ph. d. dissertation Massachusetts Institute of Technology*.

Deci, E. L., Ryan, R. M. (1985). The general causality orientations scale: Self-determination in personality. *Journal of Research in Personality*, 19 (2), 109 – 134.

Demirci, K., Akgönül, M., & Akpinar, A. (2015). Relationship of smartphone use severity with sleep quality, depression, and anxiety in university students. *Journal of Behavioral Addictions*, 4 (2), 85 – 92.

Dén Nagy, I. (2014). A double-edged sword?: A critical evaluation of the mobile phone in creating work-life balance. *New Technology Work & Employment*, 29 (2), 193 – 211.

Derryberry, D., & Reed, M. A.. (2002). Anxiety-related attentional biases and their regulation by attentional control. *Journal of Abnormal Psychology*, 111 (2), 225 – 236.

Elhai, J. D., Levine, J. C., Alghraibeh, A. M., Alafnan, A. A., Aldraiweesh, A. A., & Hall, B. J. (2018). Fear of missing out: Testing relationships with negative affectivity, online social engagement, and problematic smartphone use. *Computers in Human Behavior*, 89, 289 – 298.

Elhai, J. D., Levine, J. C., Dvorak, R. D., & Hall, B. J. (2016). Fear of missing out, need for touch, anxiety and depression are related to problematic smartphone use. *Computers in Human Behavior*, 63 (C), 509 – 516.

Ellison, N. B., Steinfield, C., & Lampe, C. (2007). The benefits of Facebook "friends:" Social capital and college students' use of online social network sites. *Journal of Computer-Mediated Communication*, 12 (4), 1143 – 1168.

Epley, N., Akalis, S., Waytz, A., & Cacioppo, J. T. (2010). Creating Social Connection through Inferential Reproduction: Loneliness and Perceived Agency in Gadgets, Gods, and Greyhounds. *Psychological Science*, 19 (2), 114 – 120.

Fournier, S. (1998). Consumers and Their Brands: Developing Relationship Theory in Consumer Research. *Journal of Consumer Research*, 24 (4), 343 – 353.

Friedmann, E., Son, H., & Saleem, M. (2015). The animal-human bond: Health and wellness. In *Handbook on animal-assisted therapy* (pp. 73 – 88). Academic Press.

Fullwood, C., Quinn, S., Kaye, L. K., & Redding, C. (2017). My virtual friend: A qualitative analysis of the attitudes and experiences of Smartphone users: Implications for Smartphone attachment. *Computers in Human Behavior*, 75, 347 – 355.

Gawit, K. G., Tiwari, S. A., Kasabe, G. H., Deshpande, P. K., & Ghongane, B. B. (2017). Effect of Cellular Mobile Phone Use and Cetrizine on Hand-Eye Coordination and Visual Acuity. *Journal of Clinical & Diagnostic Research Jcdr*, 11 (9), FC09 – FC12.

Gillath, O., Mikulincer, M., Fitzsimons, G. M., Shaver, P. R., Schachner, D. A., & Bargh, J. A. (2006). Automatic activation of attachment-related goals. *Pers Soc Psychol Bull*, 32 (10), 1375 – 1388.

Gökçearslan, Ş., Mumcu, F. K., Haşlaman, T., & Çevik, Y. D. (2016). Modelling smartphone addiction: The role of smartphone usage, self-regulation, general self-efficacy and cyberloafing in university students. *Computers in Human Behavior*, 63, 639 – 649.

Gorrese, A., Ruggieri, R. (2012). Peer Attachment: A Meta-analytic Review of Gender and Age Differences and Associations with Parent Attachment. *Journal of Youth and Adolescence*, 41 (5), 650 – 672.

Gorrese, A., Ruggieri, R. (2013). Peer attachment and self-esteem: A meta-analytic review. *Personality and Individual Differences*, 55 (5), 559 – 568.

Gosling, S. D., Mason, W. (2015). Internet Research in Psychology. *Annual Review of Psychology*, 66 (1), 877 – 902.

Guã Tin, S., Brun, L., Deniaud, M., Clerc, J. M., Thayer, J. F., Koenig, J. (2016). Smartphone-based Music Listening to Reduce Pain and Anxiety Before Coronarography: A Focus on Sex Differences. *Altern Ther Health Med*, 22 (4), 60 – 63.

Haddon, L. (2000). Social exclusion and information and communication technologies: Lessons from studies of single parents and the young elderly. *New media & society*, 2 (4), 387–406.

Hamilton, K., Hassan, L. (2010). Self-concept, emotions and consumer coping. *European Journal of Marketing*, 44 (44), 1101–1120.

Hammitt, W. E., & Stewart, W. P. (1996, May). Sense of place: A call for construct clarity and management. In *Sixth International Symposium on Society & Resource Management*, May (pp. 18–23).

Han, L., Geng, J., Jou, M., Gao, F., & Yang, H. (2017). Relationship between shyness and mobile phone addiction in Chinese young adults: Mediating roles of self-control and attachment anxiety. *Computers in Human Behavior*, 76, 363–371.

Han, S., Kim, K. J., & Kim, J. H. (2017). Understanding Nomophobia: Structural Equation Modeling and Semantic Network Analysis of Smartphone Separation Anxiety. *Cyberpsychology Behavior & Social Networking*, 20 (7), 419–427.

Hassenzahl, M. (2004). Beautiful Objects as an Extension of the Self: A Reply. *Human-computer Interaction*, 19 (4), 377–386.

Hazan, C., Shaver, P. (1987). Romantic love conceptualized as an attachment process. *Journal of Personality & Social Psychology*, 52 (3), 511–524.

Henkel, L. A. (2013). Point-and-Shoot Memories: The Influence of Taking Photos on Memory for a Museum Tour. *Psychological Science*, 25 (2), 396–402.

Hidalgo, M. C., Hernández, B. (2001). Place Attachmant: Conceptual and Empirical Questions. *Journal of Environmental Psychology*, 21 (3), 273–281.

Hoffner, C. A., Lee, S., & Park, S. J. (2015). "I miss my mobile phone!": Self-expansion via mobile phone and responses to phone loss. *New Media & Society*, 18 (11), 2452 – 2468.

Houston, M. B., Walker, B. A. (1996). Self-relevance and purchase goals: Mapping a consumer decision. *Journal of the Academy of Marketing Science*, 24 (3), 232 – 245.

Hybl, A. R., Stagner, R. (1952). Frustration tolerance in relation to diagnosis and therapy. *J Consult Psychol*, 16 (3), 163 – 170.

Inauen, J., Bolger, N., Shrout, P. E., Stadler, G., Amrein, M., & Rackow, P., & Scholz, U. (2017). Using Smartphone-Based Support Groups to Promote Healthy Eating in Daily Life: A Randomised Trial. *Applied Psychology: Health and Well-Being*, 9 (3), 303 – 323.

Isgett, S. F., Fredrickson, B. L. (2004). Broaden-and-Build Theory of Positive Emotions. *American Psychologist*, 359 (1449), 1367 – 1377.

Jenkins-Guarnieri, M. A., Wright, S. L., & Hudiburgh, L. M. (2012). The relationships among attachment style, personality traits, interpersonal competency, and Facebook use. *Journal of Applied Developmental Psychology*, 33 (6), 294 – 301.

Jin, B., & Pena, J. F. (2010). Mobile communication in romantic relationships: Mobile phone use, relational uncertainty, love, commitment, and attachment styles. Communication Reports, 23 (1), 39 – 51.

Johnson, T. P., Garrity, T. F., & Stallones, L. (1992). Psychometric Evaluation of the Lexington Attachment to Pets Scale (Laps). *Anthrozoos A Multidisciplinary Journal of the Interactions of People & Animals*, 5 (3), 160 – 175.

Jongstra, S., Wijsman, L. W., Cachucho, R., Hoevenaar-Blom, M. P., Mooijaart, S. P., & Richard, E. (2017). Cognitive testing in people at increased risk of dementia using a smartphone app: the iVitality proof-of-principle study. *JMIR mHealth and uHealth*, 5 (5), e68.

Juarascio, A. S., Manasse, S. M., Goldstein, S. P., Forman, E. M., & Butryn, M. L. (2014). Review of Smartphone Applications for the

Treatment of Eating Disorders. *European Eating Disorders Review*, 23 (1), 1 – 11.

Yoo, T. J., & Kim, S. S. (2015). Impact of perceived parenting styles on depression and smartphone addition in college students. *Journal of Korean Academy of Psychiatric and Mental Health Nursing*, 24 (2), 127 – 135.

Kagan, J. (1982). Canalization of early psychological development. *Pediatrics*, 70 (3), 474 – 483.

Kahneman, D. (2013). Thinking, fast and slow. *Journal of Communication*, 13 (2), 177 – 179.

Kang, S., Jung, J. (2014). Mobile communication for human needs: A comparison of smartphone use between the US and Korea. *Computers in Human Behavior*, 35 (3), 376 – 387.

Kardos, P., Unoka, Z., Pléh, C., & Soltész, P. (2018). Your mobile phone indeed means your social network: Priming mobile phone activates relationship related concepts. *Computers in Human Behavior*, 88, 84 – 88.

Katz, E., Blumler, J., Gurevitch, M. (1974). Uses of mass communication by the individual. In J. G. Blumler & E. Katz (Eds.), *The uses of mass communications: Current perspectives on gratifications research* (pp. 19 – 32): Beverly Hills, CA: SAGE.

Kenney, E. L., Gortmaker, S. L. (2017). United States Adolescents' Television, Computer, Videogame, Smartphone, and Tablet Use: Associations with Sugary Drinks, Sleep, Physical Activity, and Obesity. *Journal of Pediatrics*, 182, 144 – 149.

Kibona, L., Mgaya, G. (2015). Smartphones' Effects on Academic Performance of Higher Learning Students. *Journal of Multidisciplinary Engineering Science and Technology*, 4 (2), 777 – 784.

Kim, C. K., Jun, M., Han, J., Kim, M., & Kim, J. Y.

(2013). Antecedents and outcomes of attachment towards smartphone applications. *International Journal of Mobile Communications*, 11 (4), 393 – 411.

Kim, D. H., Seely, N. K., & Jung, J. (2017). Do you prefer, Pinterest or Instagram? The role of image-sharing SNSs and self-monitoring in enhancing ad effectiveness. *Computers in Human Behavior*, 70, 535 – 543.

Kim, H. (2016). What drives you to check in on Facebook? Motivations, privacy concerns, andmobile phone involvement for location-based information sharing. *Computers in Human Behavior*, 54, 397 – 406.

Kim, H. J., Min, J. Y., Min, K. B., Lee, T. J., & Yoo, S. (2018). Relationship among family environment, self-control, friendship quality, and adolescents' smartphone addiction in South Korea: Findings from nationwide data. *Plos One*, 13 (2), e190896.

Kim, J., Hahn, K. H. Y. (2015). The effects of self-monitoring tendency on young adult consumers' mobile dependency. *Computers in Human Behavior*, 50, 169 – 176.

Kim, M. S. (2015). Influence of neck pain on cervical movement in the sagittal plane during smartphone use. *Journal of Physical Therapy Science*, 27 (1), 15 – 17.

Kim, S., Park, Y. A. (2017). A daily investigation of smartphoneuse and affective well-being at work. *Academy of Management Annual Meeting Proceedings*, 2017 (1), 15780.

Kirwan, M., Duncan, M. J., Vandelanotte, C., & Mummery, W. K. (2012). Using smartphone technology to monitor physical activity in the 10, 000 Steps program: a matched case-control trial. *Journal of Medical Internet Research*, 14 (2), e55. doi: 10. 2196/ jmir. 1950.

Kolsaker, A., Drakatos, N. (2009). Mobile advertising: The influence of emotional attachment to mobile devices on consumer receptiveness. *Journal of Marketing Communications*, 15 (4), 267 – 280.

Konok, V., Gigler, D., Bereczky, B. M., & Miklósi, Á. (2016). Humans' attachment to their mobile phones and its relationship with interpersonal attachment style. *Computers in Human Behavior*, 61 (C), 537 – 547.

Krieglmeyer, R., Houwer, J. D., & Deutsch, R. (2011). How farsighted are behavioral tendencies of approach and avoidance? The effect of stimulus valence on immediate vs. ultimate distance change. *Journal of Experimental Social Psychology*, 47 (3), 622 – 627.

Kwak, J. Y., Kim, J. Y., & Yoon, Y. W. (2018). Effect of parental neglect on smartphone addiction in adolescents in South Korea. *Child Abuse Negl*, 77, 75 – 84.

Kwon, M. S., Vorobyev, V., Kännälä, S., Laine, M., Rinne, J. O., Toivonen, T., et al. (2011). GSM mobile phone radiation suppresses brain glucose metabolism. *Journal of Cerebral Blood Flow & Metabolism Official Journal of the International Society of Cerebral Blood Flow & Metabolism*, 31 (12), 2293 – 2301.

Kwon, M., Kim, D. J., Cho, H., & Yang, S. (2013). The smartphone addiction scale: development and validation of a short version for adolescents. *PloS one*, 8 (12), e83558.

Kyle, G. T., Mowen, A. J., & Tarrant, M. (2004). Linking place preferences with place meaning: An examination of the relationship between place motivation and place attachment. *Journal of Environmental Psychology*, 24 (4), 439 – 454.

Kyle, G., Graefe, A., & Manning, R. (2005). Testing the Dimensionality of Place Attachment in Recreational Settings. *Environment & Behavior*, 37 (2), 153 – 177.

La Guardia, J. G., Ryan, R. M., Couchman, C. E., & Deci, E. L.

(2000). Within-person variation in security of attachment: a self-determination theory perspective on attachment, need fulfillment, and well-being. *J Pers Soc Psychol*, 79 (3), 367 – 384.

Lawman, H. G., Wilson, D. (2002). Self-determination Theory. *International Encyclopedia of the Social & Behavioral Sciences*, 91 (2), 486 – 491.

Leary, M. R. (2007). Motivational and emotional aspects of the self. *Annual Review of Psychology*, 58 (1), 317 – 344.

Lee, E. J., Kim, Y. K., & Lim, S. J. (2017). Factors Influencing Smartphone Addiction in Adolescents. *Child Health Nursing Research*, 23 (4), 525 – 533.

Lee, M., Hong, Y., Lee, S., Won, J., Yang, J., Park, S., et al. (2015). The effects of smartphone use on upper extremity muscle activity and pain threshold. *Journal of Physical Therapy Science*, 27 (6), 1743 – 1745.

Lee, S. H., Choi, Y. C., Woo, J. M., Kim, J. H., Seo, M. J., & Kwak, S. G. (2014). The relationship of smartphone addiction and depression, social anxiety on adolescents: preliminary study. *J Korean Soc Biol Ther Psychiatry*, 20 (3), 212 – 218.

Lee, S., Lee, D., Park, J. (2015). Effect of the cervical flexion angle during smart phone use on muscle fatigue of the cervical erector spinae and upper trapezius. *Journal of Physical Therapy Science*, 27 (6), 1847 – 1849.

Lehman, E. B., Arnold, B. E., & Reeves, S. L. (1995). Attachments to Blankets, Teddy Bears, and Other Nonsocial Objects: A Child's Perspective. *Journal of Genetic Psychology*, 156 (4), 443 – 459.

Lepp, A., Li, J., & Barkley, J. E. (2016). College students' cell phone use and attachment to parents and peers. *Computers in Human Behavior, 64, 401 – 408.

Leung, L. (2008). Linking psychological attributes to addiction and improper use of the mobile phone among adolescents inhong kong. *Journal of Children & Media*, 2 (2), 93 – 113.

Lewandowski, G. W., Aron, A., Bassis, S., Kunak, J. (2010). Losing a self-expanding relationship: Implications for the self-concept. *Personal Relationships*, 13 (3), 317 – 331.

Lian, S., Sun, X., Yang, X., & Zhou, Z. (2020). The effect of adolescents' active social networking site use on life satisfaction: The sequential mediating roles of positive feedback and relational certainty. *Current Psychology*, 39 (6), 2087 – 2095. http://doi.org/10.1007/s12144 – 018 – 9882 – y.

Lian, S., Sun, X., Niu, G., Yang, X., Zhou, Z., & Yang, C. (2021). Mobile phone addiction and psychological distress among Chinese adolescents: The mediating role of rumination and moderating role of the capacity to be alone. *Journal of Affective Disorders*, 279, 701 – 710. http://doi.org/https://doi.org/10.1016/j.jad.2020.10.005.

Lin, T. M., Chen, S. C., & Kuo, P. J. (2011). *Motivations for Game-Playing on Mobile Devices-Using Smartphone as an Example*. Paper presented at the Edutainment Technologies. Educational Games and Virtual Reality/augmented Reality Applications-International Conference on E-Learning and Games, Edutainment 2011, Taipei, Taiwan, September 2011. Proceedings.

Litt, C. J. (1986). Theories of Transitional Object Attachment: An Overview. *International Journal of Behavioral Development*, 9 (3), 383 – 399.

Liu, Q. Q., Zhou, Z. K., Yang, X. J., Kong, F. C., Niu, G. F., & Fan, C. Y. (2017). Mobile phone addiction and sleep quality among Chinese adolescents: A moderated mediation model. *Computers in*

Human Behavior, 72, 108 – 114.

Lyngs, U. (2017). *"It's More Fun With My Phone": A Replication Study of Cell Phone Presence and Task Performance*. Paper presented at the CHI Conference Extended.

Main, M., Kaplan, N., & Cassidy, J. (1985). Security in Infancy, Childhood, and Adulthood: A Move to the Level of Representation. *Monographs of the Society for Research in Child Development*, 50 (1/2), 66 – 104.

Malillos, L. M. (2017). On the emotional attachment to mobile phones in everyday life. *Digithum*, (19), 37 – 46.

Marshall, T. C., Bejanyan, K., Di Castro, G., & Lee, R. A. (2013). Attachment styles as predictors of Facebook-related jealousy and surveillance in romantic relationships. *Personal Relationships*, 20 (1), 1 – 22.

Marteau, T. M., Bekker, H. (1992). The Development of a Six-Item Short-Form of the State Scale of the Spielberger State-Trait Anxiety Inventory (STAI). *British Journal of Clinical Psychology*, 31 (3), 301 – 306.

Masuda, K., Haga, S. (2015). Effects of Cell Phone Texting on Attention, Walking, and Mental Workload: Comparison between the Smartphone and the Feature Phone. *The Japanese Journal of Ergonomics*, 51 (1), 52 – 61.

Mcconnell, A. R., Brown, C. M., Shoda, T. M., Stayton, L. E., & Martin, C. E. (2011). Friends with benefits: On the positive consequences of pet ownership. *J Pers Soc Psychol*, 101 (6), 1239 – 1252.

Mcewen, W. J. (2005). *Married to the Brand: Why Consumers Bond with Some Brands for Life*: Gallup Press.

Meschtscherjakov, A., Wilfinger, D., & Tscheligi, M. (2014, April). Mobile attachment causes and consequences for emotional bonding with mobile phones. In *Proceedings of the 32nd annual ACM conference on Human factors in computing systems* (pp. 2317 – 2326). ACM.

Metcalf, D. R., Spitz, R. A. (1978). The transitional object: Critical developmental period and organizer of the psyche. *Between Reality and Fantasy: Transitional Objects and Phenomena*, 97 – 108.

Mi, N. J., Kim, C. K., Han, J. S., Mi, Y. K., & Kim, J. H. Y. (2014). Strong Attachment toward Human Brand and Its Implication for Life-Satisfaction and Self-efficacy. *Asia Marketing Journal*, 16 (1), 101 – 116.

Mikulincer, M., Florian, V., Birnbaum, G., & Malishkevich, S. (2002). The death-anxiety buffering function of close relationships: Exploring the effects of separation reminders on death-thought accessibility. *Personality & Social Psychology Bulletin*, 28 (3), 287 – 299.

Mikulincer, M., Gillath, O., & Shaver, P. R. (2002). Activation of the attachment system in adulthood: Threat-related primes increase the accessibility of mental representations of attachment figures. *Journal of Personality and Social Psychology*, 83, 881 – 895.

Mikulincer, M., Shaver, P. R. (2001). Attachment theory and intergroup bias: evidence that priming the secure base schema attenuates negative reactions to out-groups. *J Pers Soc Psychol*, 81 (1), 97 – 115.

Mikulincer, M., Shaver, P. R. (2003). The Attachment Behavioral System in Adulthood: Activation, Psychodynamics, and Interpersonal Processes. *Advances in Experimental Social Psychology*, 35 (03), 53 – 152.

Mikulincer, M., Shaver, P. R. (2007). Reflections on security dynamics: Core constructs, psychological mechanisms, relational contexts, and the need for an integrative theory. *Psychological Inquiry*, 18 (3), 197 – 209.

Miller, R. (1978). *Poetry as a transitional object. Between Reality and Fantasy*: *Transitional Objects and Transitional Phenomena*. S. A. Grolnick et al. (eds.): New York: Jason Aronson.

Moon, J. H., Kim, K. W., & Moon, N. J. (2016). Smartphone use is a risk factor for pediatric dry eye disease according to region and age: a case control study. *Bmc Ophthalmology*, 16 (1), 188.

Morey, J. N., Gentzler, A. L., Creasy, B., Oberhauser, A. M., & Westerman, D. (2013). Young adults' use of communication technology within their romantic relationships and associations with attachment style. *Computers in Human Behavior*, 29 (4), 1771 – 1778.

Morgan, P. (2010). Towards a developmental theory of place attachment. *Journal of Environmental Psychology*, 30 (1), 11 – 22.

Nadkarni, A., Hofmann, S. G. (2012). Why do people use Facebook? *Personality & Individual Differences*, 52 (3), 243 – 249.

Neave, N., Briggs, P., McKellar, K., & Sillence, E. (2019). Digital hoarding behaviours: Measurement and evaluation. *Computers in Human Behavior*, 96, 72 – 77. http://doi.org/https://doi.org/10.1016/j.chb.2019.01.037.

Nohara, N., Matsui, K., Setta, M., Nohara, T., & Hara, N. (2015). Comparative study of visual distance while using mobile phones/smartphones and reading books. *Journal of the Eye*, 32, 163 – 165.

Oh, H. J., & La Rose, R. (2016). Impression management concerns and support-seeking behavior on social network sites. *Computers in human behavior*, 57, 38 – 47.

Ohly, S., Latour, A. (2014). Work-related smartphone use and well-being in the evening: The role of autonomous and controlled motivation. *Journal of Personnel Psychology*, 13 (4), 174 – 183.

Park, C. W., MacInnis, D. J., & Priester, J. (2008). Brand Attachment: Constructs, Consequences, and Causes. *Foundations and*

Trends in Marketing, 1 (3), 191 -230.

Park, C. W., Macinnis, D. J., & Priester, J. R. (2006). Beyond Attitudes: Attachment and Consumer Behavior. *Seoul Journal Business*, 12 (2), 3 -35.

Park, C. W., Macinnis, D. J., Priester, J., Eisingerich, A. B., & Iacobucci, D. (2010). Brand Attachment and Brand Attitude Strength: Conceptual and Empirical Differentiation of Two Critical Brand Equity Drivers. *Social Science Electronic Publishing*, 74 (6), 1 -17.

Park, K. G., Han, S., & Kaid, L. L. (2013). Does social networking service usage mediate the association between smartphone usage and social capital?. *New Media & Society*, 15 (7), 1077 -1093.

Park, Macinnis, Priester. (2006). Brand Attachment: Construct, Consequences and Causes. *Foundations & Trends in Marketing*, 1 (3), 191 -230.

Park, N., & Lee, H. (2012). Social implications of smartphone use: Korean college students' smartphone use and psychological well-being. *Cyberpsychology, Behavior, and Social Networking*, 15 (9), 491 -497.

Park, N., Lee, S., Chung, J. E. (2016). Uses of cellphone texting: An integration of motivations, usage patterns, and psychological outcomes. *Computers in Human Behavior*, 62, 712 -719.

Pavithra, M. B., Madhukumar, S., & Mahadeva, M. (2015). A study on nomophobia-mobile phone dependence, among students of a medical college in Bangalore. *National Journal of community medicine*, 6 (3), 340 -344.

Pew Research Center. (2015). U. S. Smartphone use in 2015. Retrieved from http://www.pewinternet.org/2015/04/01/us-smartphone-use-in-2015/.

Pietromonaco, P. R., Barrett, L. F. (2000). The Internal Working Models Concept: What Do We Really Know About the Self in Relation to Others? *Review of General Psychology*, 4 (2), 155–175.

Poushter, J., Bishop, C., & Chwe, H. (2018). Social media use continues to rise in developing countries but plateaus across developed ones. *Washington: Pew Internet and American Life Project.*

Razmus, W., Jaroszyńska, M., & Palęga, M. (2017). Personal aspirations and brand engagement in self-concept. *Personality and Individual Differences*, 105, 294–299.

Roberts, J. A., David, M. E. (2016). My life has become a major distraction from my cell phone: Partner phubbing and relationship satisfaction among romantic partners. *Computers in Human Behavior*, 54, 134–141.

Routhier, S., Macoir, J., Imbeault, H., Jacques, S., Pigot, H., Giroux, S., ...& Bier, N. (2011). From smartphone to external semantic memory device: The use of new technologies to compensate for semantic deficits. *Non-pharmacological Therapies in Dementia*, 2 (2), 81–99.

Roy, S., Ponnam, A., & Mandal, S. (2017). Comprehending Technology Attachment In The Case Of Smart Phone-Applications: An Empirical Study. *Journal of Electronic Commerce in Organizations*, 15 (1), 23–43.

Rozgonjuk, D., Kattago, M., & Täht, K. (2018). Social media use in lectures mediates the relationship between procrastination and problematic smartphone use. *Computers in Human Behavior*, 89, 191–198.

Rubin, A. M. (1983). Television uses and gratifications: The interactions of viewing patterns and motivations. *Journal of Broadcasting & Electronic Media*, 27 (1), 37–51.

Ruggiero, T. E. (2000). Uses and Gratifications Theory in the 21st Century. *Mass Communication & Society*, 3 (1), 3–37.

Sadeghian, F., Karbakhsh, M., Saremi, M., Alimohammadi, I.,

Ashayeri, H., Fayaz, M., et al. (2018). The Effect of Hands-Free Cell Phone Conversation on Psychomotor Performance Required for Safe Driving: A Quasi-Experimental Study., *In Press* (In Press).

Salehan, M., Negahban, A. (2013). Social networking on smartphones: When mobile phones become addictive. *Computers in Human Behavior*, 29 (6), 2632 – 2639.

Samost, A., Perlman, D., Domel, A. G., Reimer, B., Mehler, B., Mehler, A., et al. (2015). Comparing the Relative Impact of Smartwatch and Smartphone Use While Driving on Workload, Attention, and Driving Performance. *Proceedings of the Human Factors and Ergonomics Society Annual Meeting*, 59 (1), 1602 – 1606.

Scannell, L., Gifford, R. (2010). Defining place attachment: A tripartite organizing framework. *Journal of Environmental Psychology*, 30 (1), 1 – 10.

Schifferstein, H. N. J., Zwartkruis-Pelgrim, E. P. H. (2008). Consumer-Product Attachment: Measurement and Design Implications. *International Journal of Design*, 2 (3), 1 – 13.

Schultz, S. E. (1989). *An empirical investigation of person-material possession attachment*: U. M. I.

Seidel, E. J. (2015). Smartphone-Nutzung als Gefahr für die HWS?. *Manuelle Medizin*, 53 (6), 456 – 456.

Seidman, G. (2013). Self-presentation and belonging on Facebook: How personality influences social media use and motivations. *Personality and Individual Differences*, 54 (3), 402 – 407.

Shaver, P. R., Mikulincer, M. (2007). Adult Attachment Strategies and the Regulation of Emotion. *Psychopharmacology*, 103 (1), 67 – 73.

Shrivastava, A., Saxena, Y. (2014). Effect of mobile usage on serum melatonin levels among medical students. *Indian J Physiol Pharmacol*, 58 (4), 395 – 399.

Sibley, C. G., & Overall, N. C. (2010). Modeling the hierarchical structure of personality-attachment associations: Domain diffusion versus domain differentiation. *Journal of Social and Personal Relationships*, 27 (1), 47–70.

Sirgy, M. J. (1982). Self-Concept in Consumer Behavior: A Critical Review. *Journal of Consumer Research*, 9 (3), 287–300.

Smetaniuk, P. (2014). A preliminary investigation into the prevalence and prediction of problematic cell phone use. *Journal of Behavioral Addictions*, 3 (1), 41–53.

Snyder, E. E. (1972). High School Student Perceptions of Prestige Criteria. *Adolescence*, N/A.

Soat, M. (2015). "Social Media Triggers a Dopamine High". *Marketing News*, 49 (11), 20–21.

Sparrow, B., Wegner, D. M. (2011). Google effects on memory: cognitive consequences of having information at our fingertips. *Science*, 333 (6043), 776–778.

Statista (2017) Number of smartphone users worldwide from 2014 to 2020. Available at: https://www.statista.com/statis-tics/330695/number-of-smartphone-users-worldwide/.

Steele, M. (2009). Attachment to people and to objects in obsessive-compulsive disorder: an exploratory comparison of hoarders and non-hoarders. *Attachment & Human Development*, 11 (4), 365–383.

Steinkamp, M. (1987). Social integration, leisure activity, and life satisfaction in older adults: Activity theory revisited. *International Journal of Aging & Human Development*, 25 (4), 293–307.

Sukenick, S. (2012). Alone Together: Why We Expect More from Technology and Less from Each Other by Turkle, Sherry. *Journal of Analytical Psychology*, 57 (1), 128–129.

Tams, S., Legoux, R., & Léger, P. (2018). Smartphone withdrawal creates stress: A moderated mediation model of nomophobia, social threat, and phone withdrawal context. *Computers in Human Behavior*, 81, 1-9.

Thach, E. C., Olsen, J. (2006). The role of service quality in influencing brand attachments at winery visitor centers. *Journal of Quality Assurance in Hospitality & Tourism*, 7(3), 59-77.

Thomson, M. (2006). Human Brands: Investigating Antecedents to Consumers' Strong Attachments to Celebrities. *Journal of Marketing*, 70(3), 104-119.

Thomson, M., Macinnis, D. J., & Whan Park, C. (2005). The Ties That Bind: Measuring the Strength of Consumers & rsquo; Emotional Attachments to Brands. *Journal of Consumer Psychology*, 15(1), 77-91.

Tlhabano, K., Selemogwe, M., Balogun, S. K., & Ibrahim, A. (2013). Self-expression, group affiliation, pleasure and memory as predictors of consumer product attachment and satisfaction among mobile phone users. *International Journal of Development & Sustainability*, 2(1), 86-99.

Tlhabano, K., Selemogwe, M., Balogun, S. K., & Ibrahim, A. (2013). Self-expression, group affiliation, pleasure and memory as predictors of consumer product attachment and satisfaction among mobile phone users. *International Journal of Development & Sustainability*, 2(1), 86-99.

Trub, L., Barbot, B. (2016). The paradox of phone attachment: Development and validation of the Young Adult Attachment to Phone Scale (YAPS). *Computers in Human Behavior*, 64, 663-672.

Trub, L., Revenson, T. A., & Salbod, S. (2014). Getting close from far away: Mediators of the association between attachment and blogging behavior. *Computers in Human Behavior*, 41, 245-252.

Ugander, J., Karrer, B., Backstrom, L., & Marlow, C. (2011). The anatomy of the facebook social graph. *arXiv preprint arXiv*: 1111.4503.

Utz, S., Tanis, M., & Vermeulen, I. (2012). It is all about being popular: The effects of need for popularity on social network site use. *Cyberpsychology, Behavior, and Social Networking*, 15 (1), 37 – 42.

Valkenburg, P. M., Peter, J., & Schouten, A. P. (2006). Friend networking sites and their relationship to adolescents' well-being and social self-esteem. *Cyber Psychology & Behavior*, 9 (5), 584 – 590.

Vincent, J. (2006). Emotional attachment and mobile phones. *Knowledge Technology & Policy*, 19 (1), 39 – 44.

Walsh, S., White, K., & Young, R. (2009). The Phone Connection: A Qualitative Exploration of How Belongingness and Social Identification Relate to Mobile Phone Use Amongst Australian Youth. *Journal of Community and Applied Social Psychology*, 19, 225 – 240. http://doi.org/10.1002/casp.983.

Wallendorf, M., Arnould, E. J. (1988). "My Favorite Things": A Cross-Cultural Inquiry into Object Attachment, Possessiveness, and Social Linkage. *Journal of Consumer Research*, 14 (4), 531 – 547.

Wang, J. L., Wang, H. Z., Gaskin, J., & Wang, L. H. (2015). The role of stress and motivation in problematic smartphone use among college students. *Computers in Human Behavior*, 53, 181 – 188.

Wang, P., Zhao, M., Wang, X., Xie, X., Wang, Y., & Li, L. (2017). Peer relationship and adolescent smartphone addiction: The mediating role of self-esteem and the moderating role of the need to belong. *Journal of Behavioral Addictions*, 6 (4), 708 – 717.

Warr, A. M. (2013). *Age cohorts and emotional attachment to mobile phones*. The University of Alabama at Birmingham.

Wehmeyer, K. (2007, July). Assessing users' attachment to their mobile devices. In *International Conference on the Management of Mobile*

Business（*ICMB* 2007）（pp. 16 – 16）. IEEE.

Weller, J. A., Shackleford, C., Dieckmann, N., & Slovic, P. (2013). Possession attachment predicts cell phone use while driving. *Health Psychology Official Journal of the Division of Health Psychology American Psychological Association*, 32（4）, 379 – 387.

Williams, D. R., Patterson, M. E., Roggenbuck, J. W., & Watson, A. E. (1992). Beyond the commodity metaphor: Examining emotional and symbolic attachment to place. *Leisure Sciences*, 14（1）, 29 – 46.

Winnicott, D. W. (1953). Transitional objects and transitional phenomena—a study of the first not-me possession. *International Journal of Psycho-Analysis*, 34, 89 – 97.

Xie, W. (2014). Social network site use, mobile personal talk and social capital among teenagers. *Computers in Human Behavior*, 41, 228 – 235.

Xie, X., Zhao, F., Xie, J., & Lei, L. . (2016). Symbolization of mobile phone and life satisfaction among adolescents in rural areas of china: mediating of school-related relationships. *Computers in Human Behavior*, 64, 694 – 702.

Yildirim, C., & Correia, A. P. (2015). Exploring the dimensions of nomophobia: Development and validation of a self-reported questionnaire. *Computers in Human Behavior*, 49, 130 – 137.

Zettler, I., Hilbig, B. E., Moshagen, M., & de Vries, R. E. (2015). Dishonest responding or true virtue? A behavioral test of impression management. *Personality and Individual Differences*, 81, 107 – 111.

附　　录

附录1　第四章"人与手机之间关系的特征"质性研究访谈提纲

基本信息：访谈对象的性别、年龄、年级、专业等

Q1：你拥有智能手机几年了？

Q2：在哪些情况下或在哪些场合中，你会特别想使用或玩手机？
（被试回答不同的情况后，追问被试都会玩哪些功能；如果来访者答了在心情不好或压力大时特别想使用手机，根据Q7追问）

Q3：（1）在哪些情况下或在哪些场合中，你会把手机丢在一边或把手机关机、开设飞行模式？

（2）把手机丢在一边或把手机关机、开设飞行模式后，你感受如何？为什么？

Q4：日常随身携带手机（手机不离身），你有何感受？

（1）你觉得手机给你带来了哪些好的影响？为什么？

（2）你觉得手机给你带来了哪些不好的影响？为什么？

Q5：手机不在身边或手机无法使用时（如手机没电自动关机了、手机连不上网、手机落在宿舍了等），你会有什么感受？让你产生这种感受的缘由是？

（如果被试回答自己会有焦虑情绪体验，后面要追加为什么会产

生焦虑。潜台词是手机的哪些功能不能正常使用从而导致了焦虑）

Q6：当手机回到你身边，或手机又能正常使用时，你会有什么感受？为什么？

Q7：当你感受到挫折、压力、心情不愉快的时候，你会通过玩手机缓解你的消极情绪吗？如果被试做出肯定回答，追问：

（1）你会用手机的哪些功能缓解自己的消极情绪？

（2）你觉得一般玩多长时间能够缓解你的消极情绪？

（如果Q2问了这个问题，最后就不用问了）

附录2　第四章"人与手机之间关系的特征"质性研究访谈结果

Q2：在哪些情况下或在哪些场合中，你会特别想使用或玩手机？

（被试回答不同的情况后，追问被试都会玩哪些功能；如果来访者答了在心情不好或压力大时特别想使用手机，根据Q7追问）

P1：（1）一个人无聊的时候；（2）一个人宅着的时候；（3）没有心情做其他事情的时候。

What：（1）浏览新闻；（2）看电视剧；（3）淘宝；（4）找人聊天。

Else：（1）因为要接重要他人的电话，不得不随身携带手机，自己其实并不想带手机（回避型手机依恋）；（2）人反倒是被手机控制了，不得不用这个。

Why：（1）功能丰富，便携性，可接近性，不自觉地消耗掉很多时间；（2）反感手机的主要原因：我们被手机的社交功能捆绑了。

P2：（1）无聊的时候想用手机（如在等人排队或者是在坐车的情况下）；（2）在和陌生人交谈的时候，避免尴尬的气氛，会刷刷手机。

What：看资讯或者看文章。

P3：睡前无聊的时候会想用手机。

What：（1）浏览淘宝；（2）打游戏；（3）看小说。

P4：没有事干，比较无聊的时候。

What：（1）看视频、听音乐；（2）QQ或微信；（3）淘宝；（4）看新闻。

P5：（1）坐地铁无聊的时候；（2）等电梯；（3）睡觉之前。

What：（1）微博；（2）腾讯体育；（3）淘宝；（4）微信或QQ。

P6：（1）无聊的时候；（2）一个人的时候。

What：（1）聊天；（2）购物；（3）看视频；（4）文字、读书之类的。

P7：（1）睡前，就特别想要用手机来放松一下；（2）查单词的时候也特别需要用手机；（3）累的时候也特别想用手机；（4）没有心情做别的事情的时候也喜欢玩手机；（5）一般睡前或刚刚睡醒；（6）一些闲暇琐碎的时间想用手机看电子书；（7）什么都不想干的时候就拿手机随便看看东西、看看视频之类的；

What：（1）哔哩哔哩；（2）腾讯新闻；（3）微信；（4）阅读；（5）知乎。

P8：（1）平常会拿着；（2）比较无聊的时候会比较想玩。

P9：（1）上课的时候；（2）出去找不到路的时候；（3）感觉到无聊的时候；（4）查信息的时候；（5）想打电话或聊天的时候；（6）购物的时候；（7）看新闻的时候。

What：上网、聊天、打电话。

P10：（1）吃饭之后；（2）闲着的时候和朋友聊天，尤其是和分开很久的朋友、同学；（3）视频聊天；（4）跟别人沟通交流信息的时候，和朋友交流感情的时候；（5）查资料的时候。

P11：（1）拍照；（2）需要联络人的时候；（3）平时无聊的时候，会拿出来滑一滑。

What：微信、QQ。

P12：（1）在特别无聊，就是没有学习任务的时候；（2）找工作的时候，因为要收到别人的应聘短信。我记得找工作的时候每隔一秒钟就要去看一下短信，看有没有收到人家让你进入复试的消息。

What：（1）淘宝；（2）小红书；（3）微信、微博、看一下新闻。

P13：（1）无聊的时候；（2）在宿舍的时候。

P14：（1）不想说话的时候；（2）感觉尴尬的时候。

P15：（1）涉及 QQ、微信等一些聊天工具的时候，最想玩手机；（2）玩手机游戏，看新闻，还有一些生活软件，如用饿了么订餐；（3）当人比较开心或情绪比较好的时候可能想玩手机，这个时候的话用手机比较急切，因为有些好东西想跟其他朋友或家人分享。

P16：（1）一个人无聊的时候会玩手机（娱乐）；（2）需要手机功能的时候会使用手机；

P17：（1）在无聊的情况下；（2）我在看电视，手机放在旁边，可能拿起来就玩；（3）跟朋友坐在一起时可能会拿起来玩一玩。

What：（1）刷微博；（2）逛淘宝；（3）逛一下 B 站。（还有吗？）这个取决于我在哪儿吧。

P18：（1）在无聊的情况下很想玩手机。

What：（1）玩微博；（2）逛一下 B 站；（3）社交软件，比如说 QQ 或者微信。

P19：（1）比较无聊，手头没事做；（2）碰到自己不知道的东西，比如在某些场景中别人谈话，自己某些东西不知道，想用手机查一下；（3）学习上，查找和专业相关的问题；（4）娱乐性的，刷刷微博、微信；（5）记录下日常的花销，还有录音、看视频。

P20：（1）每天晚上都会和爸爸妈妈打电话；（2）没有人和我聊天的时候会用；（3）闲暇时间会用手机看视频，刷 B 站会用；（4）老师上课的时候，老师讲什么会去查资料；（5）跟别人视频，看一些游戏的直播。

Q3：（1）在哪些情况下或在哪些场合中，你会把手机丢在一边或把手机关机、开设飞行模式？

P1：（1）周末的时候，不担心有重要他人联系我的时候；（2）和家人在一起的时候，要专心陪家人；（3）回家后，和朋友一起出去玩的时候。

P2：（1）在要睡觉的时候；（2）需要自己集中精神的时候；（3）期末复习的时候，尽量把手机丢开。

P3：（1）上课的时候会调静音模式，但是不会调飞行模式；（2）在玩电脑的时候，在用电脑进行其他操作的时候，会把手机扔一边。

P4：（1）在做作业的时候，我会把它放在一边；（2）上课的时候会把它放到书包里面；（3）但是有时候上课比较无聊的话，也会把它拿出来玩一下；（4）晚上睡觉会关机。

P5：（1）睡觉的时候；（2）跟好多人一起吃饭的时候，就把手机放在一边。

P6：考试、比较严肃的会议、上课、睡觉。

P7：手机放在一边的话就是学习、开会、上课这些时候。

P8：一般就是复习比较紧张，因为那时候需要隔绝手机，这个时候就会把手机关机。

P9：睡觉的时候，考试的时候。

P10：（1）在我上了研究生之后赶作业的时候，手机就是静音状态；（2）在睡觉的时候，基本上都是开的飞行模式，因为不想别人来打扰；（3）吃饭的时候，有时候也会开振动模式，或者就是直接静音模式。

P11：运动、会议，还有聚餐。

P12：（1）开会的时候；（2）坐飞机的时候；（3）大部分的时间，手机顶多是开到静音，但是还是开机的。

P13：（1）听一些比较重要的讲座的时候，会把手机关机；（2）有时候老师讲得特别重要的时候，也会关机；（3）就是像高数这种课程，在老师讲新课的时候；（4）像一些讲座，他只要求手机静音就可以，但是我觉得关机更好；（5）害怕被手机分心的时候，只有把手机关掉才放心。

P14：只有迫不得已的时候，我才会把手机关掉。

P15：（1）需要注意力高度集中的情况下一般是不会使用手机的；（2）在做事或做实验的时候一般都是放置在旁边。

P16：（1）睡觉的时候；（2）玩了很久，想结束玩手机的时候。

P17：（1）学习的时候会放在一边并调成静音；（2）睡午觉的时候会静音；（3）晚上会开免打扰；（4）在学校开会的时候。

P18：（1）上课的时候；（2）一些比较重要的会议、谈话；（3）需要我专注注意力的时候，比如说看书学习的时候。

P19：（1）要睡觉的时候；（2）特别困的时候；（3）有非常紧急的事情要马上完成，就把手机放一边，不让自己分心；（4）家庭聚会，为了有更多言语上的交流，就会选择不看手机。

P20：（1）坐飞机会开飞行模式；（2）有时候睡觉会关机；（3）有时候在听老师讲课的时候会不看手机；（4）考试绝对不看手机；（5）不看手机的时候，会把手机放在包里。

（2）把手机丢在一边或把手机关机、开设飞行模式后，你感受如何？为什么？

P1：（1）不会有心里不安，也不会担心别人给我打电话；（2）放下手机会感觉很自然很轻松。

P2：（1）一开始可能有点不习惯，但是如果完全隔绝的话非常好。因为：A终于不会担心手机会打扰我了；B玩多了可能会变成手机的奴隶；C手机放一边更容易沉浸到和手机无关的一些东西里面去；（2）在上课的时候，想把自己的注意力集中在PPT上，可能就会把手机丢在一边，但是关机比较少见，只是丢在一边放在抽屉里。这样做就会有一种安心的感觉，然后就尽力让自己去好好听讲。（为什么会有安心的感觉呢？相当于抛弃了一个不好的祸害，这个时候我认为手机祸害了我上课。）

P3：没什么感受，跟平常一样。比如说上课的时候手机开着跟不开着没什么区别，反正也不会去看。因为上课的时候大家都在上课，聊天也没有对象，打游戏也不可能。

P4：（1）如果说我今天和别人约好了有什么事情或者正在进行当中，但是这个聊天它不是持续的，而是断断续续的，那我有时候可能会焦虑，他会不会联系了我，然后我有没有及时地回复他；（2）如果没有什么事情，就应该不会感到焦虑；（3）有一段时间关掉手机后会感觉我终于摆脱了这种束缚，因为那段时间事情非常多，然后我看到消息的话，就感觉很烦躁，都不想回复了。

P5：（1）专注于和朋友聊天的时候，就不会想去玩手机；（2）睡觉的时候，把手机放一边，不会被打扰，睡眠质量会好一点。

P6：（1）有时候会想看看手机有什么信息，其实就是无意识的，比如就是解一下锁，其实也不干什么。

P7：希望这个手机永远不要亮，不要有人来给我说话。

P8：（1）有时候会比较焦虑；（2）学习的时候偶尔就想把它开机再看一眼；（3）就是心里想着它，就会选择去做，但是有时候能压抑住就压抑住，没有压抑住就开机。

P9：（1）有时候找不到手机，会感觉比较焦虑；（2）不看手机就会有百无聊赖的感觉。

P10：把手机关掉后，能够避免手机消息的干扰，能够提高工作的效率。

P11：和手机在身边、使用手机的感受是一样的。

P12：如果学习累了，就会突然特别想打开它，就会觉得很空虚很无聊，就是生怕有人在找我。

P13：关机，我觉得也没啥，因为我对手机的依赖性不怎么大。

P14：没啥感受，必要时我会关机。

P15：把手机丢在一边，过一段时间，就会有一种急迫的想看手机的心情，想看有什么事发生看看手机有什么消息，有谁给你打电话或给你发消息。

P16：（1）玩手机停不下来，就会很难过（自责、内疚），把手机放一边后，自责和内疚就会少一点；（2）把手机放一边，去完成那些想要做的事情就会很开心。

P17：我没什么感觉。我不会特别惦记会不会有人找我。

P18：因为要专注于自己的事情，把手机放在一边，对我的影响不大，因为科研的压力迫使我不得不专注于事情，节约时间干事情。玩手机太浪费时间了。

P19：（1）有事的时候就不会去想它，有事情做就不会觉得太无聊，不会特别渴望去玩手机；（2）要睡觉要休息的时候也不会去想它；（3）还有时候手机离开一会就特别想玩；（4）做一些不紧急的事情，做一会就想玩，老是会去想它，可能还是事情对自己没有紧迫感，自己单纯地想玩。

P20：担心有人会找我，别人会联系我，但其实还好（就是你把手机打开，也没人找你）；总会担心错失消息。

Q4：日常随身携带手机（手机不离身），你有何感受？

P3：（1）感觉要是手机丢了会很着急，会觉得有一种突如其来的失落感，感觉就像失联了；（2）就连手机没电的时候都有这种感觉（失联）；（3）然后会有一些不方便，没有手机我就没有办法支付，或者是查路线了。

P4：（1）就是比较放心；（2）如果你不带手机，别人就联系不到你；（3）现在我出门经常带个充电器或者充电宝，以前我是不带（充电器或充电宝）的，但是我现在发现有时候手机电用得快的话，如果没电就会比较着急。

P5：会比较方便：（1）有什么事情都能够跟这个人、那个人联系；（2）有需要看什么的，可以看一下就会方便吗。

P6：希望手机更小，更薄，更不容易丢失，功能更强大一点。

P8：不带手机有点耽误事情。把手机忘在寝室确实感觉很不方便。

P9：没什么感受，很自然的，早就习惯这种状况了。

P10：有时候会突然担心手机是不是忘带了，赶快去检查一下，发现带了手机，就会赶紧看一下有没有信息，天气怎样，几点了，还会想和朋友聊聊天。

P11：手机就相当于现在的一个"外部器官"，因为离开手机会收不到外界的消息，就有什么提示都收不到，也联系不到。

P12：（1）当我一个人特别想清静一下的时候，如果手机在身上的话，总会有人找你，就会觉得很烦；（2）当我一个人特别无聊的时候，如果手机在身上的话，就有一种安全感，可以随时找别人，或者干一些自己想干的事情。

P13：（1）有时候觉得手机挺方便的，因为身上可以不用带现金，出去外面也比较方便；（2）有时候也觉得手机比较麻烦。需要做一件事情的时候，如果手机放旁边的话，可能会时不时地拿出手机来翻看，因为担心会错过消息，没能及时回复同学、朋友的消息；（3）如果没有消息的话，我一般就会喜欢插上耳机听歌。

P14：就很普通的感受。

P15：（1）生活中，手机是必需品；（2）手机是必不可少的，很多场合都需要用手机。

P16：感觉挺好的，很有安全感，感觉有一个手机在身边就可以很好地适应生活。

P19：（1）好处：万一有什么事情，自己可以及时知道，班级通知或者家里联系等等；（2）坏处：长时间带在身上，有辐射；（3）有时候衣服不适合装这种体积大一点的手机，很不方便，但是又觉得必须带着。

P20：（1）我已经习惯了把手机拿在手上，就是平时我要出门，绝对要把手机拿在手上，绝对不能丢下（因为我怕这个手机掉了）。

（1）你觉得手机给你带来了哪些好的影响？为什么？

P1：（1）沟通比较便利；（2）购物可能也比较便利；（3）查资料比较方便；（4）手机的娱乐功能比较丰富，能够满足自己娱乐放松的需要。

P2：（1）信息的获取会更快、更便捷、更有针对性；（2）人际交流也变得更加高效。

P3：为生活提供了方便。

P4：（1）能够及时地接收消息；（2）比较无聊的时候可以消磨一下时间；（3）手机为查资料、听听力提供了便利；（4）无聊的时候还可以听歌；（5）手机能够提高学习效率，也可以丰富我们的生活。

P5：（1）为人际沟通提供了便利；（2）方便查阅信息资料；（3）方便购物。

P6：（1）方便人际沟通；（2）手机娱乐能够使人快乐，或使人获得有价值有用的体验。

P7：（1）方便人际沟通；（2）方便查资料、存储文件；（3）拍照、支付。

P8：（1）方便查资料；（2）方便与人沟通交流。

P9：（1）方便查资料；（2）方便与人沟通交流。

P10：（1）方便获取信息，查资料，提升了我的信息获取能力；（2）方便维持已有的人际关系，方便沟通交流，手机能够加强朋友之间的联系；（3）方便购物；（4）便于学习，背单词，学习新知识；（5）手机涉及人们生活的方方面面，想学的都可以通过手机获得。

P11：（1）方便查资料，获取相关的知识；（2）方便联络，人际交流；（3）方便出行生活，坐公交、支付、购物。

P12：（1）方便人际沟通交流，基于手机的人际交流跨越了时间和空间的限制；（2）方便获取新闻资讯；（3）方便老师传达消息；（4）方便购物。

P14：（1）方便人际沟通交流；（2）提高了工作的效率；（3）随时随地都能追星。

P15：（1）手机使我的生活更加便利；（2）我觉得用手机的时候情绪不错；（3）对我来说，手机获取新闻资讯为我提供了很大的便利，这一点我感受最深。

P16：手机的很多功能可以帮助我们更好地生活。Keep（App）可以帮助我们锻炼；网易有道词典、知乎帮助我们拓展知识；淘宝、京东这些购物 App 可以帮助我们很好的生活；美团、饿了么等很多功能都能更方便我们的生活。

P17：（1）方便查资料、信息搜索；（2）方便出行查地图；（3）方便购物；（4）方便建立或维持人际关系；浏览信息、查地图快，买东西、跟朋友联系也比较方便。

P18：（1）手机让生活更加便捷；（2）手机提高了人们获取信息的效率；（3）手机使我们的眼界更加开阔；（4）手机让我们领略到了之前没有接触到的人和事。

P20：（1）随时随地都可以玩手机，手机是重要的娱乐工具；（2）握在手上，所以才叫手机。

（2）你觉得手机给你带来了哪些不好的影响？为什么？

P1：（1）手机会浪费时间；（2）手机会影响心理健康；（3）手机强迫症，感觉手机让人不自由，担心忘带手机，忘带手机的时候心里不自在，像丢了些什么的感觉，心里不踏实；（4）基于手机的低质量的交流方式代替了面对面的高质量的交流方式，这容易使人与人之间产生隔膜；（5）手机使用也会对身心健康产生消极影响，容易让人变得神经质，担心错失消息，也会让人高估信息的重要性，消息一来，就马上去看。

P2：（1）使用手机容易失控，容易让人沉迷手机，强迫性使用，浪费时间；（2）刷手机看视频，而且容易停不下来；（3）手机会让人生理上很困倦，精神方面变得麻木；（4）手机使用会导致视力下降，让脸部肌肤变得粗糙。

P3：（1）人们容易被手机控制，一旦我失去了手机，我的生活就很难控制；（2）以前没有手机的时候照样生活，但是现在已经离不开手机了。每天都固定的要看一看 QQ、微信，就感觉不看不舒服，有一种依赖性；（3）以前都不怎么网购的，现在网购就很多了；（4）干什么都用手机，越来越依赖手机了；（5）感觉手机控制了我，要是手机突然没有电了，就不知道怎么办了。

P4：（1）当投入做一件事情的时候，很容易被手机干扰；（2）手机会分散注意力，降低我的学习效率；（3）经常使用手机就会不自觉地拿手机，会影响工作效率；（4）越来越依赖手机；（5）你只要带一部手机，就能做所有的事情。

P5：（1）手机使用会影响我的睡眠时间；（2）手机使用会影响我的视力；（3）手机使用会对颈椎不好；（4）手机使用久了可能导致不理智的消费。

P6：（1）会忍不住想看手机，这会影响做事的效率；（2）手机的信息太多，良莠不齐，需要筛选，浪费时间，重要的信息却并不多。

P7：推迟睡眠时间和起床时间，躺在床上总想玩手机，玩手机会提高兴奋度，然后时间就这样过去了。

P8：（1）手机浪费时间；（2）手机非常容易分散注意力。

P9：（1）手机会分散注意力；（2）总想看一下手机；（3）看手机时间长了，眼睛比较痛，视力会下降；（4）手机会浪费时间。

P10：（1）会不自觉地依赖手机、手机成瘾，影响心情；（2）经常使用手机会影响视力。

P11：（1）会让人沉迷手机；（2）手机上的信息太过零碎，没太大用处；（3）浪费时间；（4）手机会分散注意力。

P12：（1）会过于依赖手机，成为低头族，尤其是在路上低头玩手机会导致交通事故；（2）玩手机对小孩子的影响也不好；（3）玩手机也会影响视力；（4）手机上的不良信息也会对孩子的成长产生消极影响。

P14：（1）经常想看手机，一看就停不下来；（2）经常想看，忍不住；（3）周围环境无聊的话就会去看手机。

P15：玩手机会耽误睡眠时间。

P16：（1）一玩起来就容易停下来然后就一直玩，有点浪费时间，线下学习时间可能会被耽误；（2）手机不利于与新认识的人建立良好的人际关系，因为基于手机的沟通方式不如面对面的人际交流。在新认识的人际关系中，手机可能起到阻碍作用；（3）我感觉手机的使用会让人变傻变笨。我们可能过于依赖这种高科技，使我们自身的能力发展受到局限，甚至导致我们的基本能力逐渐丧失。

P17：（1）手机会分散注意力；（2）情不自禁地、下意识地去玩手机；（3）玩手机对视力不好；（4）基于手机的阅读多为碎片化阅读，影响阅读质量，比较难沉下心去深度阅读。

P18：（1）玩手机会导致视力下降；（2）无聊的时候玩手机也会很空虚，但是也不想做其他的事情，就是很想玩手机。

P20：（1）担心手机有辐射，威胁到我的某个器官，就比如把它揣在兜里，它对我的肾脏不好；（2）手机都很大，口袋装不下，就会觉得有点不方便，必须握在手里，不能随时揣在兜里。

Q5：手机不在身边或手机无法使用时（如手机没电自动关机了、手机连不上网、手机落在宿舍了等），你会有什么感受？让你产生这种感受的缘由是？

（如果被试回答自己会有焦虑情绪体验，后面要追加为什么会产生焦虑，潜台词是手机的哪些功能不能用从而导致了焦虑）

P1：（1）会有失落感，感觉特别不踏实；（2）担心错失重要的消息。

P2：（1）可能会有点着急。没有紧急事情的话，感觉还好；如果有紧急事情的话，就会感觉特别焦躁，会想方设法去找充电器或借别人的手机用；（2）一时无所适从，就是失去了娱乐工具；（3）担心别人找不到自己，担心错过了重要消息；（4）还会感觉无聊。

P3：（1）会感觉焦虑，想赶紧找到手机，还希望时间快点过去；（2）手机不在身边感觉很不方便；（3）周围的人都在用手机，就感觉无所适从的感觉；（4）没了手机做什么事情都会很不方便，会错失消息，这很麻烦。

P4：（1）会感觉比较着急，想赶快把手机充满电；（2）手机不在身边的时候，会错失消息，就让我很着急；（3）如果手机不放在身边的话，就会觉得不方便；（4）没有手机，找不到路的时候会很着急。

P5：（1）手机落在宿舍的话，会特别没有安全感。害怕有人找我；（2）如果手机连不上网的话，就会感觉有点愤怒，心情有点生气；（3）手机的通话功能和支付功能不能用就会感觉不踏实。

P6：（1）会有焦虑的感觉；（2）会想尽一切办法让手机恢复正常；（3）习惯了手机一直开着，手机不能用会感觉特别不方便，尤其是遇到急事的时候；（4）如果手机连不上网了，会感觉焦虑、气愤、烦躁。

P7：没什么感觉。

P8：（1）手机不在会感觉很不方便；（2）会担心错失电话和信息，也会不开心。

P9：（1）要发疯，赶紧去拿回手机；（2）手机不能正常使用的时候会特别焦虑，特别不适应这种感觉。（不能上网，不能聊天）

P10：（1）担心错过重要他人的信息；（2）手机不能正常使用的时候会感觉焦灼、焦虑；（3）担心重要他人联系不到自己，会感觉到焦虑恐惧。

P11：（1）没有急事的时候，就继续做该做的事；但是如果是做着事，突然没有电的那种会比较急，想赶快充满电。

P12：（1）会感觉特别需要手机；（2）担心有人联系不到自己；（3）担心错过重要消息。

P13：（1）看是什么情况，如果在搜资料的时候，突然连不上网，会感觉特别沮丧；（2）如果手机关机的话，那有时候感觉还是比较伤心的。因为担心父母联系不到自己会感觉焦虑、会比较麻烦。

P14：（1）如果手机连不上网，就想尽快把网连上；（2）连不上网就会比较难受，心里面非常急躁，担心自己错过重要消息，必须保持手机正常使用，一定不能让手机没电。

P15：（1）特别着急，会感觉有点焦虑；（2）潜意识里会担心错过他人的重要消息；（3）有的时候手机不在身边你会感到焦虑，但是如果你在用电脑的时候把微信、QQ打开，会发现好很多。

P16：（1）如果没有特别重要的事情，我的感觉就是还好、很平静，没有特殊的情绪反应；如果有重要的事情，比如说我可能正在跟导师联系或者正在开组会，突然手机没电了或没网了，就会表现出一定的焦虑；（2）如果我正在使用手机的时候，手机自动关机或没网就会很影响我的情绪，就可能会焦虑不安；（3）手机的通信功能不能用会导致焦虑。

P17：担心重要他人联系不到我，手机不能正常使用会使我感觉焦虑不安。

P18：（1）我会觉得很焦躁。手机关机的时候，不能看时间，我就总害怕自己没有按照预定时间到达某一地点或者完成某一件事，就相当于失去了那种时间观念的感觉；（2）如果没有网的话，我就会怕突然有事情联系不到自己，或者我突然有麻烦，但是无法寻求帮助；（3）手机的计时功能和通信功能不能用了，我会感到焦虑。

P19：（1）手机不能用会特别着急、感觉有点空，少了点什么；（2）手机出问题，或者没电了，担心别人联系不到我，就会感觉特别焦虑。

P20：（1）短暂地出一下门，比如出去拿个快递，只是随便出去几分钟，我觉得完全没有关系；（2）如果我是出门很长时间没带手机，我就会很慌张，总觉得身上好像少了些什么；（3）担心重要他人有急事，却联系不上我，或者我的网银被盗，钱被偷了，所以，没带手机就会很慌张。

Q6：当手机回到你身边，或手机又能正常使用时，你会有什么感受？为什么？

P1：会感觉比较喜悦，因为当你手机坏掉的时候，会很失望，但是手机好了以后，就会感觉比较喜悦。

P2：很开心，第一时间查看社交软件是不是有重要消息，没有重要消息的话，也会玩一下手机。

P3：（1）一切恢复正常的话，就会松一口气，心里的大石头终于落下了；（2）从焦虑变为很放松的状态。因为之前会很焦虑，失而复得的时候（手机的功能又可以正常使用的时候），虽然谈不上开心，还是会有一些轻松的感觉。

P4：就比较安心一点，觉得自己不会错过任何事情了。

P5：心情会变好，手机的功能能够正常使用后，生活或娱乐都会方便一点。

P6：会比较高兴，觉得好像有一种安心的感觉。

P7：挺开心的，至少排除了丢失的风险。

P8：感觉比较放松，松了一口气，因为不会错过事情，不会遇到没有手机时可能会遇到的麻烦，什么信息都可以第一时间获得。

P9：赶紧查看一下社交软件上有没有重要消息，有没有人找我。

P10：蛮开心的，又能跟我的手机见面了，赶快去查一下社交软件上有没有重要消息。

P11：高兴且安心一点，看一下手机有没有什么信息，或者去看一下视频。

P12：（1）首先会看一下有没有什么重要的人找你，或者有没有什么重要的消息；（2）会觉得很开心，有满足感。

P13：（1）如果没有重要他人的电话或紧急的事情，手机回到身边，也会平常心对待；如果有重要他人的电话，手机能正常使用后肯定会立马回电话；（2）手机不能用时会担心不能及时回复朋友的消息。

P14：（1）手机不能用时，就有点不放心，有点紧张、焦虑，手机能够正常使用后，就完全放心了；（2）感觉越来越离不开它了，因为我要追星，时时刻刻关注偶像的状态，担心错过重要偶像的动态。

P15：觉得手机更加重要了

P16：手机恢复正常使用后，第一感觉是开心，不会错过重要他人的消息了，也就不会焦虑了。手机是维持线下人际关系的重要工具。

P17：手机恢复正常使用后，会安心一点。

P18：手机恢复正常使用后，心里会踏实点，终于可以继续干我的事情了。手机不能用会打乱计划，手机恢复正常使用后，就可以按照计划走了。

P19：手机恢复正常使用后，会感觉放松。

P20：手机恢复正常后，会觉得很欣慰，很开心。

Q7：当你感受到挫折、压力、心情不愉快的时候，你会通过玩手机缓解你的消极情绪吗？

P15：有时候会，情绪不太好（不对劲儿）的时候总得找点事情打发这种当前的心态。

P16：手机不能缓解我的焦虑。心情不好的时候，看到手机会更烦，焦虑需要发泄的时候我更喜欢的是一个人什么都不干，保持放松状态。玩手机又需要消耗认识资源，需要你对它进行各种处理加工，你就会更加焦虑。

（1）你会用手机的哪些功能缓解自己的消极情绪呢？

P2：心情不好的时候，很有可能会通过玩手机缓解消极情绪。聊QQ、微信，看公众号，看小说，刷资讯。

P3：玩手机只能暂时性地麻痹我，但是缓解不了我的消极情绪。

P4：（1）感受到挫折或者压力，心情不愉快的时候，我会玩手机听歌，更多的话我会喜欢把它写出来，就把自己的一些东西写在日记本上。我还会和朋友聊天或视频聊天以缓解消极情绪；（2）通过手机缓解情绪可能会找一些比较好的视频看一下，比如说比较难过的时候，我就想看一些喜剧，比较挫败的时候就想看一些比较激励性的电影。我觉得我的消极情绪缓解一般需要一个小时左右；（3）就我看电影的话，这种消极情绪会很快消失。因为我觉得我是一个比较会自我调节的人；（4）如果聊天的话我用的时间可能也会比较短，因为我就会吐槽一下，吐槽之后就会聊一些比较开心的事情。我不会一直处在那个不好的状态里面；（5）听歌的时候就戴上耳机听歌，可能会想得比较多，时间就要长一些，尤其是听到一些比较抒情伤感的歌曲的话，可能要长一点。用时间刻度来讲，就是一个多小时；（6）其实跟朋友倾诉（缓解消极情绪）的时间是最短的。

P5：心情不好的时候，会看微博，打游戏吃鸡，玩英雄杀。

P6：心情不好的时候，会用手机看视频，聊天。

P7：一般不会，感觉手机上面的东西挺无聊的，偶尔看看而已。

P8：一般不会。

P9：不会。

P10：心情不好的时候，会通过手机和朋友视频，倾诉不愉快的情绪。

P11：心情不好的时候会看视频、打游戏。

P12：心情不好的时候会听音乐，刷微博，发泄一下自己的情绪，无聊的时候还会看小说，打发一下时间。

P13：心情不好的时候，我不想玩手机，感觉手机QQ、微信上有太多朋友，他们会发消息，需要我回复，可是这个时候又没有那个心情去回他们的消息。

P14：心情不好的时候，一般不会玩手机，因为玩手机时也没啥心情。

P15：心情不好的时候，最好的发泄方式就是看手机，看消息，看新闻，看电子书，找人聊天，谈心。

P17：心情不好的时候，会用手机听听歌，看电影，偶尔会玩游戏。

P18：不会。我会出去吃甜的，吃其他的，手机不能给我带来这样的愉悦感。

P19：心情不好的时候，绝对会用手机缓解，会通过手机和亲近的人聊天倾诉。

P20：心情不好的时候，会通过手机购物的方式发泄情绪，缓解压力，还会通过手机和朋友吐槽发泄负面情绪。

（2）你觉得一般玩多长时间能够缓解你的消极情绪呢？

（如果 Q2 问了这个问题，最后就不用问了）

P2：心情不好的时候，玩手机会玩到没电为止。

P5：心情不好的时候，会和朋友一起玩游戏，玩个两三局，一个小时左右。

P6：心情不好的时候，玩手机最起码得半个小时才能缓解情绪。

P10：心情不好的时候会找人聊天，一个小时就好了（会找固定的两个人，每个人半个小时）。

P11：玩到缓解为止。正常的话就是半个小时。

P12：我觉得应该没有具体的时间，就是玩到自己心情好一点。（两个小时左右）

P15：要看因为什么事情产生消极情绪，还要看这种消极情绪有多消极，大概两个小时。

P17：看我的情绪有多伤心，多差，多糟糕。但这种情况我很长时间都没有了，我顶多有时候感觉没有很开心，但是也没有感觉消极、消沉。

P20：用手机购物的话是无上限的，一般 2~4 小时，就会一直看一直买；聊天的话，短则 10 分钟，长的话大半天。

附录3　第二篇"人与手机之间存在依恋关系的实证依据"的实验材料及工具

一　实验一的实验材料

1. 三类词汇举例：

（1）描述安全型人际依恋的词汇图片举例：

包容　　舒适　　可靠　　温暖

（2）手机相关的词汇图片举例：

语音　　通话　　摄影　　手游

（3）中性图片举例：

勺子　　帽子　　筷子　　花盆

2. 情绪自评卡举例：

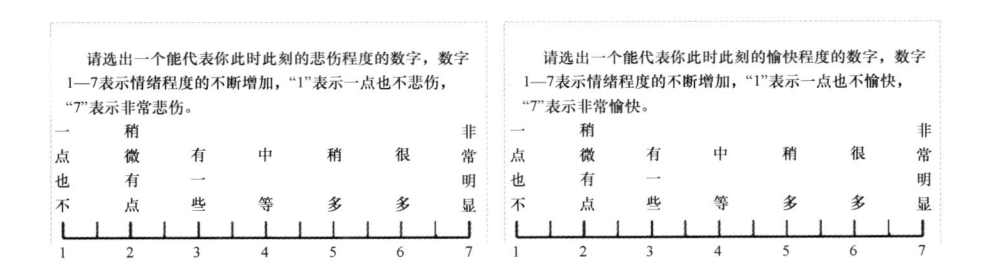

请选出一个能代表你此时此刻的悲伤程度的数字，数字1—7表示情绪程度的不断增加，"1"表示一点也不悲伤，"7"表示非常悲伤。

一点也不	稍微有点	有一些	中等	稍多	很多	非常明显
1	2	3	4	5	6	7

请选出一个能代表你此时此刻的愉快程度的数字，数字1—7表示情绪程度的不断增加，"1"表示一点也不愉快，"7"表示非常愉快。

一点也不	稍微有点	有一些	中等	稍多	很多	非常明显
1	2	3	4	5	6	7

3. 挫折诱发材料举例：

字谜6：一个礼拜。　　　字谜10：一人挑两小人。　　　字谜9：七十二小时。
（猜一字）　　　　　　（猜一字）　　　　　　　　　（猜一字）
答案：F旨　J周　　　　答案：F从　J夹　　　　　　答案：F晶　J三

二　实验二的实验材料：

1. 诱发情景材料举例：

（1）"手机分离"情景诱发材料举例：

手机电量低于2%　手机支付时，扫码卡顿　手机找不到了　手机快要自动关机了

（2）中性情景诱发材料举例：

衣服在柜子里　车子在车库里　脸盆在卫生间　花盆在阳台上

2. 状态焦虑评估图片举例：

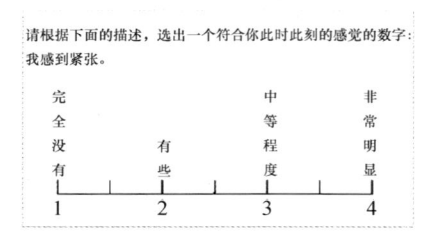

请根据下面的描述，选出一个符合你此时此刻的感觉的数字：
我感到紧张。

完全没有	有些	中等程度	非常明显
1	2	3	4

请根据下面的描述，选出一个符合你此时此刻的感觉的数字：
我感到心情平静。

完全没有	有些	中等程度	非常明显
1	2	3	4

请根据下面的描述，选出一个符合你此时此刻的感觉的数字：
我感到不安。

完全没有	有些	中等程度	非常明显
1	2	3	4

请根据下面的描述，选出一个符合你此时此刻的感觉的数字：
我感到放松。

完全没有	有些	中等程度	非常明显
1	2	3	4

三　实验三的实验材料：

挫折诱发材料同实验一。

四　实验四的实验材料：

1. 四类启动图片举例：

（1）描述安全型人际依恋的图片举例：

（2）描述"人际关系"的图片举例：

（3）微笑图片举例：

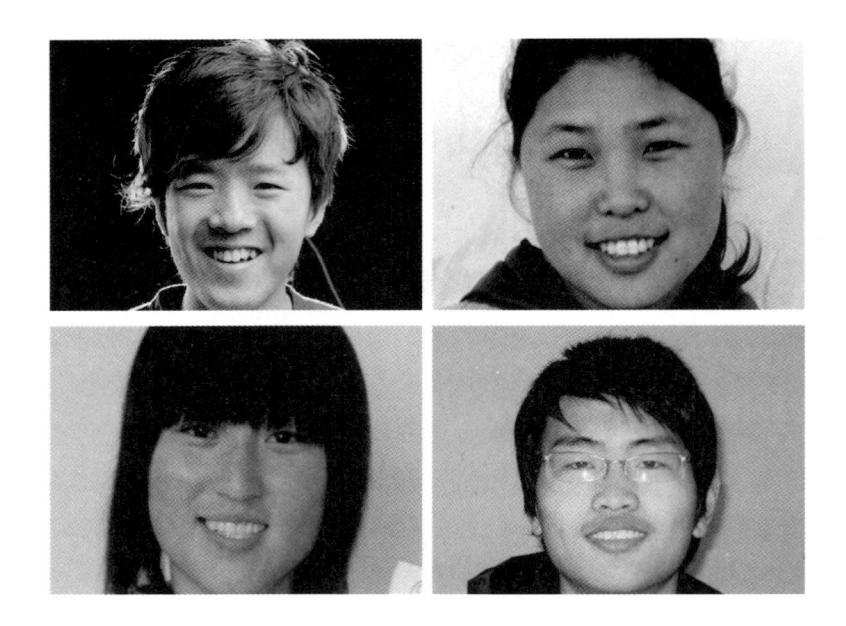

（4）中性图片举例：

2. 目标图片举例：

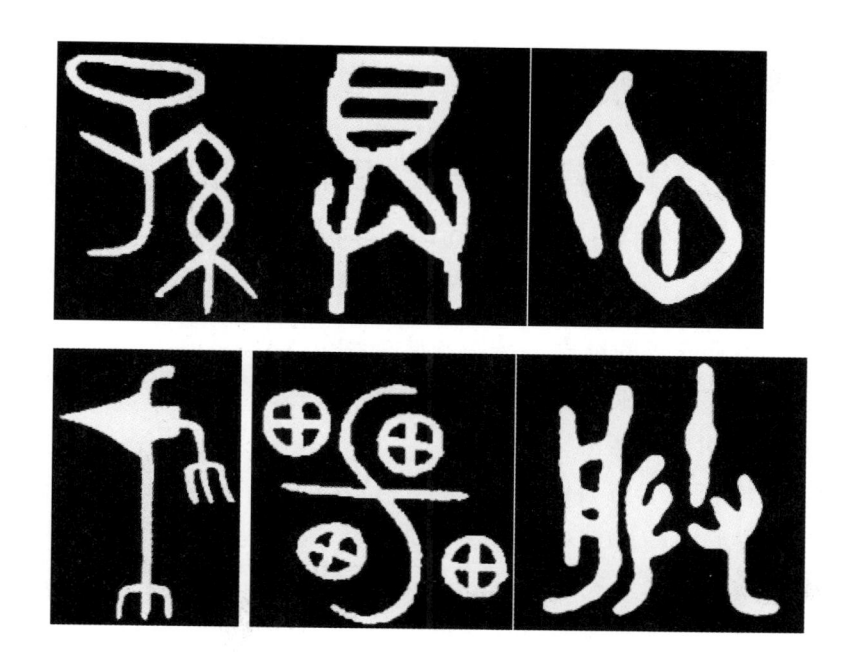

五　实验五的实验材料：

1. 四类启动图片举例（同实验四）
2. 内隐自尊测量词汇：
（1）与自我相关的词汇主要包含：

我、我的、自己、自己的、俺、俺的、自个、自个的、本人、本人的。

（2）与他人相关的词汇主要包含：

他、他的、人家、人家的、别人、别人的、外人、外人的、他人、他人的。

（3）积极性评价词汇主要包含：

聪明、伶俐、成功、有价值、高尚、强壮、自豪、可爱、诚实、漂亮、受尊重、有能力。

(4) 消极性评价词汇主要包含：

愚蠢、丑陋、失败、讨厌、无能、卑鄙、罪恶、笨拙、陈腐、可恨、虚弱、可耻。

附录4　第九章研究一"手机依恋的概念与结构"的访谈提纲及工具

一　手机依恋的概念、结构访谈提纲

基本信息：访谈对象的性别、年龄、年级、专业等

Q1：你拥有智能手机几年了？

Q2：依恋是个体与他人之间一种特殊的感情关系，它是在人际互动过程中形成的感情或认知上的联结。随着智能手机的普及，人与手机的关系越来越密切，手机改变了人们的工作和生活方式。因此有人认为人与手机之间也存在依恋关系，即手机依恋。

(1) 你认为手机依恋是什么意思？

(2) 你觉得对手机产生依恋的人，会有哪些特点或表现？（根据生活实际，你觉得哪一类人容易产生手机依恋？手机依恋的个体具有什么特点或行为表现？）

(3) 在使用手机的过程中，你感觉自己对手机产生依恋了吗？你认为自己与手机之间的这种依恋关系，有什么特点或行为表现？（举例）

(4) 你觉得手机依恋还有哪些意思相近的表达方式？（近义词、相关概念），如果有，追问：都有哪些表现？

(5) 为什么人们会对手机产生依恋？

Q3：日常随身携带手机（手机不离身），你有何感受？

(1) 你觉得手机给你带来了哪些好的影响？为什么？

(2) 你觉得手机给你带来了哪些不好的影响？为什么？

Q4：手机不在身边或手机无法使用时（如手机没电自动关机

了、手机连不上网、手机落在宿舍了等），你会有什么感受？让你产生这种感受的缘由是？

（如果被试回答自己会有焦虑情绪体验，后面要追加为什么会产生焦虑，潜台词是手机的哪些功能不能用从而导致了焦虑）

Q5：当手机回到你身边，或手机又能正常使用时，你会有什么感受？为什么？

Q6：人际依恋中有以下常见的三种情况：

A：儿童在陌生情境中，把母亲作为"安全基地"，去探索周围环境。母亲在场时，主动去探索；母亲离开时，产生分离焦虑，探索活动明显减少。

B：儿童每当母亲将要离开时情绪波动很大，表现出苦恼与反抗，但是当母亲回来时他的态度又很矛盾，既寻求接触但同时又产生反抗。

C：对母亲没有形成高度的依恋，简言之，就是母亲离开或回来他都无所谓，没有明显的情绪波动。

（1）你觉得人们在使用手机的过程中，人与手机之间会不会也有类似情况？请举例。（鼓励被试多举例子）

（2）你觉得手机依恋与人际依恋有什么不同？请举例。（鼓励被试多举例子）

如果被试举不出来例子，追问：

（1）有些人"一刻也离不开手机"，你或者你身边的同学有这种情况吗？请举例；

（2）有些同学会觉得手机给他带来了负担，手机不在身边时，他们会觉得轻松，你或者你身边的同学有这种情况吗？请举例；

（3）有些同学会觉得手机在不在身边都无所谓，手机在时他们会利用手机为他们的工作和生活服务，手机不在时，他们也不会觉得焦虑，你或者你身边的同学有这种情况吗？请举例。

二 手机依恋问卷及校标工具

（一）初测手机依恋问卷

	完全不符合	比较不符合	不确定	比较符合	完全符合
1. 每天早上一睁开眼睛，我就会去看手机。	1	2	3	4	5
2. 当手机不在身边时，我会有一种解脱感。	1	2	3	4	5
3. 手机在身边时，我会感觉很舒适。	1	2	3	4	5
4. 我经常担心我的手机无法正常运行。	1	2	3	4	5
5. 有时候，我感觉手机像是一把枷锁，束缚着我。	1	2	3	4	5
6. 手机能够给我带来一种安全感。	1	2	3	4	5
7. 手机电量、流量快要用完时，我会感到不安。	1	2	3	4	5
8. 与手机在身边时相比，手机不在身边时，我感觉更好。	1	2	3	4	5
9. 手机让我觉得自己对工作或生活更有控制感。	1	2	3	4	5
10. 手机不在身边时，我会因担心错过电话或短信而焦躁不安。	1	2	3	4	5
11. 我不想太依赖手机了。	1	2	3	4	5
12. 手机会让我觉得自己能够解决很多问题。	1	2	3	4	5
13. 手机不在身边时，我会感到无所适从。	1	2	3	4	5
14. 有时候，我会喜欢把手机放在一边，沉浸做某件事情。	1	2	3	4	5
15. 在工作或生活中，我比较容易依赖我的手机。	1	2	3	4	5
16. 手机不在身边或快没电时，我会很难集中注意力去做其他的事情。	1	2	3	4	5
17. 有时候，我会把手机关机或静音，避免手机打扰我。	1	2	3	4	5
18. 手机在身边时，我可以更安心地做其他事情。	1	2	3	4	5

续表

	完全不符合	比较不符合	不确定	比较符合	完全符合
19. 每隔一段时间，我都会想要拿出手机看一下。	1	2	3	4	5
20. 手机不在身边的时候，我也能自得其乐。	1	2	3	4	5
21. 手机只是现代生活中人们处理日常事务的工具。	1	2	3	4	5
22. 即使正在做其他事情，我也会下意识地把手机拿出来看一下。	1	2	3	4	5
23. 没有手机的时候，我的工作或生活也不会受到太大影响。	1	2	3	4	5
24. 手机不在身边时，我会感觉不习惯。	1	2	3	4	5
25. 我会不由自主地打开手机屏幕，再锁上，也不知道干什么。	1	2	3	4	5

（二）正式手机依恋问卷

	完全不符合	比较不符合	不确定	比较符合	完全符合
1. 在工作或生活中，我比较容易依赖我的手机。	1	2	3	4	5
2. 即使正在做其他事情，我也会下意识地把手机拿出来看一下。	1	2	3	4	5
3. 手机不在身边时，我会感觉不习惯。	1	2	3	4	5
4. 我会不由自主地打开手机屏幕，再锁上，也不知道干什么。	1	2	3	4	5
5. 我经常担心我的手机无法正常运行。	1	2	3	4	5
6. 手机能够给我带来一种安全感。	1	2	3	4	5
7. 手机电量、流量快要用完时，我感到不安。	1	2	3	4	5
8. 手机不在身边时，我会感到无所适从。	1	2	3	4	5
9. 与手机在身边时相比，手机不在身边时，我感觉更好。	1	2	3	4	5

续表

	完全不符合	比较不符合	不确定	比较符合	完全符合
10. 有时候，我会喜欢把手机放在一边，沉浸做某件事情。	1	2	3	4	5
11. 手机不在身边的时候，我也能自得其乐。	1	2	3	4	5
12. 手机只是现代生活中人们处理日常事务的工具。	1	2	3	4	5

（三）手机成瘾指数量表

	从来没有	偶尔	有时	经常	总是
1. 你的家人和朋友曾因为你在用手机而抱怨。	1	2	3	4	5
2. 有人说过你花了太多的时间在手机上。	1	2	3	4	5
3. 你曾试图向其他人隐瞒你在手机上花了多少时间。	1	2	3	4	5
4. 你的话费超支。	1	2	3	4	5
5. 你发现自己使用手机的时间比本来打算的要长。	1	2	3	4	5
6. 你试图在手机上少花些时间但总是做不到。	1	2	3	4	5
7. 你从未觉得在手机上花够了时间。	1	2	3	4	5
8. 当在手机信号区以外待上一阵时，你总担心会错过电话。	1	2	3	4	5
9. 你很难做到将手机关机。	1	2	3	4	5
10. 如果你有一阵子没有查看短信或手机没有开机，你会变得焦虑。	1	2	3	4	5
11. 没有手机你会心神不定。	1	2	3	4	5
12. 如果你没有手机，你的朋友会很难联系到你。	1	2	3	4	5
13. 当感到被孤立时，你会用手机与别人聊天。	1	2	3	4	5
14. 当感到孤独的时候，你会用手机与别人聊天。	1	2	3	4	5
15. 当心情低落时，你会玩手机来缓解情绪。	1	2	3	4	5
16. 你发现自己在有其他必须做的事情时却沉迷手机，为此给你带来了些麻烦。	1	2	3	4	5
17. 在手机上耗费的时间直接导致你做事的效率降低。	1	2	3	4	5

(四) 手机自我扩展问卷

	一点也没有	有一些	不确定	很多	非常多
1. 手机给我带来了新的体验。	1	2	3	4	5
2. 携带手机能够使我对事物的认识更加深刻。	1	2	3	4	5
3. 手机有助于提升我完成新任务的能力。	1	2	3	4	5
4. 我认为手机是一种扩展自身能力的方式。	1	2	3	4	5
5. 手机经常让我学到新的东西。	1	2	3	4	5
6. 手机能够为我提供令人兴奋的体验。	1	2	3	4	5
7. 手机有助于我用更开阔的视角去看待事物。	1	2	3	4	5
8. 手机增加了我的知识。	1	2	3	4	5

(五) 注意控制问卷

	从不	很少	有时	经常	总是
1. 当房间里播放音乐时,我很难集中注意力。	1	2	3	4	5
2. 当我在努力工作的时候,我仍然会被我周围的事情分心。	1	2	3	4	5
3. 当有噪声时,我很难将注意力集中在一项比较难的任务上。	1	2	3	4	5
4. 当有人在同一个房间里说话时,我(阅读或学习时)很容易分心。	1	2	3	4	5
5. 将注意力从一件事情转移到另一件事时,我的注意转移比较慢。	1	2	3	4	5
6. 我需要一段时间才能真正将注意力投入一项新的任务。	1	2	3	4	5
7. 对我来说,在两个不同的任务之间进行切换是很困难的	1	2	3	4	5
8. 被打断后,我很难将注意力转回到我此前所做的事情上。	1	2	3	4	5

附录5 第九章研究一"手机依恋的概念与结构"的访谈结果

一 (感受) 手机依恋的情绪感受

P1:人离开手机之后就会变得非常躁动不安,或者是心情沮丧、心情低落,做事提不起动力。但是在有手机的情况下,这些问题就会通通得到解决。

P3:离开手机会着急(焦虑)。

P4:(1)如果手机没电或是忘拿,不在身边,就会很焦躁;(2)手机不在身边,会感觉做任何事情都不方便;(3)手机如果突然没有了就比较难受;(4)手机不能用的时候会感觉特别无聊、焦躁;(5)手机电池坏了经常关机,感觉生活少了很大一部分,不知道该干什么,一直挂念手机;(6)手机修好后,感觉我的生活好像回到了正轨;(7)手机不能用会无聊,感觉焦躁。

P6:(1)找不到手机就焦虑;(2)手机没电也焦虑。

P9:(1)手机在手上,就会觉得舒坦一些;手机在那儿,就更安心一些;(2)工具上的一个情感;(3)离开手机会浑身不自在。

P10:(1)对手机产生的一种情感上的需要;(2)离开手机后,心理上或情绪上会有一些反应,可能会出现比较烦躁之类的感觉(不安全感)。

P11:手机没电的时候,会比较慌,或者是你从家里或者从宿舍或者从教室出门的时候忘了带手机,你可能会想着有没有错过一些什么重要的消息。

P12:手机没电的时候会感到恐慌(低电量的时候也会很恐慌)。

P15:(1)离开手机会造成心理上的不舒服,产生负面情绪等;(2)手机没电还会有一点焦虑;(3)离开手机时间长了会觉得有人可能在找你；（4）手机不在身边的话就会感觉到情绪上有点不稳定或者是不能集中注意力去做别的事情；（5）手机让做事更方便；（6）还可以用手机打发无聊的时间；（7）手机在你身边，你就会感觉很可靠。

P16：（1）离不开手机，对它产生了一种特殊的依赖感；（2）感情的一种联结，就是我离不开它，它离不开我那种感觉；（3）离开手机仿佛失去生命一样；（4）手机在身边的时候一定要打开它，划两下；（5）十分钟见不到手机，你可能就会想它。

P17：一旦离开手机，人就会变得焦虑，坐立不安。

P18：我觉得手机依恋并不是外在的物化，而是一种情感上的联结，就是你通过这个手机可以与你想要联系的人进行联结。

P19：没有手机就难受。

二 （行为）手机依恋的行为表现

P1：在写作业、看书的时候也会有动不动想着把手机拿出来看一下。

P2：（1）一起床就要看手机；（2）生活当中的很多事情都离不开手机；（3）睡觉之前也一定要看手机；（4）在工作上、交流上都很依赖手机；（5）一坐下就想看手机，不管有没有人联系你；（6）走路的时候还想玩手机。

P3：（1）离不开手机；（2）一天碰不到手机就会引发心理或生理的一些反应；（3）每天都要低头看手机；手机里的 App 很多，不停地刷；（4）睁眼后第一件事是拿手机，然后闭眼前最后一件事是放手机；（5）虽然打开手机后我也不知道干吗，但是就是几个社交软件不停地来回刷（手机闲逛）。

P4：离不开手机，依赖手机。

P5：（1）离不开手机；（2）没事就会抠两下手机；（3）手机的电必须是满的；（4）没事就喜欢开屏幕，然后再锁屏，也不知道干什么；（5）没事就想摸两下；（6）没事就只玩手机（手机是第一娱乐选项）。

P6：（1）离不开手机；（2）依赖手机；（3）把手机当作工具而已（安全依恋）。

P7：（1）离不开手机，必须带手机；（2）每隔几分钟要看一下手机，不看手机的话就会觉得少了点什么；（3）沉迷手机上的某种功能。

P8：（1）时时刻刻需要手机，时时刻刻把手机带在身边；（2）手机一响立马就去看信息；（3）手机一定要有电。

P9：（1）手机用得多（依赖手机）；（2）必须玩手机，如果离开手机会有戒断反应；（3）使用手机的频率特别高，社会参与比较高（喜欢在网上发言，自我呈现，自拍）；（4）愿意在网上进行活动；（5）依赖手机。

P10：（1）离不开手机；（2）总是拿着手机，机不离身；（3）一定要看到手机，只有感知到手机的存在才会觉得正常；（4）如果手机没了，会第一时间找手机；（5）找不到手机就不能干其他的事情。

P11：（1）习惯手机一直在身边；（2）闲着没事的时候都喜欢掏出手机看一看；（3）依赖手机查资料；（4）手机从一种通信工具，变成了生活中不可或缺的一部分。

P12：（1）离不开手机；（2）把手机当成必备的工具；（3）离开手机会觉得非常不自然；（4）别人动他的手机，他会非常敏感；（5）依赖手机，离不开手机，或者离不开手机这种通信工具；（6）机不离身。

P14：（1）把手机看作信息来源（手机并没有那么重要）；（2）手机成了小伙伴；（3）依赖手机；（4）半小时阅读书籍，不看手机，有些人做不到了。

P15：（1）对手机产生依赖；（2）没事就想拿手机看看；（3）希望手机在身边。

P16：（1）每时每刻都要拿在手上偶尔划一下看一下，但是其实也并没有必要；（2）忙的时候基本不会想玩手机，但是如果空闲的时候可能会玩一下，而且一玩就停不下来。

P17：（1）手机控。不管走到哪里，不管是在上厕所还是吃饭，手里都拿着手机，就是不能离开手机；（2）手机像是朋友，需要的时候会给我帮助。

P18：如果情绪好的时候，我不会特别需要手机。但是在我情绪不好的时候，或者没有事情的时候，我会特别依赖手机来消磨时光。

P19：（1）不知不觉就想到它；（2）离不开手机，爱不释手。

P20：（1）人和手机形成的一种密不可分的关系；（2）在线下交往的时候也会看手机。

三　（特点）手机依恋个体的特点

P1：在现实生活中感受到孤立、挫折、心理需要得不到满足的人。

P2：越没有发展就越爱玩手机，成绩比较差的孩子，工作一般的人，比较堕落的人，爱玩游戏的大学生。（不包括只在跟人联系或者工作的时候用手机）

P3：（1）童年缺爱的人，自卑、社交恐惧的人；（2）没有办法在现实生活中跟其他人建立一个良好的关系，但是他在手机里能通过手机社交软件和别人建立一个良好的关系。

P7：生活压力小、有时间、被管束或约束少、自制力差的人。

P8：（1）低头族，不爱交流，沉迷智能手机的生活；（2）上网消磨时间的人（无聊的人）；（3）拖延症的人；（4）晚睡的人；（5）自制力差的人；（6）手机一响立马就去看信息。

P10：（1）内心不充足（心理需要得不到满足）的人；（2）人际关系适应不良的人；（3）通过手机获得人际情感上的补偿的人。

P11：（1）自我控制比较差的人；（2）独处的人；（3）把手机作为自己的朋友或倾诉对象的人。

P12：（1）对生活有一些不满；（2）心理需要没有得到满足；（3）非常需要用手机与异地他人联系的人；（4）没有其他兴趣爱好

的人；(5) 生活中手机占很大部分的人。

P14：女生更容易产生手机依恋。

P15：年轻人更容易产生手机依恋，如初中生、高中生和大学生。

P16：精神上比较空虚，没有明确的生活目标，没有自己的规划的人，如宅男容易产生手机依恋。

P17：(1) 未成年人更容易，因为他们自制力不够；(2) 腼腆、内向的人，因为他们缺少朋友，要用手机去满足心理需要（把社交的需求和情感寄托在手机上）；(3) 看上去比较孤独的和比较沉默寡言的容易对手机产生依恋。

P18：(1) 孤独的人。就是在现实生活中情感得不到满足的人，更容易产生手机依恋；(2) 比较孤僻，比较害羞的人。

P19：没事干、无聊的人，没目标的人，低头族。

P20：人际关系适应不良，日常生活中比较缺爱的人。

四 （类型）手机依恋的类型

P1：回避型依恋：如果手机离开自己，我只会担心这段时间会不会有什么人有什么事找我，不会表现出抗拒心理。当手机又能正常使用的时候，我也不会表现出多么惊喜，多么惊讶，情绪也不会有太大的波动。

焦虑型依恋：时时刻刻都能想玩手机，离不开手机。

P2：安全型依恋：醒着的时候一定要跟手机在一起，手机一旦没电，他就必须得趴着，感觉情绪特别低落，然后一回到寝室给手机充上电，又能欢呼雀跃。

焦虑—矛盾依恋（焦虑）：(1) 当手机不能正常使用时，个体会表现出焦虑不安，情绪低落。当手机恢复正常时，就特别高兴；(2) 手机随时都要保持百分之百的电量，然后自备两个充电宝。

回避型依恋：手机不是特别重要。

P3：安全型依恋：有手机会感觉很好，没有手机会感觉稍微有点不爽。

焦虑—矛盾依恋：我知道我不能玩儿，但是又想玩。

P4：焦虑—矛盾依恋：玩手机会浪费我很多时间，所以我一方面特别想玩手机，没有手机就焦虑；另一方面又会担心玩手机浪费时间，所以内心是矛盾的。

回避型依恋：手机在和不在对于个体来说没有什么区别。

P5：安全型依恋：当手机不能正常使用的时候，会想，如果有手机在，做事就方便多了。没有手机的时候会觉得手里少了点什么（不舒适）。手机不在身边的时候会感觉不方便。

回避型依恋：上班族可能会感觉手机就像一个枷锁，能关机就关机。

P6：安全型依恋：当手机存在的时候，手机可以作为自己的一个道具，不至于让自己在陌生人社交中太尴尬。

焦虑—矛盾型：我们需要手机，没有手机就会感觉焦虑不安，又会担心手机有各种不好，所以很矛盾。

回避型依恋：有没有手机都无所谓。手机只是打电话的工具而已。

P7：焦虑型依恋：离开手机的话就会觉得特别焦躁，拿到手机的话就会觉得特别开心。如果没有手机的话，他们就可能会十分烦躁，拿到手机后他们的情绪可能才会平稳。

回避型依恋：手机对他来说是一种不良的诱惑，影响他在某一方面的专注性。

P8：焦虑型依恋：不能忍受手机不能正常使用。手机不能正常使用时会感觉很无聊。

P9：手机依恋可能不存在那么多复杂的分类，可能只有依恋和不依恋。

P10：焦虑—矛盾型依恋：离不开手机，也特别想玩手机，又会担心玩手机浪费时间，想控制自己不要玩。

P11：焦虑型依恋：即使开着电脑放着视频，但是自己还在用手机看小说、聊消息或者玩游戏之类的。

回避型依恋：自我要求高，自立自律又不是特别高的人可能就觉得自己经常用手机可能很有罪恶感。

P12：焦虑—矛盾型依恋：有手机的时候会感觉很放松，特别想玩手机，但是，又觉得玩手机浪费时间，很矛盾。

回避型依恋：（1）离开手机就会觉得挺舒服的，就能沉浸做自己的事情，不被别人打扰；（2）我不得不及时回复别人，这让我感觉被束缚，感觉很困扰；（3）别人可能会通过手机打断我的日常生活安排，占据我的时间；（4）没有手机的话，我会感觉更加快乐。

P15：安全型依恋：手机如果在的话处理事情会更好一点，如果不在的话，感觉没有那么集中注意力。

焦虑型依恋：离不开手机，手机不在的话就会立刻去把手机找回来。

回避型依恋：当我想集中注意力做比较紧急的事情时，我会把手机放在包里或者关机，让它完全处于无效状态，专心做自己的事情。

P16：焦虑—矛盾型：手机离开了我，我有点开心，因为我可以认真地开始干活了，但是又有一点伤心，因为我看不了手机，玩不了手机。当我需要认真地干一件事的时候，手机的存在既让我揪心也让我开心。

安全型依恋：当我在一个陌生的环境里面，我可能就是不太愿意跟周围的人接触，于是我可能就会通过玩手机找寻心理的安全感，当进入一个陌生的城市我肯定也要依赖手机找到自己的东西，不会想去询问别人。我比较依赖手机，而且离开了手机以后我可能会产生一个焦虑的感觉。

回避型依恋：因为手机信息太杂了，我需要一个安静的状态，没有人找我，自己看看书，然后自己出去休闲一下，所以周末的时候，我会关机，自己做自己想做的事情也挺开心的。（长期离开手机也是不存在的）

P17：安全型依恋：只有手机在的时候我才会有安全感，如果手机不在，就会焦虑不安。如果说我上课忘记带了，下课拿到手机的时候，就是感觉到放心了，松了一口气，终于拿到手机了。

焦虑型依恋：（1）有一些从口袋里拿出手机的动作，但是手机其实不在身边，就是下意识想去找手机；（2）没有手机的时候，坐在凳子上动来动去，抓耳挠腮，就是一种很焦虑、很不安的情绪。

P18：我之前当老师的时候，如果手机不在身边的话，会更加轻松一点。因为它在的时候，你会时不时担心校长会不会给你打电话，让你拿什么东西，家长会不会给你打电话，平时周末的时候学生可能会打电话，当时就觉得手机是一个负担。

P19：锻炼身体的时候，我会感觉手机就是一个累赘。

P20：我觉得我应该是介于安全型依恋和回避型依恋之间。

回避型手机依恋：（1）手机就像一个电子锁链，别人随时随地就知道你在哪里，你在干什么都可以打断你；（2）最近压力很大，或者烦心事很多，想一个人安静地休息一两天，或者我需要自己安静的空间，不希望被别人打扰的时候，手机收到消息就会觉得很烦，又有事情要做了。

五 （区别）手机依恋与人际依恋的区别

P1：（1）脑皮质、脑机制应该不一样；（2）依恋产生的原因不一样，人际依恋是心理发展的结果，而手机依恋是个体对外部世界的一种行为反应和反馈。

P2：与手机依恋相比，人际依恋具有更多的情感成分，更柔和。（你怎么又没电了，真讨厌；你终于有电了，太好了，我要继续玩，没有那种柔软的感情）

P3：（1）人际依恋是两个人之间的，就是可能我想依恋你，但是你并不想让我依恋你。但手机的话是不会的，你想依恋就依恋，手机对你是没有任何干预的；（2）在儿童成长过程中，母亲的态度也很重要，就是儿童形成什么样的依恋，其实是由母亲决定的，但是手机不一样，手机依恋是什么样子完全由你自己决定；（3）相似之处：首先它都能给人一种满足感，能满足人一定的需求，比如归属，手机里的人能满足你的归属。

P4：（1）手机要是完全自动关机，你对它就完全没有任何的依靠性了，已经意识到它不能了。但是朋友的话，就算闹了矛盾，当你遇到难事还会想着让朋友帮忙；（2）手机就是让我的好奇无限放大的这样一个工具。

P5：人际依恋是双向的，手机依恋是单方面的。

P6：手机依恋是个体把手机当作工具，而人际依恋是人跟人之间的情感关系。

P7：人际依恋双方都有主动性，我觉得手机不可能主动选择，就是和你在一起或者是远离你，手机只能是被动的。

P8：人际依恋是双向的，手机依恋是单向的。人际依恋的情绪波动不会太大，大家习惯了手机的存在，手机不能用的时候就会有消极情绪，感觉和这个世界有距离感。

P9：人的依恋可能至少有双方互动性，手机依恋主要是人依恋手机。

P10：手机只是介质，人可能依恋的不是手机本身，而是它的功能。手机依恋的强度可能没有人际依恋那么强。

P11：手机可能就只是一个工具，你可以使用它和不使用它。因为手机是慢慢地注入自己的生活习惯中的，因此可能会对它产生这样一个依恋，但是实际跟自己的亲人比起来，依恋的程度还是差很多。首先比如说亲人，他可能会因为离开我们，但是在他离开之后，他在你心中的地位是不会变的。但对于手机，当你没带在身上的时候，你虽然觉得自己好像缺了点什么，但是它对你的影响并没有那么大。而你的亲人离开之后，他可能对你的影响很大，你可能时常回想起来都很怀念，或者是有那种情感的激活，但是手机如果只是没带在身上的话，你可能就是产生轻微的一点焦虑，但是不会对你影响那么大。

P12：人际依恋是双向的，手机依恋是单向的。

P15：人际依恋对个体的人格或其他方面不会产生特别不好的影响，但是手机依恋会影响个体的情绪以及人格等，感觉它的危害性会更大一点。

P16：可能现在对手机的依恋会更加强烈一点，像我们已经是成年人了，已经算是有独立人格的，跟人际之间的交往并不是特别依赖，但是手机更像是毒品的状态，可能比你离不开妈妈更离不开（手机）的感觉。如果是我跟你之间的关系那我肯定是觉得手机更重要，但如果是我跟我妈妈之间的关系我可能会觉得我妈妈更重要。那么手机他是一个工具的存在，就是你想要干什么就干什么，而人际依恋的话，你依恋他，他也依恋你，它是一个交互的过程。

P17：（1）我还是那个想法。手机就是一个工具，它和活生生的人肯定是有区别的。人与人之间肯定是有情感倾注的，但是手机，只有你用它，它才会给你回应。人际之间很简单，我喜欢你，我依恋你，那你对我肯定也有一个回应，不管这个回应是积极的还是消极的。然而，手机毕竟是一个死物，你再依恋它，对它倾注更多的感情，它就摆在那里，不会说话，更不会给你情感的回应。

（2）人际依恋是双向的，情感上的；手机依恋是单向的，更多的是功能上的。

（3）人际之间可能有变化，比如这段时间你很依恋一个人，过一段时间可能你就不喜欢他了。但是手机相比较而言更加稳定，当然我也不是说人际的就不稳定。如果你一直很依恋手机的话，不管你换了多少手机，你对它的感情都是一样的。但是人的话就不一样了。

P18：（1）手机依恋一部分是人际依恋，就是和手机那头的人的联系，还有一部分就是物，这个物一方面是手机这个外形，还有一方面是它的功能，如你用手机买东西。

（2）手机依恋包含人际依恋，但是它有人际依恋以外的一些与物的联结，就是对物品和功能的依恋。

P20：手机依恋更多是工具性依恋。

六 （为什么）手机依恋的原因

P1：（1）使用频次比较高；（2）手机为工作和生活带来了便利。

P2：（1）无聊就玩手机；（2）缺乏现实中的朋友。

P3：（1）弥补、填补一些我的空闲时间；（2）满足人的社交需求、归属感；（3）维持异地的人际关系；（4）弥补线下人际交往需要的不足。

P4：（1）需要联系他人；（2）需要支付功能；（3）需要打游戏、看直播。

P5：手机比较方便。

P6：手机可以打发无聊的时间；青少年比较容易对手机产生依恋。

P7：手机的功能越来越强大，人们就越来越依赖手机，手机已经成为生活中无可替代的东西。

P8：（1）手机越来越方便（支付功能、沟通交流）；（2）娱乐（打游戏、看视频、追剧）；（3）学习（查资料）。

P9：（1）功能（手机是日常生活必不可少的工具）（2）在现实生活中人际关系得不到满足，手机不会背叛人，所以个体会在手机依恋中得到慰藉；（3）在网络中得到满足；（4）感情得不到慰藉，需要通过网络来发泄自己；（5）在网络中表达自我；（6）基于手机网络匿名交流是日常生活中的交流所无法取代的。

P11：手机是必不可少的工具，手机能够满足生活上的一些需求，为我们提供了便利。

P12：（1）通信功能，方便联系；（2）手机能够缓解现代人的孤独；（3）在手机上可以发泄情绪；（4）手机很便携，当你不开心时，你不一定能找到你的朋友，但是你可以通过手机去跟你的朋友分享、倾诉，或者直接记在手机上也是可以的。

P14：（1）经常在一起的人也比较少，所以可能手机就真的成了一个伙伴了；（2）用手机做事，跟其他人联系；（3）习惯，朋友都在QQ和微信上，如果你不用手机，就与世隔绝了；（4）手机是日常生活中信息的重要来源。

P15：（1）手机通信简短，通过很短的时间就能够掌握碎片化的信息（提高了沟通效率）；（2）让人际沟通更加顺畅；（3）手机有利于异地人际关系的维持，让我们不会那么孤单。

P16：（1）手机可以为学习提供方便；（2）为生活提供便利。

P17：（1）手机功能越来越强大，吸引力也越来越大；（2）手机已经成为一种生活方式或习惯（饭前饭后都要拍照）。

P18：（1）现实生活中得不到的东西在虚拟世界得到弥补；（2）手机能够满足人的各种需求；（3）手机依恋可以分为情感上的依恋和功能上的依恋，情感上的依恋主要指的是个体可以通过手机与他人保持联系，满足个体的情感需要；功能上的依恋主要是其他功能，比如信息获取，娱乐功能。

P19：因为对手机及其所包含的内容感兴趣，所以会依恋手机。

P20：（1）有一种补偿的效应，在别的地方和别人关系不健康，就会形成手机依恋，他依恋的不是手机，而是手机给他带来的一种社交关系；（2）他手机不离身，不是因为怕手机丢了，而是他时刻想在网上跟别人交流；（3）物质生活或精神生活比较空虚，才会依恋手机。

七 手机对个体的积极影响

P1：（1）为人际沟通提供便利，提高了人际沟通的效率；（2）为学习提供了便利，查资料更方便，加速了信息传递的过程。

P2：（1）为人际沟通提供便利；（2）为学习提供了便利，查资料更方便，有助于利用碎片化的时间。

P3：手机不离身会给人一种安全感（地图——不迷失，支付——不怕没钱），手机就像哆啦A梦；通过手机可以解答自己的所有疑问。

P4：机不离身很正常，这是现代生活的一种特征。没有手机会不太正常。手机方便获取信息，方便与异地他人沟通，方便支付。

P5：方便查资料，获取信息，人际沟通。

P6：为生活提供了便利，比如购物、打电话、看视频、发视频。

P7：手机不离身就很有安全感；方便查资料，方便支付；满足各种需要。

P8：方便查资料，获取信息。

P9：机不离身就是很踏实（手机被拿走就感觉很焦虑）。生活更便捷，生活方式更丰富，打发无聊时间。

P10：方便人际沟通、获取信息、娱乐。

P11：方便人际沟通，让生活更加便利。

P12：方便人际沟通，方便与人分享自己的生活（自我表露），方便学习，方便出行（哪里好吃，哪里好玩），方便做备忘录。

P13：机不离身是一种习惯，离开手机会不正常。

P15：方便查资料，方便学习；方便人际沟通；方便获取信息。

P16：方便学习，方便生活，方便人际沟通。

P17：方便异地人际关系的维持；方便生活，如拍照，获取信息；能够跨越空间的限制，能让两个人实时的交流。

P18：节约时间，方便人际沟通，方便获取信息，方便购物。

P19：手机能够带来各种便利。

P20：方便付款，方便出行，方便导航，各种便利。

八　手机对个体的消极影响

P1：（1）手机使我的注意力难以集中；（2）个体很难控制自己，很难让自己长时间地离开手机。

P2：手机会导致手机成瘾等不良后果。

P3：（1）占用时间；（2）影响面对面的人际社交（大家一起吃饭，但是没有说话，只顾低头玩手机）。

P4：手机使用会影响我日常生活的一些安排。

P5：（1）基于手机的人际沟通，替代了高质量的面对面沟通，这使得人与人之间的距离变远了；（2）长时间使用手机对眼睛不好，对身体不好（有辐射），也影响睡眠。

P6：（1）容易控制不住自己，玩手机时间就比较长；（2）没口袋又没带背包的时候，就感觉手机是个累赘。

P7：浪费时间：手机里面有很多诱惑，容易让我每天花不必要的时间在上面。

P8：浪费时间，浪费金钱，没事就想看下手机有没有新消息。

P9：（1）容易干扰，容易过度使用，占用过多时间；（2）基于手机的社交方式代替了其他社交方式。

P10：浪费时间，看视频多了会影响阅读文字。基于手机的社交网站使用会引发社会焦虑。

P11：长期的手机使用会损害自我控制能力。由于经常使用网络交往，在虚拟空间中的人际关系很亲密，而在现实生活中的人际关系并不是那么亲密。

P12：（1）我会因为担心手机没电或手机充电器不在身边而心烦，不能完全沉浸在工作中；（2）与现金支付相比，移动支付不容易让自己体会到金钱流失的感觉。

P14：（1）因为使用手机，时间变得零碎化了。本来整块儿的时间可以用来看书，结果总被玩手机、看手机打断；（2）手机在那里，就想看一下，然后就忘了看书的事情，从而影响看书；（3）想玩手机是一种本能反应，或者说是控制不住自己地玩手机，不由自主地习惯性地玩手机。

P15：（1）手机耽误时间，为了看一些重要的信息，需要看很多不重要的信息。注意力容易被这些信息分散，影响注意力；（2）不自觉地使用手机会浪费时间。

P16：（1）很难让人专注，影响注意力；（2）注意力被手机消息（往往是广告）打断后，就会划两下手机；（3）睡前玩手机浪费时间，这段时间完全可以用来做其他事情。

P17：（1）对视力及身体健康不好；（2）不恰当的手机使用容易影响心理健康；（3）手机里面的不良信息也会影响身体和心理健康；（4）过度使用手机容易成瘾，注意力都被手机分散了，不容易集中。

P18：（1）分散注意力；（2）浪费时间；（3）网络购物比较容易，可能会导致你多花钱。

P19：跑步锻炼身体的时候，手机就是个累赘。

P20：容易沉浸在玩手机的状态，听不到外界的声音，无法专心听课。

九 手机依恋相关的表述方式

P1：手机成瘾：（1）难以离开手机；（2）看到手机后会分泌多巴胺；（3）逃避现实。

P2：网瘾、游戏成瘾，影响学习导致挂科。

P3：低头族：（1）离不开手机；（2）因为时间都花在手机上了，线下社交减少。

P4：手机依赖：依赖就是在日常生活中把手机当作重要的工具，仰仗它。功能强大，能够满足人们的心理需求，离不开它。

P5：低头党。

P6：一刻也离不开手机。

P7：依赖手机：很多事情需要手机才能完成。

P8：（1）时刻玩手机；（2）随身携带手机；（3）保持电量充足，电量低就很着急（焦虑）。

P9：手机依赖：很多事情必须用手机。

P10：手机依赖，上瘾，迷恋：依赖就是离不开手机，依恋是个体和手机之间产生的一种情感联结。

P11：手机使用，手机依赖，手机成瘾：手机使用就是一般性使用行为，手机依赖就是一种轻微的倾向性使用；手机成瘾就是成瘾性手机使用行为。三种程度的手机使用，手机依赖和手机依恋程度差不多。

P12：依赖，用得比较多。

P15：网络成瘾和手机依赖。

P16：低头族，依赖，迷恋手机，离不开手机。

P17：手机成瘾：一离开手机就会焦虑，坐立不安。手机不在身边也无时无刻不在想着手机，手机就像男朋友或女朋友。

P18：情感弥补：在现实生活中得不到的，你就可以通过手机去获得满足。

P19：依赖。

P20：手机成瘾比手机依恋的程度深。

十　（分离感受）手机不在身边或不能用的时候的感受

P1：急需打电话时不能与他人打电话，会感到焦虑。

P2：挺焦虑，担心万一有人联系我怎么办。

P3：手机无法正常使用就会很着急。无法联系到人。

P4：（1）会感觉很焦虑，无聊；（2）手机无法正常使用或手机没电的时候，我会很焦躁，很难受。

P5：没什么感受，我也没办法，能接受没有手机的状态。

P6：（1）有时候会焦虑，有时候无所谓；（2）别人都在玩手机，你的手机不在身边，又没人和你说话，就会很尴尬。

P7：（1）刚开始会感觉不适；（2）有其他事情时，没有手机没什么感觉，没其他事情的时候，就会感觉特别着急、焦虑。

P8：需要用的时候觉得手机重要，不需要用的时候就不用手机。

P9：感觉会错过很多消息，很焦虑，因为社交功能不能用了。

P10：担心有人找我。

P11：担心错过重要消息，会感觉比较焦虑。

P12：（1）烦躁、不安；（2）支付功能不能用会感觉很不方便；（3）担心亲人找不到我。

P14：（1）感到急躁，担心别人联系不到你；（2）好多信息不能用了，很不方便。

P15：感觉少了点东西，担心重要他人无法联系到你，缺少和外界的联系。

P16：焦虑，感觉整个世界都找不到我了。

P17：会感觉有点慌、焦虑，因为不能使用，很不方便。

P18：心里会一直悬着，担心错过重要的信息或电话，怕别人联系不到。

P19：担心外地的同学联系不到我。

P20：有些情况不会焦虑，有些情况会特别焦虑。

十一 手机"失而复得"的感受

P1：如释重负，压力减小了，很多事情都可以正常做了。

P2：感觉真好。

P3：（1）失而复得会有一种满足感，会感觉很爽；（2）感觉又回到了社交圈子。

P4：感觉开心，生活又回归正轨了；感觉舒服，烦躁的心情就没了。

P6：会感觉开心。

P7：感觉很新鲜，又可以看手机，又可以和朋友联系了，又获得了外部信息源。

P8：会赶快看看有没有人给我发消息。

P9：感觉更踏实，因为不会担心错过消息。

P10：担忧消失了，不担心错过重要的消息。

P11：焦虑感消失了，会有瞬间的满足感，时间长了会感觉生活回归正常（感觉会平淡）。

P14：感觉一切就回到正常了。

P15：感觉生活又回归常态了，很多事情可以处理了，很舒服自在。

P16：手机恢复正常使用后会感觉很开心。

P17：手机恢复正常使用后会感觉比较开心。
P18：手机恢复正常使用后感觉放心了，通信功能恢复正常了。
P19：没有什么感觉。
P20：会松一口气。

附录6 第十章"人际依恋与手机依恋的关系及内在作用机制研究"的研究工具

一 人际关系评定量表（部分项目）

	完全不符合	比较不符合	不确定	比较符合	完全符合
1. 我很难依赖别人。	1	2	3	4	5
2. 对我来说，独立是非常重要的。	1	2	3	4	5
3. 亲近他人是很容易的。	1	2	3	4	5
4. 我想和另一个人融为一体。	1	2	3	4	5
5. 我担心，与他人过于亲近会使我受到伤害。	1	2	3	4	5
6. 没有亲密的情感关系时，我感到很舒服。	1	2	3	4	5
7. 当我需要帮助的时候，我不确定是否总能够获得别人的帮助。	1	2	3	4	5
8. 我想与他人在情感上保持完全的亲密。	1	2	3	4	5
9. 我担心孤身一人。	1	2	3	4	5
10. 依赖他人让我感到舒服。	1	2	3	4	5
11. 我常常担心伴侣并不是真的爱我。	1	2	3	4	5
12. 我很难完全信任别人。	1	2	3	4	5
13. 我担心别人离我太近。	1	2	3	4	5
14. 我想要情感上的亲密关系。	1	2	3	4	5
15. 我很乐意别人依赖我。	1	2	3	4	5
16. 我担心别人对我的重视不如我对他们的重视。	1	2	3	4	5

续表

	完全不符合	比较不符合	不确定	比较符合	完全符合
17. 当你需要别人的时候，他们从来都不在你身边。	1	2	3	4	5
18. 我想完全融入他人的欲望有时会让人害怕。	1	2	3	4	5
19. 对我来说，感到自给自足是非常重要的。	1	2	3	4	5
20. 当有人离我太近时，我会很紧张。	1	2	3	4	5
21. 我经常担心伴侣不愿意和我在一起。	1	2	3	4	5
22. 我不想让别人依赖我。	1	2	3	4	5
23. 我担心被遗弃/抛弃。	1	2	3	4	5
24. 和别人亲近，我会有点不舒服。	1	2	3	4	5
25. 我发现其他人不愿意像我希望的那样与我保持亲近。	1	2	3	4	5
26. 我宁愿不依赖别人。	1	2	3	4	5
27. 我知道别人会在我需要的时候出现。	1	2	3	4	5
28. 我担心别人不接纳我。	1	2	3	4	5
29. 伴侣常常希望我更加亲近他/她。	1	2	3	4	5
30. 与别人亲近是比较容易的。	1	2	3	4	5

二 社会排斥问卷

	从不	很少	有时	经常	总是
1. 我失落时，得不到别人的劝解或安慰。	1	2	3	4	5
2. 大家相互调侃或打闹时有意无意地避开我。	1	2	3	4	5
3. 即便我已经努力改善关系，也得不到积极的回应。	1	2	3	4	5
4. 我成为被人恶意捉弄的对象。	1	2	3	4	5
5. 即便彼此认识，别人也不会主动同我打招呼。	1	2	3	4	5
6. 大家不会与我分享心情或交流经验。	1	2	3	4	5
7. 别人对于我的询问或请求很不耐烦，态度敷衍。	1	2	3	4	5
8. 别人在背后说我的坏话，影响其他人对我的看法。	1	2	3	4	5
9. 我的主动攀谈难以得到热情的回应。	1	2	3	4	5
10. 我的失误被起哄或毫不客气的批评。	1	2	3	4	5
11. 我常被人抓住错处、疏漏打小报告。	1	2	3	4	5

续表

	从不	很少	有时	经常	总是
12. 别人很少会注意到我，也不太清楚我的情况。	1	2	3	4	5
13. 大家一起聊天时，我一加入进去就冷场。	1	2	3	4	5
14. 别人会有意无意在空间上拉开与我的距离。	1	2	3	4	5
15. 在我可能出丑或出差错时，别人只会等着看笑话。	1	2	3	4	5
16. 聊天时，不论我说什么话题，别人都不怎么接话。	1	2	3	4	5
17. 别人会嘲笑我的短处，刺痛我。	1	2	3	4	5
18. 我与别人的交流似乎难以深入或延长。	1	2	3	4	5
19. 我会无缘无故地接收到非善意的眼神。	1	2	3	4	5

三　手机自我扩展问卷（部分项目）（同第九章）

四　手机依恋问卷（部分项目）（同第九章）

索　引

安全基地　5，12，13，29，46，47，68，71，72，78，80，85—88，114，115，119，122—124，126，184—187，192—195，203—205，208，217，248

安全型手机依恋　59，60，68，69，78，129，133，136，140—142，144—146，149，150，152—157，163—169，176—182，196，198—202，204—206，208，211—214，217，218

避风港　5，12，46，47，68，71，72，78，80，85—88，107，108，112，113，184—187，191，192，195，203—205，208，217

成人依恋　1，2，11，13，16，18，19，23，24，43，62，66，106，142

宠物依恋　2，8，13，19，24—26，66，107，183

传统依恋理论　5，46，72，139，143，187，189，191，192，220，221

单词启动　17，18

地方依恋　2，8，11—13，19，25，29，30，66，183

分离焦虑　5，12，21—23，46，68，71，72，78，80，85，87，88，99，105，106，184—187，189—191，194，203，205，208，248

工具性诱发因素　82

关系需要　38，52，56，81，129，130，160，179—181，200—202，209

回避型手机依恋　60，68，69，78，129，134，136，137，140—142，144—146，149，152—157，163—165，173—

182，196—202，204—206，208，211，212，214，224，260

技术接受模型　50，138

焦虑型手机依恋　46，60，68，69，78，129，133，136，137，140，141，144—146，149，150，152—157，163—165，169—173，176—182，196，198—201，204—206，208，211，212，214

句子启动　17，18

模拟"小人"实验范式　89，188

内部工作模式　1，11—17，19，23，24，200，278

品牌依恋　2，8，11—13，19，25，31，32，55，66，160，183

亲子依恋　12，16，19，20，23，24，27，28，43，57，66，99，189，193，217

情绪性诱发因素　82

趋近行为　5，12，46，68，71，72，78，80，85，87—90，96，97，184—187，189，194，203，205，208

社交联结　129

胜任感　56，81，112

使用满足理论　48—50，138，139

手机分离焦虑　44，47，54，99，100，105，106，115，124，126，133，135，139，141，154—156，195—197，199，204

他人模式　14，15，17，178—180，200，217

同伴依恋　1，11，13，16，19，21—24，43，57，66，193，275

图片启动　17

无手机恐怖症　105

物品依恋　2，8，11—13，19，25，27—29，34，43—45，66，70，106，123，128，158，159，183，196，197，202，206，208，209，222

线索诱发范式　99

依恋安全启动　72，114，115，122，123，193，221

依恋对象的名字启动　17

依恋激活策略　47

依恋启动　18，114，115，121，193，221

依恋威胁启动　114

依恋抑制策略　47，180

自我决定理论　55，57，70，

72，129，138，139，159—161，184，220

自我扩展理论　28，44，52，53，71，72，129，138，152，159—161，184，202，209，220

自我联结　129

自我模式　14，15，17，178—180，200，217

自我延伸理论　28，44，54，138，209

自主性需要　56

最佳体验理论　51，138